幸福教育，从心出发

XING FU JIAOYU
CONG XIN CHUFA

南燕 主编

黄河出版传媒集团
宁夏人民出版社

图书在版编目（CIP）数据

幸福教育，从心出发 / 南燕主编. -- 银川：宁夏人民出版社，2024.5 -- ISBN 978-7-227-08014-5

Ⅰ. G622.0-53

中国国家版本馆CIP数据核字第2024XT1913号

幸福教育，从心出发　　南燕　主编

责任编辑　陈　浪
责任校对　赵　亮
封面设计　张　宁
责任印制　侯　俊

黄河出版传媒集团
宁夏人民出版社　出版发行

出 版 人　薛文斌
地　　址　宁夏银川市北京东路139号出版大厦（750001）
网　　址　http：//www.yrpubm.com
网上书店　http：//www.hh-book.com
电子信箱　nxrmcbs@126.com
邮购电话　0951-5052104　5052106
经　　销　全国新华书店
印刷装订　宁夏凤鸣彩印广告有限公司
印刷委托书号　（宁）0029988

开本　720 mm × 980 mm　1/16
印张　25
字数　288千字
版次　2024年5月第1版
印次　2024年5月第1次印刷
书号　ISBN 978-7-227-08014-5
定价　45.00元

目 录
Contents

第八辑　以爱育爱，幸福成长　/ 吴亮

第九辑　沐教育芳华，育时代新人　/ 殷彩玲

固原市原州区第十八小学教育集团
南 燕

第一辑
幸福教育，从心出发

作为每一名教育工作者，深知“没有爱就没有教育”。做有爱的教育、有温度的教育都应是每一位教师毕生的追求，当我们真正走近孩子的时候，我们的爱就得到了传递，冰冷的知识就得到了升华。我们的育人使命就是让受教育者拥有幸福的未来。

立足教育实际，推动教育信息化

——基础教育信息化应用考察学习报告

2018 年 5 月 4 日至 5 月 9 日，在原州区教体局别局长带领下，我们一行 7 人，赴北京参加第三届全国基础教育信息化应用展示交流活动及回访北京第二实验小学，参观北京市古城中学、古城小学等学校，详细了解当前基础教育领域信息化应用最新成果，进入学校实地考察，从校园文化建设、信息化应用、学生全面发展等方面进行细致了解，我们受益匪浅，深感差距存在。

一、考察收获

（一）信息技术成果展示

第三届全国基础教育信息化应用展示交流活动，在北京农业展览馆进行，共开放 4 个展馆，设 32 个展区。此次信息化应用展示交流活动规格高、规模大，各地在展示的内容及案例上都进行了精心筛选，极具代表性。以上海、浙江、江苏、北京等教育发达地区为代表的展区，充分展现了“互联网 + 教育”的魅力，大数据、云计算、物联网技术得到了很好的应用，这些展区已经从传统的智慧校园建设向更高的智慧教育迈进。宁夏展区展示了在线课堂的应用成果，为偏远的农村地区实现优质均衡教育提供了很好的案例和解决思路。通过近距离观看和学习，了解到最新的信息化应用成果及最新的信息化应用设备和技术，这些教育成果值得我们学校在信息化建设方面积极借鉴学习。

（二）信息技术设备展示

在此次活动中，11 号展馆集中展示了各大教育信息化厂商最新的教育信息化技术，科大讯飞等企业带来的人工智能产品，令人耳目一新。VR 虚拟现实技术逼真现实，基于大数据的智慧教育管理系统魅力尽显，把教学和管理推进到一个新的高度。创意也是这次展示活动的灵魂所在，培养孩子的思维习惯、动手能力、团队合作能力，真正做到培养孩子的全面发展。这样的例子在本次展会上比比皆是，这也是参加本次展会最大的收获之一。

（三）参观学校

展会期间，分不同组别参观了北京市第十八中学、北京市陈经纶中学、北京市一七一中学、北京市第八十中学、北京市古城中学、古城小学及北京第二实验小学，这些学校在信息化建设并没有刻意介绍，但智慧班牌、高端信息化设备随处可见，真正做到信息化为教育教学和学校管理服务。这几所学校的传统精神、办学理念、办学特色、管理制度、校园文化别具一格，尤其在校园文化建设方面特色明显，内涵丰富，学校的每一个角落都利用师生作品及教学日常成果进行精心布置，充分体现了学校生机活力和凝聚力，彰显了学校的知名度、吸引力。

二、反观原州区校园信息化建设等方面存在的问题

一是通过观摩学习让我们感受到校园文化建设必须因地制宜，符

合实际，突出特点，尽力把教师和学生的灵感和创意呈现出来，校园文化才具有生命力。

二是信息化设备相对落后，教师对信息化应用了解不深入，对设备功能的使用处在较低水平。

三、对今后信息化建设及应用方面思考

教育部印发的《教育信息化 2.0 行动计划》（教技〔2018〕6号）文件明确各地要办好网络教育，积极推进“互联网 + 教育”发展，提出人工智能、大数据、区块链等技术发展的要求。通过实施教育信息化 2.0 行动计划，到 2022 年基本实现“三全两高一大”的发展目标，即教学应用覆盖全体教师，学习应用覆盖全体适龄学生、数字校园建设覆盖全体学校，信息化应用水平和师生信息素养普遍提高，建成“互联网 + 教育”大平台，从提升师生信息技术应用能力向全面提升信息素养转变、从融合应用向创新发展转变，努力构建基于互联网的教育服务新模式。

（一）教育信息化建设

教育信息化建设是一项系统工程（它包括硬件基础设施的建立、软件支撑平台的研发、数字化学习资源的建设以及广大教师的理论与技术培训等组成要素），我们当前进行的是数字化校园建设，还没有达到智慧校园的标准。以数字化为基本的校园信息化建设，应该为教育教学、学校管理等服务。信息化建设的目的要明确，信息化是解放教师，让教师可以腾出更多的时间和精力进行思考和研究，设计更加精巧的教学设计并付诸实施。

（二）坚持较高标准配备学校信息化应用装备

一是配备满足教学和管理工作需要的终端设备。二是配齐相应的系统。如录播教室在配备设备的同时要建立录播直播平台，实现区域外视频直播分享，以便于网络直播交流。三是要建设录播教室、智慧教室、数字图书阅览室及机器人室、3D 打印等“众创空间室”。四是建设一些网络备课系统、同步课堂系统、班级点名、学生评价等教学模块系统。

（三）信息素养全面提升

教育部《教育信息化 2.0 行动计划》提出，要大力提升教师信息素养，推动教师主动适应信息化、人工智能等新技术变革，积极有效开展教育教学。加强学生信息素养培育，加强学生课内外一体化的信息技术知识、技能、应用能力以及信息意识、信息伦理等方面的培育，将学生信息素养纳入学生综合素质评价。这就要求我们在教师信息化教学培养方面想办法、下功夫，积极参与上级教育部门组织的各类信息化应用比赛，以赛促用。落实信息技术课程开设，保证课时，全面提升学生信息素养。

（四）把学科教学培训与教师信息技术应用能力培训相结合

要利用信息技术改进教学方法、提高教学质量。针对教师不同教学水平和实际需求，结合网络学习环境与优质资源建设，开展分类培训，切实提高教师的信息技术应用能力。从备课查找资料，到设计教学流程、制作教学课件都离不开运用信息技术手段，其作用是提高教师整合信息资源，优化教学过程、提高课堂教学效率的能力。要通过加强校本培训，让教师熟练掌握各种信息技术设备使用，让现代化的信息技术设备真正为课堂教学服务，这样才能从整体上促进信息技术与课堂教学的深度融合。

总之，通过参加全国基础教育信息化应用展示交流活动，收获颇多，现代信息技术的应用使教育发生前所未有的变化，这不仅为学生的学习提供帮助与支持，还为教师的专业发展搭建了广阔的平台，为教师队伍建设提供了新的模式。作为实践者，我必将重新思考对教育信息化的定位，不断地更新自己的观念，把参加这次活动的收获付诸工作之中，通过各种方式努力提高学校师生的信息化应用水平，从而全面提升教育教学质量。

协作整合，以爱育爱

——观摩北京第二实验小学有感

2020 年 1 月 14 日，北京第二实验小学 2019—2020 学年度第一学期教育工作会在学校礼堂隆重举行。我有幸作为王府校区二（8）班的学生家长代表，现场观摩了当天下午的和谐奖评选环节。短短两个半小时，实验二小和各位老师再一次让到场的家长代表们感到震撼，而后则是深深的感动与钦佩。

下午 1 点，学生家长代表们进入会场。会场内，实验二小各校区、各教研组、年级组、各部门的教师代表们早已到来等候。下午的会议正式开始前，是两段出人意料又合乎情理的安排：

一段五禽戏，一位男老师带领大家活动筋骨，尽扫困倦。

一段水袖功，一位女老师又让大家叹为观止，集中精神。

和谐奖评比正式开始后，各校区、各教研组、年级组、各职能部门的代表们依次上台，通过文字报告、PPT 材料、视频和朗诵、三句半等多种形式，展示了他们在一个学期即将结束之际，对工作的总结、对不足的反思、对未来的勾勒。

一个个展示观摩下来，我们直观地了解到二小如何在科学的管理下实现协同与整合，也让我们深刻地体会到二小“以爱育爱”理念如何从口号落实到一举一动。

首先，二小不仅仅是一所学校、几个校区，而是一个组织架构完善、教学及发展理念科学的教育“航母”。在这里，每一个校区、每一个教研组、年级组都在针对各自对口年龄段学生们的情况，进行教学科研，从知识的学习、身体的锻炼、德育的培养、动手的能力……对孩子们进行全方位的引导、指点。同时，学校在传承和发扬二小优良校风、学风的基础上，把教育作为科学进行研究。通过内、外部的持续交流，不断创新教学手段；通过内部资源的不断整合，打造了一个国内领先的基础教育资源平台。在一段段视频中，学生们自豪地展示着自己的学习成果、获奖作品、优异成绩，也体现了二小内外协同与整合共享的强大平台优势。

其次，二小拥有一支勇于直面问题、求真务实、自我完善的教师队伍。在每一份报告中，都设置了“反思”的环节，每一份报告都在总结工作成果的同时，查找自己的问题和不足，并提出解决问题、弥补不足的思路和计划。此外，每一个和谐奖参评小组都会在报告最后明确表态是否申报和谐奖，讲台上的一声声“不申报”，既诠释了为人师表的谦逊与严于律己，也展示了二小像打造一台最精密仪器一样永找不足、不断审视并改进自己的勇气与决心。

最后，二小更是一个立德树人、倡导爱诠释爱播撒爱的大家庭。在这里，每个部门、每个岗位都在通过自己的工作向孩子们传递着爱。在视频和报告中可以看到，教师们满怀爱心，像家人一样关爱每一个学生，呵护孩子们的身心健康。各部门从优化校舍硬件设施到美化校园环境，从营养配餐到保卫安全，让孩子们在跨进校门之后俨然又回到了另一个“家园”。思考如何去爱每一个孩子，如何让孩子们懂得爱，爱自己、爱家人，爱祖国、爱世界，展示在每一份报告中，洋溢在每一个孩子的笑脸上，传递到每一个“二小人”的家庭中。

和谐奖的评选仅是当天教育工作会议的一个环节，学生家长的观摩也仅限于此。当主持人请现场的家长代表们离场时，意料之外的感动一幕出现了：在场的所有教师不约而同地站了起来，伴着欢快的音乐声，有节奏地鼓掌，欢送正在退场的家长代表们……

走在冬日午后的新文化街，暖阳晒在身上舒适惬意，但来自心底的温暖与感动则更加深刻，久久不忘。突然感觉二小就像一首老歌唱的那样：“它能给勇敢者以智慧，也能给善良者以欢乐。”“它能给懦弱者以坚强，也能给勤奋者以收获。”

做一名有情怀的教育工作者

——小学骨干校长提升跟岗报告

2021年10月11日，我有幸参加了“国培计划”中西部骨干校长提升培训项目（一期）培训、研修，本次参训87人，为期20天，华中师范大学为我们安排了集中培训和跟岗实践活动。带着几分激动，带着几丝憧憬走进华中师大，仿佛让我回到了20多年前的学生时代。虽然只有20天，可在这短短的20天里，感受到了校园里强烈的青春气息和浓郁的人文氛围。

一、聆听讲座共享文化大餐

班主任胡晓红老师和刘迎春老师为本次培训制订了培训计划、安排，集中培训学习内容丰富充实，理念新颖独特，独树一帜。华中师大教授郭元祥为我们做了题为《育人方式改革与教育高质量方展》的讲座，破解深度学习助力育人方式新改革，促进教学高质量；湖北省普通教育干部培训中心主任刘期锡为我们做了题为《智慧办学：学校发展规划》的报告，揭示教育的真谛在于尊重生命，在于还人本真，在于温情传递，在于自然而然。尤其是在指导校长们撰写学校三年规划方面，可谓详尽且实用。武汉市中小学校长教师继续教育中心教授易红星做了题为《学习习近平总书记“七一”重要讲话精神》的专题讲座，一曲会前齐唱《我和我的祖国》驱散了学员满身的疲惫，会上不停地和学员进行互动、交流。湖北大学教授叶显发讲授的《课程改革与课程建设方案规划》让人耳目一新。武汉市教科院副院长朱长华，以幽默风趣的语言、寓教于乐的形式给我们深入浅出地解读了《“双减”政策新政指导下课堂教育教学改革》，让我们在“双减”政策的指引下，知道校长该关注什么，该怎么去付诸实施。华中师范大学教育学院的陈彬博士做了《集团化办学的核心理念与发展之路》的讲座，讲座从集团化办学的背景，推进模式，核心理念和发展策略四个方面阐释了优质教育资源如何共享，怎样实现合作共赢。

二、精心设计好学校的品牌

“当好校长容易，当一名好校长就很难。”那么我们就必须加强学习，不断提高自身素质和综合能力。

（一）做一名具有管理才能的校长

校长是学校的领导者、决策者和高级管理者，更是学科带头人、教师的勤务员。校长的工作对学校全局起指导、组织、协调和统揽作用。苏霍姆林斯基曾说过这样一句话：“校长对学校的领导，首先是教育思想的领导、业务上的指导，其次才是行政管理。”因此，校长必须把自己的办学思想贯穿于日常的管理活动中，用先进的教育理念去影响、带动教师，把自己的办学思想转化为教师的行动。同时，要注重办学经验的积累与扬弃，努力形成学校内在的精神累积和成功的管理理念。这种精神累积和管理理念是一所学校无形资产和宝贵财富，更是学校品牌的意义所在。

（二）做一名善于学习的校长

校长应该是个学习者，学习教育理论、教育规律和教育方法和义务教育学校校长专业标准，提高我们自身的理论水平，学习其他学校的先进经验和优秀校长的管理经验，提高我们自身的管理水平、增加我们自身的经验积累。多看看，多想想，一些灵感会不期而遇。如果不学习，就没有可持续发展。校长自身不发展，学校更无新面貌。因此，校长要不断地学习，才能不断地提高自身素质和领导能力，才能成为教学的引领者。

（三）做一名有魅力的校长

校长应该具有敬业、公正、清廉、宽容、担当等人格魅力。校长应当以完善的人格魅力去影响和带领师生，运用感情的力量把大家凝聚在一起，使教师产生极大的积极性，从而为实现校长确立的办学目标进行有效的实践和创造性的工作。

三、全力打造高效的师资队伍

“先有名师，才有名校。”身为一名校长，应该鼓励教师多读书，努力为教师创造读书、学习的机会。一个人的精神发展史实质就是一个人的阅读史，书永远是成长的阶梯。作为教师至少要读三类书：前沿性理论书、名著、教育文章。正如培根说的：“读史使人明智，读诗使人灵秀。”校长要为教师创设一种读书的氛围、读书条件，真正让教师成为社会中读书最多的人群。同时引导教师勤于反思，行成于思毁于随，没有反思，人生是盲目的，教育亦然。鼓励教师平时多做教育教学随笔，积累教育教学案例，如上网交流、做读书笔记等等，都有利于教师的成长。教师在学生中起着直接表率的作用，教师的一言一行、一举一动都是学生学习的榜样。教师只有用先进的教育理念和扎实的教育、教学基本功，才能带领着学生穿越知识的海洋。有人这样说过："知识就是力量，教育就是财富，学习就是生命。"高素质的教师队伍是提高教育教学质量的先决条件。学校校长一定要在锻造一支业务精干的教师队伍上下功夫。要对本校教师的业务能力了如指掌、常抓不懈，针对本校教师实际情况，制定中、长期教师培养目标。同时，要求每位教师根据自身情况拟定个人发展目标。为了实现学校和教师个人"双重"目标，校长要鼓励教师参加各种形式的培训学习和学历进修，并在制度上、经费上、时间上给予保障。对年轻教师要抓"师徒结对"帮扶工作，争取培养一个，成功一个。同时，校长要为年轻教师创设平台，在学校、区级、市级、自治区级教研工作中，尽可能让年轻教师上公开课、优质课，让他们在岗位练兵中迅速成长。

20 天的培训，让我深刻认识到做校长就要做一名"好校长"，为学校发展铺路，为师生发展引航，当好这个"服务员"。当然，这需要更多的付出和努力。难走的路都是向上的，我将坚定方向，不忘初心，砥砺前行。

薄弱学校教师专业发展的思考

随着基础教育课程改革的不断深化，地处城乡接合部薄弱学校的一线教师面临的挑战越来越大，如何建立一支强有力的教师队伍，核心是要注重教师的专业发展。教师是学校的最基本保证，有什么样的教师，就有什么样的教育。高素质教师是学校教育优质资源中的第一宝贵资源。学校首要的工作就是建设一支高素质、高水平、高效能的专业化教师队伍。通过各种途径和手段，全面提升教师的综合素质和学习能力，才能使学校可持续发展，才能有效改变薄弱学校现状。

一、薄弱学校教师专业发展的现状

（一）城乡接合部薄弱学校教师发展多处于偏低水平

教师专业发展缺乏专业引领，自我发展意识不强。年长教师由于生活压力和长期负荷运转，没有足够的时间和精力思考与研究教材教法，教学观念落后，教学模式单一。年轻教师则“人心思走”，向往城区学校的生活，职业幸福感较低，自信心不足，自我效能感不强。

（二）教师职业倦怠使其缺乏职业规划，对专业发展的认识不够

薄弱学校教师所处环境较差，教师厌教现象比较严重，许多教师只是将“教书”作为谋生的手段，而非一项事业。对专业发展的认识模糊，缺乏职业设计谈不上专业发展。

（三）任务繁重，无法专心组织教学并对教学进行反思和研修

由于缺少专业的音体美等专任教师，教师教学任务相当繁重，教师工作之余还要承担繁重的家务劳动，自我学习、思考的时间和精力根本无法保证，缺乏对教学新思考、新内容、新手段的钻研学习。

（四）专业发展缺乏有效制度与评价体系

现在的学校管理仍然偏重规范管理，追求教学的统一性，长期受各方面对升学意识的灌输，这种评价体系导致校本培训、教师之间教研交流有形无实，合作不足而竞争有余，造成教师的教学往往只在封闭的教室里，凭借个人经验进行摸索。

二、为什么要注重教师专业化发展及其内容

一所学校的教师专业发展水平，并非取决于教师的学历，而是决定于教师成长制度与机制本身的教育性、创新力教师专业化发展是教师教育发展的必然趋势。教师教育业化的内容，概括为以下几个方面：

（一）强调专业知识

教师专业发展不仅要熟悉了解所教专业的必备知识，还必须不断更新知识。当今社会知识的迅速发展使得教师学习更新知识的课程更为重要，教学观念跟不上新的形式，是制约教师专业发展的主要因素。因此要加大教师专业培训力度，拓展培训方式。终身学习要求学

生不仅获得知识，而且要学会如何获取知识，因而，向学生传授终身学习的技能比传授学科知识更为重要。这就要求教师树立教师终身学习意识。

（二）强调专业技能

学习新的技能与技术，通过教研，赛课等方式培养他们自主学习的能力和对实践进行分析、评价、判断和反思的技能。强调专业知识的学术研究，在研究中不断提高教师教育专业化水平，不断创新。这是教师教育专业化发展的方向。

（三）加强教师职业道德建设

提倡敬业爱生、乐于奉献的精神。加强师德建设是使教师获得或者巩固“师”“德”的必须而有效的途径。学校应该建立健全教师职业道德培训制度、职业道德考核制度、职业道德责任追究等制度。

另外，教师专业发展具有如下特点：

一是专业发展的自主性。这是教师专业发展的前提和基础。教师在设计课程、计划教学活动和选择教材时，应有充分的自主性；好的教师应具有自我专业发展的意识，把外在的影响转化为自身专业发展过程中的动力。

二是专业发展的阶段性和连续性。教师专业发展阶段性有助于教师选择、确定个人的专业发展计划和目标；教师只有不断地进修和研究，以终身学习为基本理念，才能不断促进自身的发展，以确保教学的知识和能力符合时代的需求。

三是专业发展的多样性。教师工作包括观察学生、创设学习情境、组织教学活动、训练学生、评价学生学习等多种活动，教师专业发展体现在这些不同的活动中。教师专业发展应注重教育知识、技能层面的发展，也应兼顾认知、技能、情意各方面的成长。

三、薄弱学校教师专业发展的途径和手段

（一）加强引导，强化教师自身的专业发展意识

与教育教学较强教师相比，薄弱学校的教师工作、生活、发展等方面都处于弱势状态，专业发展意识不强。要提升和强化其专业发展意识，首先要营造良好的发展环境，学校要在物质、生活、制度及管理上以人为本，让教师处处体会组织的关心、爱心，有助于增强教师的主人翁意识，自觉对学校和自身的教育教学活动进行判断和反思，唤醒并激活教师的专业发展意识。其次对青年教师要加强引导，并从保护其长远发展考虑提供必要的指导和制度支持。学校要引导教师对自己的职业进行合理规划，在教育教学中反思自己的理想与追求，有意识地寻找学习机会，不断丰富、更新自身的专业素养，促进自身的专业发展。

（二）专家讲座、骨干引领和外派学习

从学校发展和教师专业发展的需要出发，教师的教育教学理论需要不断地提升，学校定期和不定期组织相关继续教育内容的专题讲座，邀请专家到校讲学或直接深入课堂进行“会诊”。特别是请专家到学校进行课堂教学“会诊”，有很强的针对性和实效性，让教师们受益匪浅。

（三）教师专业发展“三三制”促发展

为了进一步促进教师的专业发展，促进教师之间的交流和学习，提高学校教师的专业知识、专业技能和专业修养，学校根据教师不同学历、资历和驾驭教育的能力，分成“入格”培养层，“升格”培养

层和“风格”培养层三个层次，实行分层要求、分类培训。对新教师都要进行“入格”教育，培训中除了让他们了解学校的各项规章制度、工作职责以外，更多的是让他们与学校领导、优秀教师和其他教师进行交流。从这些交流活动中也能了解他们对自身专业发展的思考、要求，同时也了解到他们对自己工作、生活的愿景，为学校如何促进他们专业的发展提供资料和信息。青年教师的“升格”培养，给青年教师树立榜样，开展各种教育教学活动，创设条件，优化培训环节进行重点培养。骨干教师“风格”培养。以科研为先导，根据学校实际，结合自己的教学特长确立子课题。骨干教师的引领和外派学习也是促进学校教师专业发展的一个很好的途径。学校应要求每位参加各级培训的教师都在全校教师大会上做专题发言，向大家讲解先进的教育教学理论，谈教育教学中的得与失，形成“一人受训，全校受益”的良好制度。

（四）“新老教师结对子”，开展同课异构活动

新老教师结对子是很多学校用来促进教师专业发展的手段，也是学校培养青年教师的重要途径。即由本学科的教研组组长负责本组青年教师的培养工作，组内的青年教师可以向其他任何教师学习，让青年教师有更大的选择权和自主权。同课异构活动开展，我们把同样教学内容，由不同教师根据学生实际，现有教学条件进行备课并上课。由于教师不同，教学设计、执教风格、所采取的教学方法和策略各有不同，听课的教师就能对这几节课进行有效的比较，找出各自的优点和不足，然后进行对比、反思、总结、提高。这种方式能促进教师对新课程理念的理解，提高对教材的理解、处理、把握及教学领悟的能力，有效地提高教师自身的专业水平。

（五）铺好教师成长“三环路”

教师的培养从夯实基础到专业发展，必须铺设一条“外环”（教学基本功）、“中环”（教学策略）、“内环”（教学思想）的教师成长“三环路”。我们应该努力摒弃过去大部分教师终身“磨道式发展”的现象，积极形成“螺旋式上升”的有效发展通道。

（六）加强专业培训及研修平台的搭建认识，抓好教师继续教育培训

继续教育是促进教师专业发展、提高教师素质和教学水平的必由之路。其次通过校本研修培训促进教师专业发展。对于学校来说，校本教研是一种比较实际、适用、经济、有效的教师继续教育方式。

落实发展远程教育培训，改变以往的交流方式，实现自主、动态、即时的交流与反馈，让优秀的教师教育资源、教学方法和手段都可以为教师提供优质教育资源与高水平培训。还可以提高教师的信息利用能力，以信息化带动教师的教育现代化。完善评价体系，促进教师专业发展。学校应对教师教育教学活动的结果与过程进行同等考核，对其专业发展实行发展性评价，将教师从应试教育的模式解放出来，使他们有更多的时间精力来反思自己的教学活动，主动研究讨论和反思教学，达到提高教学水平与教学质量的目的，也促进教师的专业发展。

薄弱学校教师专业化最终目的是通过提升教师的专业素质，从而促进学生更好的成长和发展。虽然教师专业化可能要经历一个漫长的过程，但正是在这个持续不断的过程中，就需要我们结合实际，选择那些易行又有实效的方法，并且不断学习、不断反思，努力促进教师的“专业发展”。

（原载于《读写算杂志》2013年第40期）

如何做好年级组建设工作

做好年级组争创活动，搞好年级组建设，应该发挥五个“力”。

一、对组内工作要有指导力

年级组长作为小群体的“领头雁”，样样工作要立足一个“导”字，在哪里导、怎样导，导出什么样的标准，全靠组长个人的素质水平决定。因此，要对组内工作有指导力必须做到以下两点。

（一）学在前，思在前，才能指导在前

组长要使本组的工作有创新，必须学在前、思在前。面对新时期的教育、新的教学理念，无论对年轻、年长的教师都是一个新课题，都是零起点，光凭经验办事，观念有时有些陈旧，因此要想使工作有创新就必须立足于学习。许多成功的教师或管理者都是在学习中吸纳新信息、新理念，在学习与思考中总结过去；在学习与思考中探索未来；在学习与思考中产生智慧与灵感，升华境界，结出成果，最终以各自的教学思想、艺术风格各擅胜场。这就是久经学习、思考、实践的结果。如学校开展做课活动，开展组内教研，作为组长就要先学一步，吃透几点，渗透在课的研究之中。“三维目标”在哪里体现，怎样体现，在年级组齐心协力努力下经过一棒、两棒“接力课”的研

究，应该说使这节课有了一个新飞跃。

（二）先行一步，提高自我

组长在学习与思考后应先行一步，做自我剖析的带头人，这样不仅促使自己学深、思透，还有利于指导他人。不要做岸上的指挥者，要像写“下水文”一样用自己的成败指导别人，才有针对性、有说服力，这样也利于自身的提高。用陶行知的话来说就是：“有些人做了几年教师便有倦意，原因固然很多，但主要还是因为不好学，天天开留声机，唱旧片子，所以难免觉得疲倦起来。惟独学而不厌的人，才可以诲人不倦。要想做教师的人把岗位站得长久，必须使他们有机会一面教，一面学；教到老，学到老。当然，一位进步的教师，一定是越教越要学，越学越快乐。”“先生既没有进步，学生也就难有进步了……那好的先生就不是这样，他必是一方面指导学生，一方面研究学问。”

二、率先垂范要有示范力

（一）工作中突出一个“实”字

这个“实”字融入了一种负责的精神。任何事要么不做，一旦认定要做，就要留下脚印，就要让教师受益，让学生受益，也让自己受益。作为组长，如果在班级管理方面没有成绩，教学上也不出彩，那么，年级组教育特色活动就没有新的举措和实效。组长要少说空话，言传身教，处处为榜样，事事做表率，才能让组内的年轻人效仿，才能让人心悦诚服。

（二）工作定位突出一个“高”字

年级组工作要立足于发展，如果组内工作平平，组长态度低调，组内工作就没有生机。优秀年级组要立足于“争”“创”二字，如果不争也不创，年级工作样样在全校处于一般状态并得过且过，就不利于组内教师的发展，组内的工作就不会有所突破，教师的能力和水平就不会提高。因此，组长要营造一个青年教师成长的氛围，优化青年教师成长的环境。工作没有高目标、高要求，就会贻误全组的工作，制约教师的进步。因此提出要求：不软、不懒、不散、不贪、不歪。

（三）工作突出一个“彩”字

强将手下无弱兵。组长的活要干得漂亮，即便教育教学不能全出彩，也应该有自己的工作特色，要与时俱进。有创新才能有指导别人的水平和资格，否则工作没亮点不出彩，在组内要求别人就没底气。因此，要做“领头雁”就要处处以身作则，率先垂范，自己的工作要高标准，才能给大家起示范作用，带动全组教师共同进步。

三、抓组风要有凝聚力

组风正，凝聚力就强，凝聚力强，工作就蒸蒸日上。那么，这种凝聚来源于哪，首先源于核心组。

核心组要定期开会研究组内工作，思想达成一致，共同制定整改措施，集大家的智慧于一体。使核心组的成员人人做组长的拥护者、组内工作的分担者、组内舆论的倡导者。组长手大不遮天，身单力薄孤军难作战。

树立“一人荣，全组荣，出现问题全自省”的组风。因为年级组的每一点进步都离不开每位教师的努力，年级组内某个人出现了问题也会影响年级组的荣誉，争创优秀年级组就是不让一个人掉队。“一花独放不是春，百花齐放春满园。”每个人的表现与年级组是不可分割的，要把自己的荣辱与争创年级组先进联系在一起，组风正，凝聚力就强。在管理中组长要铁面无私。敢于管理，敢于要求；事前说，事中督促；出了问题要严肃批评，勇于指出，不怕得罪人。组长一身正气，组内必然有凝聚力。

四、细致观察要有洞察力

作为组长，年级教学需要管理，教师的师德需要管理，年级学生的行为需要管理。总之，年级组的一切都离不开组长的管理，管理的最高境界是什么？是让被管理者老老实实地服从，不折不扣地约束和规范大家的行为吗？按现代管理理念来说不仅仅是这些。那么，现代教育的管理最高境界是什么？是发现。高明的管理者应该有敏锐的眼睛、细致入微的洞察力、深刻的思考，他能从一般中发现特殊，从平庸中捕捉非凡，从共性中把握个性，甚至还能从丑陋中发现美好。具体到年级组的学生教育，就要善于从点滴中发现亮点，才能及时肯定；善于发现不良苗头，才能对其进行规劝。教师也和学生一样都有被关注的需求，师德蕴含在小事中，积极的情绪需要调动，消极的情绪组长发现后要给予疏通。一句话，组长作为管理者，要学会发现，要有洞察力，能够从每一位教师身上发现闪光点和不同点，然后进行激励、弘扬。在以人为本的年代里，管理的最大价值不在于做了什么事，而在于发现了什么，为人的成长与发展做伯乐。

五、为人友善要有亲和力

一是干在前，享受在后。组内的大事小事、生活琐事及脏活累活，都要抢在前，干在前，享受在后。

二是关心在前，要求在后。组长要学会情感投资，对教师的思想、生活、身体、家庭都要多关心、多问候，像亲人一样无微不至，让教师感受到家一般的温暖，这时组长再要求大家时，大家心气就顺，即便有不妥之处，大家也能谅解。

三是帮人在前，荣誉在后。组长要有甘为人梯的思想，工作中毫无保留地传、帮、带，不要怕别人超过自己，要学会鼓励，学会赏识，调动组员的积极性。别人进步了、成功了，他知道是组长帮助了他，会从内心感激你，反过来也促进了组长自身的提高。有了荣誉慢伸手，要有一颗平常心。

四是换位在前，管理在后。这一条突出了管理的人文性，如某位教师，因外出学习一段时间，再上岗后工作有些跟不上形势，大家几次听她的课都觉得不太满意。组长站在对方的角度换位思考，没有批评她，而是以人为本，看在眼里，急在心里，一方面带领本组教师和她一起备课，听试讲，帮她管理班集体，在激烈竞争的形势下，促她上进，促她提高，用她的进步扭转大家对她的印象，体现了管理的人文性。

（原载于《读写算》2013 年第 44 期）

小学语文阅读教学存在的问题及对策研究

阅读教学，是小学语文教学的重要组成部分，对于学生综合学习能力的培养有着重要的意义。当前的小学语文教学改革正在如火如荼地进行着，创新的教学思想与方法得到提供。更新小学语文阅读教学的思想，促进创新型教学手段的融入，才能更新小学语文阅读教学的现状，促进小学生阅读能力快速提升。

一、小学语文阅读教学存在的问题

（一）阅读时间与环境不足

当代小学生的学习压力较大，课业负担繁重。小学生几乎将所有的课余时间都用在学习上，而周末或者节假日，往往在家长的强迫下去参加一些补习班，很少做与阅读相关的事情。部分小学生的课下时间比较充裕，但他们会选择看电视或者玩电脑游戏，觉得打游戏要比阅读有意思得多，很少自主读书。还有一些小学生乐于用课下时间进行自主阅读，但读书环境较差，影响了他们的阅读心情与质量。

（二）缺少正确的阅读指导

根据相关调查，我国小学生的阅读兴趣普遍不高。小学生的学习兴趣不高，是多种原因造成的。首先，一些小学语文教师为了让小学生在考试中取得较好的成绩，在日常的阅读课上，总是引导小学生对课文进行分析，回答课后问题。很少对学生进行阅读方法上的指导，也不愿意利用课堂时间规范小学生的阅读方法。教师没有引导小学生学习如何挑选正确的阅读内容，让小学生很难体会到阅读活动的乐趣，阅读兴趣无法快速形成。其次，部分小学生的父母为了提高孩子的学习成绩，总是强迫孩子阅读。强制性的阅读，往往会激发小学生的逆反心理，导致他们不愿意参与到阅读活动中去。最后，在社会图书市场不断扩大的今天，市面上可以为小学生选择的书目越来越多。小学生更喜欢那些形象化的动画书或者网络游戏类书，从而影响了小学生阅读的质量。

（三）忽视学生阅读能力形成

在当前的小学语文教学实践中，存在着一个普遍问题，那就是教师为了让学生在最短的时间内学习到最多的知识，有能力去应对语文考试，会不断缩短小学生的阅读时间。在平时的语文课堂教学中，教师用大部分时间引导学生对文章的内容与形式进行分析，了解文章的写作手法，围绕知识点讲解阅读。这就使得小学生很少深入文章内容中，在每一次阅读之后，只知道文章用了哪些写作手法，却并不知道文章的意义，作者为什么要写这样的文章。教师对于学生阅读能力培养的忽视，影响了小学语文阅读教学的质量。

二、小学语文阅读教学的优化对策

（一）加强教与学关系的平衡

在教学改革的过程中，仍然有一部分教师将自己束缚在传统的教学模式中。这些教师将自己的讲解作为教学活动的主线，将学生的听作为教学辅助。学生的学习活动，都是在教师的教学行为牵引下完成的。在传统的小学语文课堂中，学生的听、说、读，都是教学的配角，都是在被动状态下完成的。教师没有意识到教学活动是为学生的学习服务，剥夺了学生的学习主体地位。这对于学生阅读学习积极性的提高以及阅读能力的提升有着较大的负面作用。小学语文教师需要转变传统的教学思想，摆正教与学之间的关系。教师要多发挥自己的主导作用，尊重学生的主体地位。教学活动应当是教师与学生互动的过程，二者在互动中促进学科知识的传递与吸收。教师要尽可能多地引导学生读书，促进学生思考与讨论。凡是学生可以自主解决的问题，就让学生自主解决，鼓励学生开展自主学习。

（二）给小学生充足的阅读时间

小学生的自我控制能力较弱。受年龄的影响，小学生较为贪玩，许多学生的阅读行为都需要在教师与家长的监督下完成。要促进小学语文阅读教学质量的提高，教师可以给学生设置短时间阅读任务。在阅读课堂中，教师要给予小学生充足的阅读时间，让小学生在每节阅读课中有 10 分钟可以读书，促进小学生阅读技能的形成。除此之外，教师要给学生设置课外阅读作业，让学生每天利用课下的 20 分钟时间进行课外阅读，以保障小学生的阅读时间。

（三）加强阅读质与量的优化

在新课程标准中，有提出小学生六年的阅读量不能少于 150 万字这样的要求。只有阅读量上去了，才能让小学生的阅读得到开拓，并逐渐形成与自己身心特点相符的阅读方法体系。教师要加强对小学生的阅读引导，引导小学生选择适合自己的书目，例如选择一些浅显易懂的寓言童话等。教师要引导小学生选择适合自己的阅读时间，并长期坚持下去，形成良好的阅读习惯。在教学中，教师要将详读与略读、精读与跳读等方法传递给学生，促进学生阅读质量的提升。只有阅读的质量与量得到优化，才能让小学语文阅读教学的改革得以成功。

综上所述，小学阶段的语文阅读教学，对于小学生良好阅读习惯的养成以及阅读能力的提高都有着重要的作用。要从根本上改革小学语文阅读教学，就需要深入发掘语文教学中存在的问题，关注小学生的语文阅读学习追求。给学生创设良好的学习氛围，让小学生更加自由与轻松地进行阅读学习，让小学生的语文素养得到快速提升，从而有效地实现教学目标。

（原载于《好家长 新探索》2015 年第 3 期）

小学语文整本书阅读教学有效性研究

“读整本书”是叶圣陶语文教育思想的重要组成部分。1941 年，叶圣陶对“读整本的书”做了专门论述，明确提出“把整本书作主体，把单篇短章作辅佐”的主张。《九年义务教育语文课程标准》规定，小学六年的课外阅读总量不少于 150 万字。在“教学建议”中提出，培养学生广泛的阅读兴趣，扩大阅读面，增加阅读量，提倡少做题，多读书，好读书，读好书，读整本的书。教师要从学生年龄特点、阅读能力出发，对整本书阅读进行指导，通过阅读方法指导、交流讨论等方式保证整本书阅读有效进行，在阅读过程中培养学生良好的阅读习惯，为学生开拓更为广阔的阅读空间。

一、整本书阅读内容的选择

（一）选择整本书的主要标准是孩子是否喜欢

整本书阅读就是要培养学生强烈的阅读期待，让学生喜欢读书、持久读书。就小学阶段而言，整本书的主体应该是经典的中外儿童文学作品，包括儿歌、童谣、散文、小说等。借助这些名著中节选的精彩片段，根据学生的兴趣，以“一篇”带出“一本书”。所以，在选择整本书以前，教师一定要先读一读，然后推荐给学生。以高年级为例，有如下篇目：《将相和》选自汉代司马迁的《史记》，《草船借箭》选自古典文学名著《三国演义》，《小嘎子和胖墩比赛摔跤》选自徐光耀的儿童小说《小兵张嘎》，《“凤辣子”初见林黛玉》选自古典文学名著《红楼梦》，《少年闰土》选自鲁迅的《故乡》。这些书籍都是教师可以挖掘的教材文本，要激发学生兴趣，让学生不仅仅满足于教材文本的阅读，直至跳出教材，捧起名著以解阅读之瘾，完成整本书阅读。

（二）选择整本书可以和教科书的内容结合起来

教师向学生推荐与本单元有联系的整本书，也可以联系课文内容进行延伸阅读。如人教版语文四年级上册第七课《蟋蟀的住宅》一文后面的“资料袋”，向学生们推荐了一部严肃的科学著作和优秀的文学作品《昆虫记》。学习人教版课标实验教科书五年级下册的“作家笔下的人”单元时，可以读《小兵张嘎》《百万英镑》等名著，这些都是与课文内容有联系的整本书，属于内容的延伸阅读。

（三）选择整本书阅读数量不能强求统一，要根据学生的实际情况

一个学期中间略读书籍的数量不宜太多，大约有两三种就可以了，这个数量是在师生同读一本书的范围内，不包括学生自己的自由阅读数量，有了阅读兴趣和阅读能力，学生读的数量会更多一些。

二、整本书阅读指导策略

整本书阅读关键是整体，既要关注学生的个性体验，又要通过细节的挖掘促进学生对整本书的理解，使学生有所收获。

（一）整本书阅读的指导原则

阅读是个性化的行为，对于阅读方式方法不要进行太多的限制，应注重学生的自主阅读，多交流，注重个别指导。在阅读的过程中让学生多思考、多讨论，保证学生有足够的时间阅读，从而有所收获。教师在集中指导的基础上应关注学生之间阅读水平的不同，以兴趣引领，在持续的阅读中让学生得到锻炼，从而提高阅读能力。

（二）整本书阅读的指导策略

整本书阅读时要有阅读计划，教师要帮助学生确定每天阅读的时间和页数，还可以指定粗读、精读的内容，这样阅读就有了目的、计划和方法，可以保证阅读的有效性，还能在坚持阅读的过程中培养学生良好的阅读习惯。如制订简单的个人读书计划，每天读 10 至 20 页，摘抄好词好句，每学期参加一次读书交流会等。

（三）整本书阅读要读书中的作者简介、序或者导读，并学会动口、动手又动脑

很多书都是由别人作的序，作序的人会讲到此书的特点，简单介绍此书的内容，或者说说自己的感受，也会指出阅读时需要注意的地方。这样读了序文或导读就像找到了阅读全书的钥匙，可以在阅读中较好地理解，少走很多弯路。在阅读的过程中，还要善于动手、动脑，画画、想想、写写。一本书中有很多的精彩片段，读到令自己心动的地方可像诵读经典那样大声地读出来，抒发一下自己的情感，把自己觉得不太理解的内容画出来，查资料理解，把自己的想法、感悟随时记录下来，书中的文字会让自己的思想得以升华，这才算是真正的读书。

（四）整本书阅读指导分为读前、读中和读后的指导

读前教师要做的就是激发学生的兴趣，在导读的时候就要考虑最

后的主题探讨，并做好铺垫，还可以对后面的阅读提出一些要求，让学生有目的地阅读。学生在自由阅读过程中教师可以限定大致的进度，等到读到某个阶段的时候进行一次讨论交流，可以通过讨论提示一些方法，让学生有更深的感悟，有利于下面读得更好更深入。待全体学生都读完以后，再次组织交流讨论，汇报整本书的阅读收获。交流讨论以后，也可以指导学生再读，读出更多的感受。这样不但能把一本书读通读透，而且可以防止学生浅尝辄止，有利于培养其良好的阅读习惯。

（五）整本书阅读按照学生年龄特点进行指导

对于低年级的学生，教师应先读给学生听，当学生有了一定的阅读能力，能够借助拼音阅读的时候，教师要及时放手，让学生感觉到自己可以像大人一样进行阅读了，这样学生就会有成就感，从而培养学生的阅读兴趣；对于中年级学生的阅读，教师应该设计读书报告单，帮助学生把握读物的主要内容，重点在于从不同的角度看书中的人物，讨论描写故事过程的写法等；对于高年级的阅读，教师应引导学生对深层次的问题进行讨论，如指导《草房子》的阅读，在通读整本书的基础上，按照人物进行交流，可以探讨一个人物，也可以两个相近的人物一起交流。

（六）整本书阅读按照读物特点进行指导

小学阶段读物的主要体裁是图画书、童话、童谣、儿童诗、散文、小说、科技作品等，不同的体裁有不同的特点，教师应根据读物体裁的特点进行指导。如图画书《亨利爷爷找幸福》，教师可以边出示图边讲故事，在故事的紧要处可以停下来，让学生想象和思考。如小说《夏洛的网》读完后可以延伸阅读怀特的另外两部童话名作

《精灵鼠小弟》和《吹小号的天鹅》，让学生比较有什么异同。阅读的主体是学生，学生通过阅读不同读物交流获得真正属于自己的体验，这样的阅读会更动人、更持久。

三、将整本书阅读引入丰富的活动中，提高阅读实效

好的阅读方法是打开课外阅读的绿色通道，能使学生读书取得事半功倍的效果，好的延展活动更易激起学生阅读的兴趣。

（一）开展形式多样的课外阅读汇报课

开展以“古诗词朗诵会”“讲故事比赛”“好书推介会”“主题阅读汇报会”“读书经验交流会”等以讲为主的活动，既反馈了学生课外阅读的情况，又促使学生持之以恒、深入地进行课外阅读。

（二）提供多个平台展示学生的阅读成果

一千个读者就有一千个哈姆雷特。阅读时学生总会有自己的感悟和思考，利用“读书之星”板块展示优秀读书笔记。在教室的一角精心设置“手抄报园地”“课外阅读成果展示台”，展示学生制作的手抄报、剪贴本、设计的书签、摘录的读书笔记、写下的感想体会。学生时常抬头能看到自己的得意之作，品赏自己辛勤阅读的收获。

（三）整本书阅读评价多元化

通过学生互评、自评、家长评、教师评等综合评价推选出“采蜜能手”“故事大王”“小书迷”“读书之星”等，这些评价对学生有很大的吸引力，它们犹如一颗颗光彩夺目的明珠，吸引学生去摘取，使学生保持旺盛、积极向上的课外阅读激情。

（四）拓宽渠道，奇思妙想求创意

小学生的想象比较丰富，奇思妙想常常涌现。对于不同的人物形

象、不同的故事情节，教师可以引导学生在把握书中人物性格特点的基础上让他们创造性地运用语言，续编故事或创编故事。读完《宝葫芦是秘密》《爱的教育》，我们在体味书中那些妙趣横生的故事场景时，不妨也以讲故事的形式复述给同伴听，或者和同伴们一起编演书中的精彩片段，再现书中的人物形象：读完《西游记》，写一回属于自己的“西游记”，看谁想得奇特、写得精彩。

整本书阅读是语文教学的重要组成部分，教师应努力探索整本书阅读的有效途径，有意识地把整本书阅读教学作为重要教学目标同时进行，全面提高学生的阅读能力和语文水平。

（原载于《宁夏教育》2015 年第 10 期）

谈教学助手与课堂教学融合应用

随着“互联网＋教育”的不断发展，信息技术与课堂教学的融合应用能有效提高课堂教学效率，“教学助手”这一新的辅助教学工具被广泛地运用于教学中。让课堂更精彩就需要在教学设计中充分借助教学助手，在教学实施中合理应用教学助手，在课外拓展中适度结合教学助手。

一、教学设计要充分借助教学助手

信息技术与课堂教学的深度融合，首先体现在教师的教学理念上。在教学设计时，教师要结合学科教学实际，将信息化技术手段合理融入教学的每个环节。教学助手中教学资源共享为教师提供了丰富的备课素材。教师在备课时，依托宁夏教育云平台，充分借助教学助手中班级优化大师、教材资源、人人通空间等板块资源，这里课件、教学设计、课文朗读、视频应有尽有，可以尽情地选择使用，为教师节约了宝贵的时间。教师结合学生实际进行整合，形成以信息技术手段为支撑的优质教学设计、课件、微视频等，为课堂教学做好充分的准备。如在学习《寒号鸟》一课中，备课时我通过手机端登录教学助手，利用教材资源库中的资源搜集整理了丰富的授课素材，经过教学再设计后把各种鸟叫和鸟儿筑巢的微视频添加到“课前导人”。授课中登录教学助手，开启“互动课堂”导入本节课的教学课件，通过“课前导入”播放视频导入新课，激发学生学习兴趣。

二、教学实施要合理应用教学助手

信息化教学手段在教学中的应用一定要合理适度，既不能为应用而应用，又要充分发挥信息化应有的优势作用。在教学实施中，教师要根据教学需求合理应用教学助手。

（一）巧用工具凸显重点

教学助手中的常用工具很丰富，各色画笔为教师在白板上批阅孩子作业提供了便利。如作文教学中，为指导孩子学习修改文章，我经常拿出个别孩子的作品用高拍仪进行投影，然后再利用画笔进行圈画删减，孩子们在座位上看得清楚，目睹了过程，也领会了方法。橡皮擦、计时器、随写板……这些都为高效课堂提供了强有力的帮助。在授课过程中，使用标记笔进行标记，从而达到突出重点的效果，使学生一目了然，重点明确。

（二）互动体验提质增效

教学助手互动体验工具可以为教师上课提供方便。教学中，教师适时用手机及时捕捉学生学习过程、作业情况等，以视频直播、照片形式展示呈现学生学习过程中的学习状态、学习成果、困惑问题，这样的展示可以极大地提升学生学习的积极性，也容易吸引学生的注意力，对于学生讨论、自我反思都有很大帮助。同时这样做方便快捷，省时高效。如在教学习作《我的乐园》时，把学生完成的习作通过互动课堂中的聚光灯投放到智慧黑板，这样全班同学都会看到同伴的习作，积极发表自己的观点，对习作进行点评，指出习作的优点和不足。教师会用不同颜色的画笔勾画出好词佳句，用放大镜工具凸显优美语句在一篇习作中的重要性，让学生一起赏析。

（三）随堂评价激发兴趣

教学助手是教师得力的教学辅助工具，合理运用评价功能，能够极大地调动学生的积极性，激发学生的学习兴趣。对课堂中学生的表现，教师应及时地把好的作业用手机拍照上传展示，并在学习过程中适时应用“随堂点评”予以加分激励，充分调动学生学习的积极性。尤其是“互动课堂”中的“光荣榜”，我常常利用“光荣榜”对课堂上表现活跃、有进步的同学进行表扬。如“积极举手”“认真思考”等，点击“光荣榜”既可以选择为学生加分，也可以选择为小组加分；点击“多人点评”，还可选择多位学生一起点评加分。学生看着自己“光荣榜”上的分数一天天累积，成就感十足，课堂氛围更活跃了。

三、课外拓展适度结合教学助手

教育云平台为学生课外拓展学习提供了极大方便，课后使用教学助手的手机版“云校家”，给学生布置课前导学和课后练习，学生在课外适度应用平台学习，可以起到事半功倍的效果。如在教学《打电话》一课时，我提前做了微课，并上传到教学助手，布置了前置性学习，让学生在家长的帮助下学习打电话通知的几种方法，对解决问题的“多样化”有了认识和了解。这样，教师就将更多时间用在课堂上解决“探索规律”的研究，对突破本课重难点起到了极大的铺垫作用。又如“云校家”教学助手根据小学生特点设置了悦读会、悦听说模块功能，学生可以通过录制自己朗读的篇目并上传到平台，也可以在平台上听别人的朗读，既提高其阅读兴趣也增加其阅读量。可设置不同年级阅读的主题，课内教师可以教给学生阅读方法，课外学生结合教师布置的阅读内容，充分借助宁夏教育云平台，开展悦读会、阅读比赛等，阅读由课内拓展到课外，不断丰富阅读教学内容和形式，提升学生阅读能力，收到了很好的效果。

为深入推进信息技术与学科教学的深度融合，教学中利用宁夏教育资源公共服务平台构建基于信息化环境下的智慧课堂，让学生在合作、交流、互动中学会知识，增加课堂容量，真正实现减负增效。同时，适时运用信息化手段创设情境、展示过程、实时监测、实时评价，极大提升课堂教学效率。

（原载于《宁夏教育》2020 年第 5 期）

《小学家校合作存在的问题及对策研究》课题研究报告

一、课题提出的背景

家庭教育是整个教育的开端，并有着得天独厚的优势。学校教育对学生的作用是巨大的，但如果得不到家庭教育的良性配合，就会收效甚微，甚至劳而无功。由于诸多方面的影响，在教育体系中，学校教育与家庭教育的关系一度出现了偏差，前者被赋予了更多的教育职能，后者则相反，被一定程度地弱化。原州区第十小学地处固原市新区，在加速城镇化建设进程的今天，该校进城务工人员子女上学所占比例越来越大，教师们更多地意识到家庭教育在教育中不可替代的地位和基础教育作用。随着新课程改革的不断深入，教育也更强调多元化、民主化的发展，家长的合作意识也不断加强，这为家校合作的开展提供了可能性。我国的家校合作一直处于初级的状态，基础十分薄弱，理论基础不够深厚的家校合作开展一直处于瓶颈状态。

鉴于学校的特殊地理位置，在大力实施素质教育的今天，家校合作的教育模式就显得尤为重要。将家校合作的教育模式形成系统、有效的理论有着深远的意义，正是在这样的环境下我们确定了这一研究课题。

二、研究的意义

苏霍姆林斯基曾说过："施行学校—家庭教育不仅可以很好地培养年轻一代，而且还可以使家庭和父母的道德面貌完美。没有对子女的教育，没有对学校生活的积极参与，没有成人与孩子之间经常的精神上的接触和相互充实，就不可能有作为社会基层单位的家庭本身，不可能有学校这个最重要的教育教学机关，也不可能有社会在精神上的进步。"家校合作的意义不仅可以促进学生健康地发展，还对家长、教师、学校的发展都有极为重要的意义。

（一）对学生发展的意义

由于家庭环境千差万别，每位家长的教育理念不同，教育孩子的方式也不同，但是家长和教师希望孩子健康成长的愿望是相同的。家校合作就是让家庭教育与学校教育形成合力，互相配合，针对每个孩子的实际情况去进行引导，给予他们更多的关心，让孩子充分享受到来自学校和家庭的关爱，享受到教育带给他们的快乐。

孩子作为家庭中的宝贝，家长对其都是百般宠爱，什么事情都想帮其做好，可是这对培养孩子良好的行为习惯并无益处。学校教育除了教授学生科学文化知识之外，最重要的是培养学生良好的行为习惯。习惯的养成是一项长时间的、复杂的工程，学生时代的大部分孩子都处于家庭和学校这两个场所，这就需要家长与学校的相互配合，需要家长与学校对学生的要求一致、目标一致，这样才能有效地帮助学生养成良好的行为习惯。

（二）对家长发展的意义

在家庭中，家长都希望孩子能努力学习，考出好成绩。家长对待子女都是望子成龙、望女成凤的态度，往往因此而对子女过分宠爱，违背了儿童的身心发展规律。家校合作可以促使家长到学校去学习先进的教育方法，通过与其他家长沟通、交流，借鉴好的教育经验，从而更新家庭教育观念，提升教育素养。

对于家长来说，家校合作使他们有机会参与到学校教育中来，参与到孩子每天的学习生活中来，能够深刻地体会到孩子学习的不容易，从而更加关注孩子，不仅关注他们的衣食住行，更关心其对知识的掌握情况、与小伙伴的交往情况等。家长还能通过学校举办的活动与孩子进行深入的沟通，加强对孩子各个方面的重视程度。而对于学生来说，通过家校合作，他们看到了父母的关心，也看到了父母的不容易，进而能体谅父母、理解父母。和谐的家校合作关系增进了父母与子女之间的感情，有利于亲子交流。

（三）对教师发展的意义

家校合作能增进教师和家长的情感，增进彼此的了解，建立良好的亲师关系。通过和家长的沟通，使教师能够深入了解学生的性格、兴趣、生活习惯、生长环境以及最近的行为动态，这些都能够帮助教师及时调整教育策略，因材施教，更好地教育好学生。

（四）对学校发展的意义

每个学校都有自己的办学理念，都会按照国家的教育要求严格办学，但是，有时学校也会与社会脱轨。家校合作促使家长将社会上对学校教育的一些意见和建议带到学校，并监督学校不断完善。学校利用家长这一丰富、有力的资源，可以不断优化育人环境，从而为学生提供更好的教育服务。

传统的学校管理是封闭式的，学校经常通过教育行政部门才能获取社会的反馈信息，这种联系是间接的，而现代教育观要求把学校、家庭和社会作为教育的统一体，学校必须加强社会和家庭之间的联系。

三、课题研究的目标、内容及方式

（一）研究目标

1.通过实践研究，切实转变教师的教育观念，提高教师的育人水平和研究能力。转变教师的教育理念，增强老师与家长的合作能力；通过学校与老师的共同努力，增强家长与学校的合作意识，从而达到提升学生综合素养，提高学校办学质量的目标。最终使家庭与学校形成合力，达到教育的统一。

2.通过实践研究，切实转变家长的教育观念，提高家长的育人水平和育人技巧。进一步发挥家长在活动中的主体作用，给家长们以“高效益，多角度，新视角，新思维”的亲身体验，造就一支具有较高水准的家长队伍，创建一批符合时代需要的新型家庭。充分发掘家庭和社会教育资源，保证家庭教育与学校教育的连续性、持久性和协调性。

3.探索家校合作的有效途径，促进学生全面健康的发展。通过对家校合作策略的研究，达到提升学校“服务家长”的观念，拓宽学校对家庭教育指导活动的新思路，探索学校对家庭教育指导活动的新途径，促进教师和家长彻底转变教育观念，积累家校合作模式的理论和实践经验，促进教育教学质量提高。同时也为提高学校教育教学整体质量提供有益的尝试，以此促进教师、家长、学生共同发展、进步。

（二）研究的基本内容

1.家庭教育现状。在教育工作中，家庭教育是一切教育的基础，家庭教育在未成年人思想道德建设中具有特殊的作用。目前来看，家长对子女的教育主要存在以下不合理的现象：部分家长缺乏参与学校教育的意识，没有认识到参与“家校合作”是自己的权利和义务；有的家长只盼子女成“龙”成“凤”，过分关注孩子的学习成绩，在学习方面愿意与学校配合，积极督促孩子做功课，而在其他方面却置之不理；还有部分家长自称文化素质不高或工作忙碌而推脱没有能力或没有时间参与学校教育活动，这更是敷衍、推卸责任的一种表现。这些家庭教育中存在的问题说明本课题研究具有很大的现实意义。通过本课题的研究，可以进一步加强家长和学校的合作，为学生的发展提供更好的成长环境。

2.家庭教育对学生的影响。马克思和恩格斯指出：“孩子的发展能力取决于父母的发展。”一般情况下，家长的文化素质高，孩子的发展就会比较好。所以，在科学技术高度发展的今天，家长不断提高自己的文化修养，对子女的身心发展肯定是有好处的。父母的文化修养是影响小学生个体社会化的最主要也是最重要的家庭因素。家庭方面的其他因素，在很大程度上都是由这一因素决定的。父母对孩子采取不同的教育方式和教育态度，对孩子的个性形成会产生不同的影响。在现实生活中，存在着一些不关心孩子的家长。这种家庭下的孩子变得性格孤僻、冷漠、厌世，变得消极、沉沦。有一些父母对孩子放纵或溺爱，对孩子百般宠爱、百依百顺，或者相反，对孩子不管不问、任其发展。在这些教育方式下成长的孩子，一般很难形成良好的个性。所以，家长对子女的态度，在很大程度上影响着孩子人格品质的形成。家庭生活环境对子女的身心发展的影响是显而易见的。如果夫妻关系十分和谐，夫妻双方就都愿意付出时间和精力来培养、教育孩子，亲子关系也就相当和谐，父母与子女关系密切。这样的家庭气氛一般都是十分温暖融洽的。生活在这种家庭气氛中的小学生一般都有很强的安全感和幸福感，这非常有利于小学生形成良好的个性，并使之向理想的社会化方向发展。反之，如果一个家庭中夫妻反目，感情恶化，关系紧张，夫妻双方都没有心思和精力去照顾孩子，有时甚至拿孩子出气，或者逼孩子亲近自己，疏远对方。生活在这种环境下的儿童，很容易产生焦虑、紧张和自卑心理而且缺乏安全感。这都会给小学生的社会适应和个性发展带来极为不利的影响。

3.家庭教育的正确方法。家庭教育是指在家庭生活中，家长根据自己的生活经验和期望对孩子实施有目的、有计划的教育和影响，包括家庭环境、心理氛围、长辈语言等行为去影响孩子，孩子根据自己的表现反作用于家长的双向的、互动的过程，是文化、心理、语言、环境等综合因素对孩子施加影响的过程。儿童从出生的第一天起就开始接受家庭教育，父母就是他们的第一任老师。学校教育和社会教育都是在家庭教育的基础上进行的，因此家庭中家长的作用是举足轻重的。家长的素质如何直接关系到家长对子女教育和对学校工作的支持程度。但是，在目前很多学生的家庭中，家长只关注孩子的学习成绩，从而忽视了孩子各方面能力尤其是思想上的培养和提高，严重影响孩子的健康成长。作为家长应该使用正确的教育方法，决不能忽视对孩子心理健康成长应尽的责任和义务。

4.家校合作的有效途径。家庭教育和学校教育是学生发展不可或缺的两个方面。家庭教育需要学校教育提供正确指导，学校教育需要家庭教育的积极参与。加强家庭教育与学校教育协作，是教育发展的必然趋势。

（三）研究的方式

选定当时一至六年级的300人为跟踪调查对象，成立课题组，发挥课题组核心成员辐射作用，带动其余教师参与研究，指导教师将教育思想的学习与教育教学行为转变有机结合，以日常教育教学活动为载体，以学生发展为目标。由点到面，现在已扩展为全员参与。

主要研究方法，采取问卷调查法、行动研究法和个案研究法。

我们对确定调查研究的学生家长就与学校合作问题进行了前期调查，在实验后期再次进行问卷调查，来检验实验效果。

四、研究的主要过程

（一）开题论证阶段

1.制订课题方案，申报及开题论证。

2.查找有关家校合作资料，了解家校合作有关理论及国内外研究情况，深入学习，论证此课题的可行性。

3.申报课题。

4.撰写开题报告，召开开题论证会。

（二）课题实施阶段

1.第一阶段：明确课题意义，建立家庭与学校之间的初步理解与沟通。

我们进行了如下问卷调查：家长对学校、教师工作的满意度；学生习惯情况；家长及教师对新课程的认识。调查后，课题组针对调查结果做了统计和分析。经过认真分析，我们从以下几项工作入手，进行研究探索。

（1）转变教师教育理念；加强教师与家长进行沟通交流的能力；

帮助家长掌握一些科学的教育方法，提升家校合作的意识。

(2) 参加研究的老师要求明确家校合作的意义，课题组成员阅读有关文章。

(3) 请专家为家长进行科学教育方法的专题讲座。

(4) 开展家访活动，成立家委会，架起家校之间沟通的桥梁。

我们规定每班中推荐3~5位家长，作为家委会成员。明确成立家委会的目的，经过与家长协商，制定了相关的制度。

2.第二阶段：建立家校合作的相关制度，探索家校合作途径，初步形成家校合作的体系。

建立规范的家校工作管理档案，包括：学生成长记录袋；会议、学习记录；家校结合工作先进理论和信息资源库；电子档案，影像记录；工作大事记。

建立家校合作的工作制度，包括：设立家长开放日制度；每班每生设立家校联系本；制定家长委员会制度；聘请校外辅导员；建立家校联系卡；家访制度。

设计可行的家校联系主题系列活动。在实验阶段，我们开展了丰富多彩的家校合作活动。如在教学方面，请家长进课堂、家长参与学校教师赛课活动。在教育方面，请家长参加升旗仪式、开学典礼、主题班会等，邀请家长参加亲子运动会等。在社会实践活动方面，请家长与孩子共同排演节目，走入社区为孤寡老人送温暖献爱心。学校与家委会定期组织开展相关活动。

(三) 整理归纳总结家校合作方式

1.问卷调查，了解研究实效。

2.整理归纳家校合作方式。

3.汇总教师和家长的经验，撰写论文、研究报告（在课题研究的末期，参与研究的老师都写出了自己的体会；课题领导小组完成结题报告和相关资料整理工作）。

五、课题研究的成果

本课题于2015年10月立项，至2017年3月，历时一年半时间，区教科所和县教研室专家对本课题悉心指导，课题组成员做了许多具体工作，取得了可喜的研究成果。

（一）深入学习，提高教师理论水平和研究水平

开题伊始，学校就成立了课题领导小组、课题研究小组，并组织课题组教师进行相关的理论学习，学习内容包括：家校合作国内外研究状况、家校合作的成功经验与案例等，通过学习，营造了浓厚的学习氛围，教师们因此得到了提高、进步。

课题组在每学期初就向每位成员提出加强理论学习的目标。为了提高学习效率，我们制定了与学习相关的系列要求：学习以后要求每位教师写好读后感，使教师学得认真、学得深入；利用教科室这个宣传阵地进行交流，扩大影响，加深理解；组织专题讨论。通过这样的活动，使教师的学习更有计划性、有针对性，更具有现实性和实效性。课题研究是学校教科研工作的重点，抓好课题研究就要抓好课题的全程管理。

（二）问卷调查、座谈、走访，为了解家庭教育和学校教育、了解学生的生活和学习习惯，提供了大量的第一手资料

家庭教育是学校教育的重要组成部分，是学生健康成长的关键所在。随着社会的发展，家庭教育越发显得重要，尤其是家庭教育对学

校素质教育工作的辅助更是不可或缺，尤其在学生教育中的地位已非昔日可比。随着社会的变革，经济、科技、文化的飞速发展，对学校教育提出了更高、更新的要求，而素质教育作为学校教育的重中之重，其面临的挑战无疑是激烈的。为提高学校教育教学实效性，促进学生全面发展，我们着手对学生家庭教育方法进行问卷调查，问卷内容涉及学生家庭的基本情况、孩子在家各方面的表现。

2015 年 12 月，课题组对当时的四、五、六三个年级的学生进行了问卷调查，内容主要涉及学生的生活习惯、学生习惯、家长教育方式和课堂教学教师对学生学习方法的指导。对调查结果进行了深入分析，并撰写出调查报告。2016 年 3 月，在一、二、三年级学生中也开展了同样的调查分析，主要是判断年级间是否存在较大差异，结果发现，除低年级家长对子女的奖励方式中，金钱奖励偏高外，其他无显著差异。

由于调查是全体学生参与的，所以统计分析工作量巨大，有些问题是定量分析的，有些问题则是定性分析的。通过调查分析，我们发现的问题主要有：

1.学生主动承担家务情况不可忽视。独生子女的养尊处优的生活习惯凸显，家长包办使孩子养成了生活散漫、依赖性强和懒惰的习惯，导致学生的责任性、自主意识薄弱，依赖性较强。

2.学生没有规律的生活习惯是造成不良学习习惯的重要根源。孩子时间观念淡薄，生活中更不可能做到严格要求，处事不严谨、无条理，从而导致作业拖拉。

3.不认真和没耐心成为学生学习的重要障碍。这种认真与无耐心也应该与生活习惯紧密相关。

4.普遍存在打骂、伤害孩子自尊等落后错误的教育方式，也有少数家庭存在冷暴力，严重地损害了学生的健康成长。

5.没有明确的学习目标，缺少计划，教师和家长对学生的学习目标、学习的计划性指导教育存在缺失。

6.良好的预习习惯需要教师和家长的指导。不预习的比例明显较高，其中有教师指导问题，也有家长不闻不问存在的问题。

7.上课笔记、听讲、思考、回答存在的差异导致部分学生学习困难，不记笔记，不认真听讲，不思考问题，也不回答问题，所占比例明显偏高。这里有习惯与能力问题，也有小学的遗留问题，归根到底还是学习习惯问题。

由此我们得出的初步结论是：

1.学生的生活习惯与学习习惯存在一定的正相关性。一般来说，生活习惯存在问题的学生，学习习惯也相应的存在类似的问题。

2.学生在家庭生活中表现出的认真、仔细、有耐心，也反映在学习中是否认真、仔细、有耐心。

3.家长中存在着忽视对子女奖励的现象，还存在着对子女的表扬金钱、物质奖励过多的倾向，而子女往往希望得到的只是口头表扬。

4.家长在子女教育中，打骂现象比例较高，要占 1/3 以上，子女对家长的唠叨、拿别人和自己对比最为反感。

5.家长对子女的理解、宽容、鼓励比责备效果要好得多。

6.家长的言行对子女的影响极为深刻。

从调查中发现，目前绝大多数家长对子女的学业期望值很高，在家长对子女的学业期望上，绝大多数家长认为，管好孩子学习，是家庭教育的第一位职责，至于其他教育则是无关紧要，但对于如何管理和怎样进行辅导则束手无策。对孩子的起居与作息还比较重视，要求孩子主动做家务，自己学会管理自己。调查结果也表明：家长大多缺少与孩子的交流沟通，缺乏对孩子正确的思想教育。要教育好孩子，首先就要了解孩子，父母与孩子心灵的沟通是实施良好家庭教育的基础。有相当一部分家长不能配合教师对孩子进行教育，许多家长认为，他们的任务就是给孩子提供衣食住行，学习教育是学校和老师的事情。有半数的家长很少检查孩子的作业，更不要说辅导孩子功课，问孩子学校里的事了。通过研究，我们更加明确了什么是“家校合作”。即“家校合作”是一种家长受教育的过程，提高家长自身素质的过程，也是一种公民教育，其参与过程也是家长树立权利意识和责任意识的过程；家校合作还是教育工作者受教育的一个过程，也是其他相关人员学习的过程。同时，我们对“家校合力”也有了深入的理解。我们认为“家校合力”使家庭教育和学校教育成为一个一致的过程，不仅表现在二者在儿童培养目标上的一致，而且表现在家庭全方位的支持，学校尽全力帮助家长解决在教育子女过程中遇到的各种问题。通过研究，在实验中，我们通过学习，提升了对家校合作的理性认识。认识到家长和儿童的特殊关系决定了家长在儿童的身心发展中起着非同一般的作用，家庭教育的优势和家长的教育力量是其他教育难以具备的。

（三）成立家长学校领导小组和家长学校，搭建家校联系平台

1.家长学校领导小组为每位家长建立了档案，便于家校之间联系沟通。学校为家长建立了专门的档案，其中详细记录着家长的学历、政治面貌、工作单位、联系方式、学生的个性特征（家长评价）、家长学习情况等，便于学校因材施教，也方便了家校之间联系沟通，随

时解决各种问题。

2.课题组根据各种有效信息开展研究工作，学校坚持每月举办一次家教理论培训班，学校分管领导、德育主任、班主任、家长等轮流担任辅导教师，共同学习、探讨教育子女的先进理念和方法。学校每学期至少举办1次家长开放日、召开2次家长会，让家长在教育孩子的同时，又起到了教学相长的作用。

（四）探索家校合作的有效途径

1.成立家长委员会，参与学校管理工作。组建家长委员会，目的在进一步增进家校关系，沟通教育信息，提高育人水平。从而对学校的教育教学工作起支持、参与和监督作用。

（1）家长委员会的组织形式。通过工作实践，原州十一小家委会的组织模式确定为："学校家长委员会—年级段家长委员会—班级家长委员会"三级机制。班级家长委员会是开展活动的基本单位，具有一定的独立性。

（2）家长委员会职责。协助学校宣传党的教育方针政策，和学校教师、领导一起探索教育思想，研究和实施素质教育的方法和途径。家委会成员要经常了解学校教育教学情况，及时反映学生校外表现情况和思想动向，沟通和协调师生关系、家校关系。家委会成员应注意搜集学生和社会对学校教育教学工作的评价信息，定期以口头或者书面等形式，反映学生家长、社会对学校工作的意见、建议和要求，为学校的教育教学出谋献策。

（3）家委会的日常工作。①每学期初，家委会按时召开全体成员会议。讨论研究并制订学期家委会工作计划，并予以层层落实。②班级家委会根据学校家委会的工作计划，在年级段家委会的牵头下，召集全体成员讨论，制订各班级家长委员会分会工作计划，并召开家长会，予以分头落实。③每逢学校举行重大活动，各级家委会要召集家长，协助学校维持秩序，做好场务等工作，并协助学校做好与有关部门的联系工作。④每学期期末，由班级家委会主持召开家长会，评选出“优秀家长”和“好儿童”，经年级段家委会初审，报学校家委会审查批准，召开表彰会予以表彰。⑤每学期，班级家委会根据家长和社会上的反馈意见，填写对学校教育工作的建议、意见表，递交学校办公室，以供学校及时改进日常管理工作，全面提高学校教育教学质量。

2.制定家访制度，加强家校联系。家访是教师同家长加强联系沟通，谋求共同教育孩子的主要途径，是教育学生的一种必不可少的有效手段。通过家访了解学生的兴趣、爱好、个性特点，学生在家里的表现情况，家长的文化素质及对孩子的教育方法等。我们的家访主要形式有：面访、电访、书访。我们要求班主任每学期至少要对 1/3 的学生进行家访，一年内对全班学生家庭普访一遍。通过实践研究，选择适当的时机进行家访，不仅可以增强家长教育子女的信心，还可以沟通教师与学生同家长间的感情，密切学校与家庭的关系。

3.设置家校电话联系卡。随着通信事业的发展，家家户户几乎都有电话、手机。这是现代家校沟通最快捷有效的方式，原州十一小给每名学生设置了电话联系卡，便于家长随时跟学校、教师联系，交流情况。

4.开展丰富多彩的家长会。一提到家长会，无论是学生，还是家长，都会产生一些恐惧或厌烦的心理，因为每次家长会的内容都只有一个，就是教师汇报学生的成绩和平时的表现。成绩好的学生受到了表扬，学生和家长都会开心；而成绩不好的、调皮捣蛋的学生就会很害怕，其家长也会觉得很没有面子。这样的家长会不能很好地起到桥梁纽带的作用，原州十一小出台了一些有效的措施来改变这种局面。例如，将家长会升级为家长交流会，让家长成为交流会的主体，互相交流学生的状况以及处理问题的方法；教师也可以以家长的身份参与其中，利用自己的知识、经验，提出一些有建设性的意见。

5.成立“健康小屋”——心理咨询室。家校合作课题研究使原州十一小家庭教育的整体水平有了较大提高，从我们的心理咨询室常常可以听到许多家长的学习心得。一位家长在心理咨询后说：“通过学习，我明白了当一名好家长是特别不容易的。”找到自己教育孩子的问题症结，只有用科学的方法，因材施教，才能提高自己的家教水平，使孩子乐于接受自己的教育。

实践证明，要做好家校合作这项工作，转变家长教育观念是关键，拓宽家庭教育外延，树立新理念，创新家庭教育方法，为提高两代人的素质起到了较好的作用。例如，有的家长过去对孩子期望过高，总是给孩子安排过多的学习任务。通过学习，他们改变了老做法，重新给孩子减压，制订切实可行的学习计划。有的家长言行不拘小节，有意无意影响了孩子，自己却痛恨孩子沾染了大人的恶习，现在终于意识到是自己“其身不正”，下决心“先正己”。有的家长过去不关心孩子的学习和生活，只顾忙工作，通过学习才明白父母应每天抽出时间与孩子交谈，用心聆听孩子的话，用心观察孩子的活动等等诸如此类，不胜枚举。而这些种种反应则均来自我们学校与家长的心理咨询、学校与学生的心理咨询、家长与学生的心理咨询。心理咨询室在家校合作促发展的过程中起着至关重要的作用。

6.有的放矢、分阶段采用不同的家校交流方式。对不同年级采用不同交流方式：

(1) 低年级：由于学生年龄较小，教师采用家访、电话联络等方式多一些。例如，一年级刚开学，考虑到学生们认字不多，教师就把课程表以及学校的作息时间印发给家长，以帮助学生准备好学习用具和准时接送。而每天在学习上需要家长们配合的地方，教师们写在小黑板上，放在校门口，以方便家长。

(2) 中高年级：除了家访、电话联系外，教师采用“家校联系本”的方式多一些。教师会把学生的在校表现及时记录在本上，并且每名学生每两周给一个评语；而家长有事情也可以通过联系本与教师沟通。

通过交流与沟通，提升了教师的教育理念，学会了换位思考。家校合作是双向活动，是家长和教师相互了解、相互配合、相互支持的过程。双方需要双向的交流和沟通，这是合作的前提。学校组织教师们阅读教育类书籍，使教师从中学习一些先进的教育理念，能够站在家长角度思考问题。现在教师对家长的抱怨少了，更多的是“将心比心”，对学生更加体贴，对家长更加理解。

(五) 拓展家校合作教育的新渠道、新内容、新方法

初步构建起以学校教育为主导，以学生为主体，寻求学校教育与家庭教育在目标、内容、渠道、方式等方面协调一致的有效途径与方法。形成家庭教育与学校教育应齐抓共管，以学生的生活习惯和学习习惯为抓手，同时兼顾学生的青春期教育、心理健康教育，关注学生全面健康发展。学校主动接受家长对学校管理的参与、监督，改进家校合作教育的模式。

六、课题的研究效果

我们通过近两年的实践研究，取得了以下效果：

（一）提高了家庭教育水平

通过开办家长学校、举办专题讲座、邀请家长现身说法、教师家访等形式，提高家长的认识水平，转变教育观念，引导家长走出家庭教育的误区，使其能主动配合学校共同教育子女，不再溺爱子女，对子女不再不闻不问、放任自流，不再简单粗暴地对待子女，能够运用正确的、科学的方法教育子女。他们能尊重子女、相信子女，既关心爱护子女，又严格要求子女，善于观察，通过一些表面现象去窥探子女的内心世界。在教育子女的过程中，能动之以情、晓之以理、导之以行。

（二）促进了教师的成长

通过组织课题研究，课题组的教师综合能力有了很大提高，各班教师的德育工作水平也有了很大提高。广大教师根除了不注重家校联系，不重视开展各种家校联谊活动的思想，教育孩子时能更全面、客观地去分析问题，更注意考虑家长的教育期望值。许多班主任不再将开家长会开成“批判会”，将打电话当成“告状”，不再动辄对家长态度冷漠、粗暴，反之是交流时和风细雨，报喜电话让家长如沐春风，家长会中的师生、家长互动，上演一台精彩的德育节目。同时，广大教师在实践中认真贯彻新课程理念，努力提高教育教学水平，注重师生沟通，注意“蹲下来”倾听孩子的心声，教学日臻艺术化、人性化。教师的家教指导能力、组织能力有了显著的提高。

在本课题研究实践的过程中，学校教师通过积极学习，丰富了自己的理论知识，提高了自己的理论水平；另外，锻炼培养教师的研究能力，以前有的教师一提到教育科研就怕，就头疼，要让教师认识到：教育科研并不神秘，只要肯学习、勤钻研、勇探索，就能不断成长。

近两年来，学校教师在各级各类刊物上发表论文80余篇。在各级公开课、示范课等竞教活动中，28人次获奖。同时，涌现出一批师德高尚、业务精湛的优秀教师。

（三）家校合作，促进了学生的发展

以前，部分学生行为习惯特别差，乱丢乱甩，乱涂乱画，学习不勤奋，上课不专心听讲，不按时完成作业，有的小偷小摸，有的心理不健康，其表现为或自卑、或自傲，唯我独尊。家长很少与学校和老师联系沟通，更谈不上主动了解子女在学校的表现情况，有的学生在学校犯了比较严重的错误，教师多次请家长到学校，他们都以各种借口推辞，有的即使来了，态度很不好，把一切责任都推给了学校："你们老师是干啥的，娃娃送到学校你们咋管的？"通过课题研究，提高了家长的认识，转变了教育子女的观念，改变了教育子女的方法，使家长能够主动配合学校，共同教育子女。

七、总结与展望

开展家校合作，其主要目的就是为了解决目前教育中存在的焦点问题，促使家长全程参与其子女的教育，利用教育资源来丰富学校教育，引导家长参与教育决策，以便更好地发挥家庭和学校的优势，用家庭教育的优势来弥补学校教育的不足，让学校教育指导家庭教育，最后家庭教育再来支持和强化学校教育，实现双方优势的相互利用和补充，而不是相互取代，更不是相互抵触。

经过近两年的探索研究，我们深刻体会到家校合作的重要，正如苏霍姆琳斯基所说：“没有家庭教育的学校教育和没有学校教育的家庭教育，都不可能完成培养人这一极其细微而复杂的任务。”学校与家庭的密切合作，不仅提升了教师的教育理念，提高了老师与家长合作的能力，还形成了家校合作的良好氛围，从而提升了学校的办学水平。但是在研究中，我们也清楚地认识到自身存在诸多不足，如，课题注重实施小学家校合作存在问题的研究，但对对策的研究还有待深入进行；课题研究还只停留在较为浅显的层次，还只是一些零散的经验，未建立完整的体系，长期的整体方案和措施也不够完善；在研究中应加强调查问卷设计的针对性和有效性；在加强家校合作过程中，进一步增强孩子的自信心。虽然本课题就要结题了，但我们课题组会继续进行相关的研究，以期在本课题研究领域取得更加丰硕的成果。

小学家校合作存在的问题及对策研究

一、小学家校合作存在的问题

（一）传统教育观念影响着家长对家校合作的支持

在中国的传统教育思想中，家长认为教育是学校的事情，孩子在入学后学习成绩的提高主要依靠学校和教师，依靠教师的严格要求和形式多样的作业。很多家长在孩子行为的塑造和学习的引导上也没有倾注更多的注意力，包括作为家长的榜样力量，如在学习上，很多家长从来不看书，甚至自己在娱乐，却要求孩子认真做作业。对于家校合作中要求家长和孩子一起努力完成的事情，很多家长并不认真对待，不予配合。同时，很多家长认为老师布置多样有效的作业才是硬道理，对于家校合作的其他活动并不予配合，如一个家校合作的任务是和孩子一起养成好的习惯，引导家长和孩子一起看新闻，但是很多家长并不认真完成，在一周的大事询问中很多小学生还是不知道。

（二）家校合作方式存在单一性，影响着家校合作的效率

目前，家校合作的主要方式开家长会，学校在每学期末的时候定期召开家长会，向家长汇报小学生在本学期的表现和取得的成就，以及下一学期的计划，在这个过程中基本上没有家长的互动，没有家长

关于教育问题的探索，使得家长会参与的人数越来越少，替代性家长越来越多。家校合作是家庭和学校互动的过程，不仅是家长对学校教育的一种配合，而是实现家校一体化，为学生的成长提供良好的环境。在实践中，家长来小学校基本上都是在学生犯了错误或者取得突出的成就后来学校，学校并没有组织家长课堂、一对一的家长交流，定期的家长访谈则基本上没有，家长并没有机会接触新课程理念，新的学生观、学习观、成长观，无法实现自身的改变。

（三）关系疏远缺乏系统性，效果不尽如人意

目前，家校合作从总体上来说比较零散，很多家长并不知道学生在小学学习期间，带课的教师是哪位，很多班主任在六年教育后仍然不认识孩子的家长，家校合作只是为数不多的一对一交流和一学期一次的家长会，这样使得家长和教师的关系比较疏远，对于学生在学校中的表现，很多家长是不清楚的，不知道学生在学校中的学习过程，在不同学科的学习中遇到了哪些难题；而班主任对于学生出现的问题，由于学生人数较多在引导和支持上会出现精力不够，却没有充分利用家长资源，造成家长和教师之间的互不理解和支持。在学生学习习惯和行为养成上出现“5+2=0”的现象，学生在学校中养成的正确学习习惯、独立生活的能力，回到家庭后会消失，表现出对家长的强烈依赖。

二、小学家校合作有效开展的策略

（一）改变家长和教师的教育观念

教育观念的改变是家长合作的基础，教师和家长只有真正地认识到学习是学生自己的事情，学生成绩的提高不是依靠教师的严格约

束，而是依靠学生学习能力的提高，依靠学生自身综合素养的提高。作为家长和教师，不是要严格监督学生，要求学生完成自己分配的任务，而是要激发学生的学习兴趣，为学生提供健康向上的教育环境。例如，小学阶段是学生学习习惯养成的关键时期，家长和教师不仅要监督学生，而且要向学生说明正确学习习惯的重要性，并借助家长和孩子制订计划，班级学生比赛等形式来激发学生主动改变的兴趣，促进学生的成长。总之，尊重学生的主体性是家校合作的一个指导思想，家长和教师是为学生服务的，是要激发学生的主动性。

（二）利用家长资源，丰富家校合作的内容

生活是教育的来源，也是教育的落脚点。学生的家长从事着不一样的职业，这些都是家校合作活动组织的重要基础。学校要充分利用这些资源定期组织家校活动，针对学生在学习中的重点和难点，学生又不能够在生活中看到直观形象的感性材料，这时就能够邀请从事相关职业的家长到学校来进行讲解，促进学生的学习。同时，学校也可以邀请教育专业或者从事教育改革的家长来开展“家长课堂”，家长可以通过预约的方式在自己空闲的时候来学校进行教育分享，提高自己对教育的认识，更有效地为孩子的成长提供指导。总之，家校合作就是要实现资源互享，促进家长和学校的成长，为学生提供更好的支持。

（三）组织形式多样系统性强的家校活动，形成常规化

家校合作是搭建家庭教育和学校教育的桥梁，这对于学生的成长来说是非常重要的，家校活动的形式要多样化、常规化。例如，家校活动可以包括家长开放日、家长学堂、家校交流、网络访谈等，按照学校和家长的需求制订出活动计划，如每周末的“家长课堂”，一周几个学生的家长访谈，周五的家长开放日以及不定期的家长到校交流

等，使活动常规化。同时，网络也是丰富的教育资源，学校要通过网络系统建立家校合作预约的方式，同时构建班级学生家长的交流群，将学生在学校中参与的活动分享到交流群中，借助一对一的交流及时地和家长沟通孩子的成长。

综上所述，家校合作是要通过资源的互享促进家长和教师的成长，为学生的学习和发展提供良好的学习环境和影响。小学家校合作的有效开展需要改变家长和教师的教育观念，保证学生的主体性；利用家长资源，丰富家校合作的内容；组织形式多样系统性强的家校活动，形成常规化。

（原载于《人生十六七》2016 年第 9 期）

浅谈家乡历史文化教育进入中小学课堂的重要性

为认真贯彻党的十九大精神及习近平总书记关于“推动中华优秀传统文化创造性转化、创新性发展”的要求，我们以培育和践行社会主义核心价值观，推动家乡历史文化发展为途径，积极开展固原历史文化教育进入课堂特色教育活动，通过日常课题教育、研学活动、主题教育月、校本课程等多种方式，充分认识家乡历史文化教育进入中小学课堂的重要性。

一、为什么要让家乡历史文化教育进入到中小学课堂

第一，课堂中学习家乡历史文化教育，是实现伟大中国梦的重要组成部分。进入新时代作为教育工作者加强家乡历史文化教育，让历史走进课堂，走进学生心间，让学生准确地认识家乡的历史、传统、文化积淀都具有特殊的教育意义。

第二，课堂中渗透家乡历史文化教育，是传承中华优秀传统文化的重要保障。因为它与祖国发展历程密不可分，是其中宝贵的一部分。孩子是祖国的未来、国家的希望，我们要从小培养孩子们注重家乡历史文化的传承，特别是小学阶段的孩子尤为重要。从小对孩子加

强中华优秀传统文化教育，是一个教育工作者必须承担的历史使命和责任，我们应该为祖国的文化传承创新做好基础教育工作。

第二，课堂中落实家乡历史文化教育，是落实立德树人这一根本任务，是践行社会主义核心价值观的具体体现。新时代的儿童个性鲜明，具有开阔的视野，但现在社会上有一些不道德行为，对孩子们的健康成长或多或少有一些干扰和负面的影响。所以学校对加强优秀传统文化教育显得更为重要，要正确引导孩子，培养孩子的正确的民族观，将社会主义核心价值观落实在自己的言谈举止中。学校要善于利用孩子们身边熟悉的历史故事，当地的名胜古迹来唤醒他们对家乡历史的喜爱和学习的渴望。家乡灿烂辉煌的文化、名人轶事、名胜古迹还是激发和培养学生爱国主义、全面提升学生创新素养的生动教材。因此，学校要合理利用家乡历史文化资源，激发学生的学习兴趣，拓宽视野、丰富历史知识、锻炼思维能力以及培养爱乡爱国的情感。

二、中小学开展家乡历史文化教育的原则

第一，学校要把我们固原当地优秀传统文化和新时代社会主义核心价值观相结合。积极开展社会主义核心价值观主题活动，开展热爱家乡主题队会等系列活动，感受家乡的文化魅力。

第二，学校要把家乡历史文化教育和革命传统教育相结合。利用九月民族团结教育月、十月爱国主义教育月等活动弘扬革命传统文化，通过手抄报、演讲、征文等形式让学生将家乡历史文化根植于心。

第三，学校要把家乡历史文化教育与实践教育相结合。首先要发挥好课堂教学的主阵地，做到课时、教材、师资的落实和保证。还要注重发挥校外实践基地作用，利用好当地社会资源，人文资源发挥社

会实践的重要作用。

第四，学校要把家乡历史文化教育与社会教育、家庭教育相结合。不但要发挥学校主阵地作用，做好学校德育工作，还要加强家庭、社会与学校之间的配合，发挥好家长委员会、家长志愿者的作用形成教育合力。

三、有序推进家乡历史文化教育在学校分段进行

第一，低年级（一至三年级）以启蒙教育为主，要让学生对固原传统文化有亲切感，培养学生从小对固原文化的喜爱。了解一些固原历史上爱国志士的故事，如抗日英雄陈良壁、解放军中将韩练成、爱国将领赫光等。让学生了解到家乡的传统节日和习俗，比如我们当地民族特点的开斋节、古尔邦节等，让学生了解不同的生活习俗，感受祖国的各民族团结亲如一家；了解传统礼仪和现代文明，掌握基本的待人接物的礼貌；感受固原当地的经典艺术，如秦腔、剪纸、泥塑等非物质文化传承。通过这些潜移默化的教育使孩子们热爱祖国、热爱家乡，养成良好的礼貌待人，团结友爱的良好品行，做一个大写的中国人。

第二，高年级（四至六年级）以对家乡传统文化的感受力为重点进行教育，让学生了解更多家乡历史文化。学校开展经典诵读比赛，诵读有关固原的诗文经典篇目，了解作品大意，聘请当地文化名人现场讲解固原当地诗词的意义和历代仁人志士为民族团结、家乡富强做出的牺牲和贡献。通过学习还要知道重要传统节日的文化内涵和家乡生活习俗的变迁，比如端午节、重阳节等节日，让学生感受不同的地域不同的民族有不同的文化，让学生用喜爱的形式表达自己内心的真情实感；教育学生懂得感恩，常怀感恩之心，从小树立远大志向和人生理想，热爱家乡的一草一木、悠久的历史文化。

四、家乡历史文化在学校德育及创新素养等方面的作用

第一，在学校开展家乡历史文化教育活动，有利于进行爱国主义教育。要使学生热爱祖国，必须先使其热爱家乡，要热爱家乡，必须使其了解家乡。小学阶段学生了解家乡的历史文化是从感性的认识逐渐深化为理性的认识。我们首先要让学生从爱自己的家乡做起，要求教师把爱家乡放在爱祖国的整体中来讲述，语文课中可以延伸阅读一些相关书目，数学课中可以联系家乡实际解决数学问题等。把家乡的进步同祖国的发展结合起来，与课堂教育教学紧密结合起来，通过对家乡历史教育，家乡历史上名人感人的事迹及其表现出来的民族精神，对学生进行革命传统和爱国主义教育。例如开展学校“我对家乡历史知多少”知识竞赛，校园艺术节、体育节家乡文化展等活动，让学生了解家乡历史文化，增长知识。这样就在潜移默化中逐步培养起学生热爱家乡的感情。

第二，在学校开展家乡历史文化教育活动，有利于增强学生民族精神的传承和弘扬。固原，古称萧关、原州，位于宁夏回族自治区南部。公元前 114 年建城，为丝绸之路必经之地，明代九边重镇之一，是历代兵家必争之地。524 年，易高明镇为原州。1935 年，毛泽东曾到过六盘山。1949 年 8 月，固原全境解放。2001 年 7 月，撤地改市，固原县改为原州区。固原文物遗存丰富，吸引全国各地学者游人来感受浓郁的西部文化氛围。在家乡历史教育活动过程中，要合理利用固原当地的历史资料，使学生们知晓祖先留下的文物古迹的价值，促使

他们要有强烈的文物保护意识。例如固原的任山河烈士陵园、六盘山红军长征纪念馆、须弥山大佛、固原博物馆、萧关遗址文化园、中国工农红军长征将台堡会师纪念碑等历史革命教育基地，可以组织学生了解其文化渊源，激发学生学习历史的兴趣，活跃课堂气氛，拓宽学生的视野。学校要充分利用固原博物馆、农耕博物馆、六盘山红军长征纪念馆、王洛宾故居旧址、固原图书馆、隆德老巷子等具有历史文化风貌的街区等，组织学生进行游学研学活动。学生在家乡历史教育活动中收获了历史知识的乐趣，汲取了家乡文化的养分与民族精神。更重要的是让学生关心社会、关心国事、参与实践，而这正是创新素养教育所要求的。

第三，在学校开展家乡历史文化教育活动，有利于更好地开展创新素养教育。我国著名的教育家孔子说过："知之者不如好知者，好知者不如乐知者。"我们充分利用家乡历史的资源，激发学生学习历史的热情和兴趣，利用学校图书馆、档案馆等，创新性开展教学活动发挥其独特的文化育人作用。与学校校本课程相结合开展家乡历史文化教育校本课，邀请固原文化名人、书法家、非物质文化遗产传承人等走进学校走进课堂。依托少先队、学生社团等开展主题教育社会实践。开展以文艺体育诵读等形式多样、丰富多彩的活动。如，我们在固原博物馆开展"触墨宝遗迹 品石刻风采"研学实践教育之拓片活动，通过这次研学实践教育活动，同学们不仅了解了优秀的传统文化，更学习到了很多传统技艺中的精妙智慧，提高了同学们的动手能力和个人修养。作为新时代的少年儿童，我们理应大力宣扬和弘扬传统文化，将中国博大精深的传统文化发扬光大。

第四，在学校开展家乡历史文化教育活动，有利于更好地发挥家庭在家乡历史文化教育中的重要作用。学校要重视发挥家长委员会、家长志愿者以及家长学校的作用，让家庭、学校、社会形成合力，积极组织家长走进学校和孩子们一同开展有关家乡历史文化的实践活动、在活动中体验亲情、感受中华优秀传统美德，弘扬中华优秀传统文化。通过召开家长会、致家长的一封信、微信公众号等形式告知全体家长通过言传身教，形成爱国守法、邻里和睦的良好家风，进而形成良好的社会风气，营造风清气正的社会环境。

家乡历史文化是优秀中华民族传统文化的有效组成部分，是一个巨大而又深邃的宝藏。做好家乡历史文化教育工作任重道远，作为教育工作者要充分利用好这一载体培养中小学生热爱家乡、建设家乡的情感。做有根的教育，育有根的人。“我是固原人。”作为一名教育工作者今后将继续在家乡历史文化里“寻根、生根、长根、养根”，将家乡历史文化教育与现代课堂相结合，让民族文化得到更好地保护和传承。

以学校品牌建设促内涵发展的思考与实践

随着中国教育日趋多元化和家长对学校选择性的增加，今天的教育已经进入到一个全新发展阶段——品牌竞争时代。教育家朱永新教授说，一所好学校必须是一所有品位的学校、有特色的学校。所以学校品牌建设的核心是学校的内涵发展。

一、学校品牌化的立体表述

学校品牌是现代学校的鲜明标志，主要以学生全面发展为目标，以内涵发展、品牌创建为途径。通过思考初探，学校品牌还是一所学校办学水平和办学特色的集中体现，它包括先进的办学理念、优质的学校管理、深厚的文化底蕴、良好的校风校貌、优质的教育质量，以及过硬的教师队伍。从内涵看，品牌是学校内在的品质，表现为学校人文精神、行为方式和价值取向等积淀而成的一种独特的文化；从形式看，品牌是学校建立社会信誉的过程，表现为对学校的认同度、美誉度；从学校本身看，是一所学校的形象标签。总之，品牌是学校文化的载体，是学校教育理念、办学特色、教育质量和发展水平等综合实力的表现，形成或者提升学校品牌是学校发展的最高层次。一般通过课题引领、专家指导、校本教研、特色课程、特色活动、特色教学等优势项目活动，营造良好的氛围。要真正做到思想重视、大胆探索、不断实践、及时总结，坚实而有力地走好每一步，学校的品牌建设才会结出丰硕的果实。

二、学校内涵式发展的教育表达

内涵发展是学校教育发展的必然，学校在自身现有条件下，要以素质教育为宗旨，以提高质量为目的，以管理为核心，利用学校内部的资源，通过各种途径，深入挖掘和形成学校内部的发展潜力和发展机制，让师生都得到长足发展，使学校内部迸发出勃勃生机，形成学校特色，提升学校的“软实力”，推动学校内涵持续发展。

三、学校品牌化建设发展的现状

目前绝大多数学校品牌意识普遍没有觉醒，学校品牌意识淡漠，品牌内涵空洞。大多数学校也没有清晰的品牌意识和品牌规划，学校内蕴的品牌价值远远没有被开发出来。以原州区为例，家长对部分学校的知名度、美誉度、认可度不高。需要学校提炼品牌精髓，进行必要的外化创造，重塑学校的品牌形象，给学校一个准确的定位。

四、学校品牌建设促内涵发展的基本原则

一是全员性原则。学校品牌创建是一项系统工程，要坚持整体规划，自下而上全员参与。

二是个性化原则。学校品牌创建要以创新的办学理念，引领办学全过程，提高教育质量和管理水平。

三是规范性原则。学校品牌创建管理中，在规范化的基础上做到重点突出，特色鲜明地打造品牌。

四是校本性原则。学校品牌创建要从学校传统底蕴、实际情况、社区资源等出发，形成有内涵的校本品牌。

五是持续性原则。学校品牌创建走内涵发展之路，要与时俱进、持之以恒，着眼学校的长足发展。

五、如何实现品牌学校的内涵式发展

一所学校，应该有自己独特的气质，应该有自己的办学文化，有自己的发展内涵。这是一所学校保持核心竞争力和持久生命力的根基。

（一）让办学理念成为品牌学校内涵发展的灯塔

一所学校要树立自身品牌，必须要确立先进的教育思想和独特的办学理念。学校的理念是立校之魂，“三风一训”是学校精神风貌的象征，引领学校内涵发展，是学校育人的追求，是形成学校办学品牌核心竞争力的重要组成部分。我们学校立足实际，着眼未来，确立了“以爱育爱，幸福成长”的核心办学理念，在“以爱育爱”理念践行中，注重学生理想信念和核心素养的培养的育人导向。学校把“做最好的自己”作为校训，形成了“和谐自主，励志进取”的校风，“严谨务实，敬业爱生”的教风和“乐学善思，诚实感恩”的学风以及“和谐汇聚”的学校精神。传承这些核心理念，会体现一所品牌学校内涵的稳定。

（二）让文化建设为品牌学校内涵发展打下丰厚的底蕴

文化建设是一所学校的灵魂，是学校内涵发展的本质所在，文化底蕴的深厚及文明传承的外显才真正代表着学校内涵发展。校园文化是一本立体的书，我们学校在文化建设中，打造“爱育教育”学校品牌。有三层内涵：一是教育以爱为起点，二是构建有温度的爱的教育，三是培育有爱的情怀的幸福学生。优秀传统文化与现代的育人理念和谐同行，天真灵动的孩子与树木茂密的五原林自然共生，爱岗敬业的教师与爱子好学的家长携手共进，共同谱写“继承与创新并重，传统与现代交融”的动人旋律。

（三）用制度保证品牌学校内涵发展

学校制度建设是学校内涵建设不可缺少的支撑和保障。我们建立和谐统一的制度体系，把学校的办学理念和价值追求清晰地表达在学校章程中，使师生在学习、工作、生活各个方面形成与学校精神相一致的思想行为。健全常规管理及常规量化考核制度，确保常规管理过程的连续、严谨、规范。学校定期召开教代会，通过教代会完善、修改、充分协商通过学校的各项规章制度。我们积极践行“双主体育人”的思路，在管理中积极引导师生、家长参与学校管理，努力做到在管理中变压制、约束为引领和激励。

（四）让教师的专业成长成为品牌学校内涵发展的基石

教师是学校发展的主体力量，要让学校走内涵发展的道路，就要加强教学教研活动，提高教师的素质。根据教师的学历、年龄、职称、实绩等方面为教师制定个性化的发展计划。立足校本，拓宽培训途径，从师德修养、教育教学、教育科研进行培养。针对工作中的实际问题，对信息技术、课题立项、高效课堂等进行校本培训。特别是以课题研究为引领，能有效促进教育质量、师生素养、特色教育的发展，让教师专业成长成为“爱的教育”的基石。

（五）让教育教学质量成为品牌学校内涵发展的生命线

质量是学校的生命线，也是学校工作的主旋律。我们牢固树立以质量立校，以质量立身的理念，使质量品牌成为学校各项工作的重心。品牌学校的可持续内涵发展要走课程化之路，要将学校的品牌建设与校本课程开发结合到一起，只有课程化的品牌才会更常态，也更加有效。我们的课堂文化“生本、对话、求真、累加”，不仅要让学生拥有充实的今天，更要着眼他们的未来。我们在全校范围内开展“爱育课程”让课程品牌化，通过观摩听课、主题研修、经验交流等活动，构建“爱育课堂”教学模式。积极推进校本课程的研究与实践，开发校本特色课程，提高学生综合素质，丰富学生在校生活。学校学生自主网上选课走班，保证授课时间、经费、师资，目前开设的校本特色课程有书法、剪纸、电子琴、3D 打印、合唱队、舞蹈队、快乐足球、小记者站、象棋、机器人等 40 门校本课程。

（六）利用活动载体彰显品牌学校内涵发展

多样化的德育活动是培养创新人格和全面促进学生核心素养的有效途径，学校围绕社会主义核心价值观，深度开展中华传统文化、行为习惯养成教育、爱国主义教育、法治教育等德育内容。学校通过开展广泛的德育主题教育活动，艺术节、感恩活动、礼仪常规、经典诵读、运动会、主题班会、升旗仪式等来丰富学生的学习生活，使学生在活动的体验感悟中受到教育。开发“仪式课程”，学校相继开发了面向一年级新生的开笔礼，面向全体学生的散学礼，面向六年级学生“感恩母校”的毕业典礼，让学生在一个个或庄严、或温馨、或感动的仪式中成长，为学生留下温暖一生的“教育记忆”。

（七）抓好家长学校工作，打造个性鲜明的品牌学校

学校要充分发挥家长委员会作用，办好家长学校，丰富授课内容及活动形式。通过各种方式，增强家长学校授课的吸引力和实效性。搞好家长开放日活动，组织家长共同参与学校或班级的有关活动，评选十佳“好家长”活动，引导家长配合学校共同教育好孩子。

学校品牌化建设走内涵发展之路是一项长期系统工程，要坚持走内涵发展的道路，从而在创办品牌学校的过程中实现学校教育质量的稳步提升、教师素养的整体提高、学生能力的全面发展，打造出一流的学校品牌。

基于创新素养下的学校“爱育”文化实践与思考

一、学生发展核心素养到底是什么？

在教育部印发的《关于全面深化课程改革落实立德树人根本任务的意见》中，“核心素养”被置于深化课程改革、落实立德树人目标的基础地位。正式发布的“中国学生发展核心素养”以培养“全面发展的人”为核心，共分为文化基础、自主发展、社会参与三个方面，综合表现为人文底蕴、科学精神、学会学习、健康生活、责任担当、实践创新六大素养，具体细化为国家认同等 18 个基本要点。中国学生发展核心素养，根本出发点是全面贯彻党的教育方针，践行社会主义核心价值观，落实立德树人根本任务，突出强调社会责任感、创新精神和实践能力，促进学生全面发展，使之成为中国特色社会主义合格建设者和可靠接班人。

二、基于核心素养下的“爱育”文化建设的背景

2015 年，原州区在部分中小学开展创新素养教育试点工作，原州区第十一小学是首批试点学校。2017 年试点扩大到全区所有市、县（区）649 所中小学、幼儿园。2022 年 3 月，全国政协委员、自治

区政协主席崔波的“关于在基础教育阶段开展创新素养教育的提案”，被选定为全国政协重点提案。为推动该项工作纵深发展，自治区政协组成调研组深入原州区部分中小学和幼儿园开展调研。5 月 24 日，自治区政协又组织召开了原州区中小学创新素养教育工作专题协商会议。创新素养是创新人格、创新思维、创新方法三个方面统称，是学生核心素养的“核心”成分之一。

三、基于核心素养的“爱育”文化的实践

（一）核心理念：学校的理念是立校之魂

在秉承北京第二实验小学“双主体育人”为基石的“以爱育爱”教育理念的基础上，学校立足实际，着眼未来，确立了“以爱育爱，幸福成长”的核心办学理念，该理念有三层内涵：一是教育以爱为起点。二是构建有温度的爱的教育。三是培育有爱的情怀的幸福学生。在“以爱育爱”理念践行中，我们注重学生理想信念和核心素养的培养的育人导向。学校把“做最好的自己”作为校训，形成了“和谐自主，励志进取”的校风，“严谨务实，敬业爱生”的教风和“乐学善思，诚实感恩”的学风以及“和谐汇聚”的学校精神。

（二）党建文化：意识、素质、提升、自律

中国共产党的思想观念是党建文化的核心内容，党的建设是一切工作的统领。我们坚持加强党建文化，就必须要树立起先进的党建文化理念，以党章为准则，强化党性观念和党员意识，推进“三强九严”落地见效。学校充分发挥党组织的战斗堡垒作用，深入推进“两学一做”学习教育常态化制度化，通过各种形式组织全体教师认真学习宣传贯彻十九大精神，发挥党员的先锋模范作用，组织党员开展丰

富多彩的主题实践活动。结合教育教学实际，全体党员在各自的岗位上发挥先锋模范作用。

（三）管理文化：人本、激励、服务、创新

我们积极践行“双主体育人”的思路，在管理中积极引导师生、家长参与学校管理，努力做到在管理中变压制、约束为引领和激励。关注不同层次教师需求，促进教师立体化发展。秉承“管理为师生服务、教师为学生和家长服务”的理念，精心打造各种平台（如宁夏教育云平台、北京第二实验小学云平台），为师生共同成长服务。树立“生、师、校、家、社五方相互影响、和谐共生”的生态教育理念，借助学生组织、教师队伍、家长委员会、社区，让人人管理，个个收益，教师、学生、家庭、社会多方共赢。

（四）校园文化：和谐、浸润、生态、润泽

校园文化是一本立体的书。原州十一小的前身是五原书院，曾经也是固原一中所在地，百年文化浸润，使这片土地变得沧桑而又神奇，厚重而又灵动……古朴典雅的校园环境与现代化的教学设备和谐并存，传统的五原文化与现代的育人理念和谐同行，天真灵动的孩子与树木茂密的五原林自然共生，爱岗敬业的教师与爱子好学的家长携手共进，共同谱写“继承与创新并重，传统与现代交融”的动人旋律。十一小的古朴校门，楼宇青砖灰瓦，松树林荫、书法大道、凉亭花草、报告厅、图书馆、运动场见证着学校的发展，校园内的一切无不似春风化雨，润物无声。

（五）课程文化：多元、体验、个性、未来

学校课程可以分为国家课程、地方课程和校本课程。国家课程在中小学课程中的比重大约占 80%。因此执行好国家课程，是推进核心素养教育最根本的途径。在扎实做好国家课程的同时，注重学生个性发展服务，我们努力做到课程多元化。2021 年学校拓展了校本课程，开设了几十门校本课程，遵循学生自主选择原则，满足学生的多种需求，促进学生的个性发展。

课堂是离学生最近的地方，课堂教学方式发生变化是核心素养培养深度发生的关键，北京第二实验小学的课堂文化“生本、对话、求真、累加”是要求每个成员校都必须坚持的。我们不仅要让学生拥有充实的今天，更要着眼他们的未来。

信息素养全面提升。教育部《教育信息化 2.0 行动计划》提出，要大力提升教师信息素养，推动教师主动适应信息化、人工智能等新技术变革，积极有效开展教育教学。加强学生信息素养培育，加强学生课内外一体化的信息技术知识、技能、应用能力等方面的培育，将学生信息素养纳入学生综合素质评价。这就要求我们在教师信息化教学培养方面想办法、下功夫，我们积极参与上级教育部门组织的各类信息化应用比赛，以赛促用。落实信息技术课程开设，保证课时，全面提升学生信息素养。

（六）教师文化：博爱、智慧、协作、发展

核心素养教育不仅要从娃娃抓起，更要重视教师的教育，因为教师的创新意识、创新能力、创新精神会对学生的素养产生直接影响。一支高素质教师队伍，是核心素养教育可持续发展需要的动力源。我们努力为教师创造宽松和谐的工作环境，提供教师成长的平台，不断提升职业道德，积淀文化素养，完成自我价值的体现。以爱育爱，追求人生幸福的教育境界是我们共同的愿景。

（七）学生文化：美、学、玩、做

多样化的德育活动是培养创新人格和全面促进学生核心素养的有效途径。学校围绕社会主义核心价值观，深化常规教育，深度开展中华传统文化、行为习惯养成教育、爱国主义教育、法治教育等德育内容。学校尊重学生个性，正视差异，开设艺术、体育、科技等校本课程，鼓励学生培养兴趣，发展特长，努力实现全面的人的发展。晨读、午诵、暮省，好习惯使孩子们受用终身。举办读书节、足球嘉年华、诗词大赛、“开笔礼”、“散学礼”、千人诵读，书法家进校园、与北京第二实验小学师生一同开展研学活动等，力争给每位学生平等的参与机会，孩子们学知识、学礼仪、学做人，学出好习惯。丰富多彩的德育活动，促进了学生的健康成长。

（八）家长文化：责任、信任、参与、共进

家长负责是我们的期许。我们通过“致家长的一封信”、召开家长会等方式，明确家长职责。家长的信任是学校前行的动力，我们借助学校微信公众号、班级微信群等方式，不断拓宽家校沟通的途径，架起家校信任的桥梁。成立班级、年级、校级家长委员会，通过家长开放日，吸纳家长志愿者，引导家长共同参与学校管理，可爱的家长与孩子们一同学习、一同成长。

（九）班级文化：接纳、同心、共享、思齐

每个班级都是接纳的港湾，都是温暖的家庭，都是分享的空间，都是成长的摇篮。我们建立健全的班级制度，包括班级公约、奖惩制度、值日生制度等等，以此指导学生的言行。建设班级部委，形成“人人有事做，事事有人做，管理有层次”的阶梯式管理网。定期组织丰富多彩的班级活动，形成班级动态文化特色。运动会的奖状、

“书香班级”称号、信息管理首席官、动感中队，让班级充满活力，充满团结一致、昂扬向上、积极进取的文化氛围，让班级成为每一个学生有特色的家。

（十）安全文化：健康、生命、责任、全员

安全文化是构建和谐校园的基础，安全教育是学校教育和谐发展的前提。学生发展核心素养中提到的“健康生活，珍爱生命”，就是要求我们不能忽视学生安全意识的培养。校园安全包括安全规章制度的建设、安全活动的开展、安全文化氛围建设等。我们始终坚持“安全第一，预防为主”，“源头遏制，过程监管”的管理理念，坚持做到安全各项工作周巡查、旬自查、月检查、重点敏感要害部门时时查。从增强师生安全意识，强化学校安全管理入手，积极开展各类安全知识培训、宣传教育活动，未雨绸缪构建平安校园的阳光空间。学校把每学期开学第一课定为“安全教育第一课”。实行教师全员值班和学生安全监督员制度，织密“安全网”，推行首遇责任制，明确“谁发现，谁负责，谁处理”撑起保护伞，真正把安全意识植根于每个十一小人的心底，变成自觉的行动。

在新的征程上，我们不忘初心、牢记使命，有信心把学校建设成“学生有快乐，家长有笑容，社会有声誉”的育人之园！

原州区第十一小学变革发展对策建议计划书

根据《关于确认固原市“六盘名师名校名校长”培育对象的通知》（固教体发〔2019〕89号）和《固原市创建“六盘名校”实施方案的通知》（固教体发〔2020〕42号）文件要求，原州区第十一小学于2020年12月10日接受了固原市教体局组织相关专家进校评估诊断，评估诊断结束后，原州十一小依据校情，结合专家评估诊断报告书相关内容和要求，组织召开校委、教代会、教师大会等多个层面的交流研讨，对学校前十年发展的得与失进行了梳理总结，同时又对学校未来发展确定了新的目标，厘清了未来发展思路，现将学校变革发展对策计划如下：

一、指导思想

学校以思政、“三进”为引领，坚持立德树人根本任务，以习近平新时代中国特色社会主义思想为指导，深入贯彻落实党的十九届五中全会和全国教育大会精神，以“以爱育爱，幸福成长”的办学理念为本，以《中国教育现代化2035》《教师教育振兴行动计划(2018—2022年)》《关于全面深化新时代教师队伍建设改革的意见》

为行动指南，谋划学校未来五年发展，科学引领学校内涵发展、自主发展、创新发展，切实提高学校的教育教学质量，推动全区小学教育均衡、健康发展、可持续发展，全面提升办学品位，彰显学校特色。

二、学校十年发展总结

（一）规章制度不断完善

《原州区第十一小学章程》是原州十一小的根本依据，上承国家法律法规，下启学校规章制度。学校经“调研—起草—攻坚—审定”四个阶段，自下而上、自上而下多次研讨，编制了《原州区第十一小学章程》，经全体教职工大会审议后通过，成为学校依法办学和现代学校建设的制度规范和保障。2019 年 11 月学校重新修订了《原州区第十一小学规章制度汇编》，进一步完善和健全规章制度。

（二）教育教学质量稳步上升

理念先行谋发展，精细管理显成效，多年来学校的教学质量稳步上升。学校构建“爱育”课程体系，其中“基础型”课程注重校本化实施，“拓展型”课程注重开阔视野，拓展课程共开设和德、美雅、爱健、智云、乐融 5 个大类 52 门课程，坚持自主网上选课、走班上课、双师授课；特色课程有一级一品、特色活动和综合实践活动 3 类。校级课程 26 个，最具特色的有：围棋、秦腔、剪纸、泥塑、玻璃画、葫芦丝、鼓号队、足球、武术、机器人、3D 打印、VR 技术、合唱。年级校本课程 26 个，最受学生欢迎和影响力的有：彩笔画、快乐演讲、名著导读等。学校从课程内容的有机统整、课程资源的充分开发、教学五环节的有效落实及学生学业评价体系优化等方面，探索行之有效的校本化实施方式。教师教风踏实严谨，勤于钻研蔚然成风。

（三）教师团队良性发展

学校积极开展师德师风建设，倡导教师积极投身教育改革，形成“志于教，勤于教，善于教，精于教”的专业发展途径。学校师资队伍得到长足发展，教师团队的成长呈现出合理化、梯队化的良性发展趋势，中青年教师成长为学校管理和一线的中坚力量。

结合教育综合改革，倡导“学习型、文化型与合作型”教师团队建设和个人专业现代化发展的方向。围绕“以爱育课程建设促进学校特色办学，探索发现和培养创新人才的途径”的工作主旨，有意识地将教育科研、教育改革、日常教学工作设计成为教师发展的舞台和载体，给教师更多锻炼的机会和平台。

以学校领衔课题为中心，全面整合教师各类教育教学科研课题，以点带面，让更多的教师参与到科研沙龙、学刊征文、教学展示、教学比赛等教研活动中，让每位教师养成一种自觉教育科研的态度和习惯，目前已内化成为教师专业化成长发展中的自我需求。

学校以“四维评价”（德、能、勤、绩）为主，以增值性评价为辅，两者相辅相成结合进行评价。形成“六级梯队”（合格教师、成熟教师、资深教师、首席教师、学校名师、各级骨干教师、学科带头人）的专业化发展教师队伍。

（四）办学条件明显提升

学校基础设施工程基本完备，建立了3D打印、VR体验、机器人创客等功能室，将图书馆升级改造为科技馆，科技馆集航模、潜艇体验于一体。集教学管理、学生管理、教师管理、行政管理、后勤管理、即时通信、个人办公等于一体的数字化校园管理平台已经完成；学校丰富、充实和完善校园网，完善校园网的软件应用系统及硬件设备；组织教师参与教学素材库、试题库、学习软件包、校本练习等共享教学资源的建设；推进信息技术与学科教学的整合，推进教职员工备课、教学、办公、管理的网络化。良好的教学环境和资源、设施，为学校发展提供了有力的保障。

三、评估诊断问题梳理

学校发展与学校文化方面，学校对10年的发展经验反思不够，发展定位不够明确，学校因与北京学校结盟，出现两套办学理念，缺乏联通、删减，有让人难以理解之虑。对于固原教育文化的传承不够。校园文化建设有待加强。

课程建设方面，校本课程体系路径不清晰，课程主题性不够，特色不够。

学生发展方面，学校基础和活动性德育开展不错，但是学 校校本化德育开展不够，包括卫生和节约意识不够、学生自主管理、学困生管理。

课堂教学方面，课堂教学常规管理问题需要改进，包括教学随意性太大，师生语言规范问题，教师观察力不够，课堂生成智慧不够，无效问题较多，低年段学生写字问题，教学进度不一致，传统课堂无交流合作等。

队伍建设方面，教师专业能力和校本培训有待提高和加强，包括教师课堂教学规范性，教师管理班级和辅导学困生等。

四、变革目标

根据专家评估诊断情况，结合学校实际现状，重新定位学校办学理念和学校未来发展目标，以思政、“三进”为抓手，以德育教育为主阵地，丰富校园文化生活。提高学校办学的规范化、信息化和现代化水平，促进教育教学变革的体制机制不断完善，不断提高教师教育教学能力和综合素质，不断提升教师主动参与教研教改的积极性和能力水平。

五、主要内容

（一）本次变革的总体思路

1.两定：重新定位本校在区域内的所处地位以及未来发展方向，重新定位学校的办学理念。

2.两抓：一要抓课堂教学，推进课堂教学规范化、精细化、科学化发展；二要抓教师队伍建设，搭建平台，助力教师向研究型、专家型、学者型方向发展。

3.两推：一要推进校本课程建设，二要推进校园文化品牌提升。

（二）变革的具体做法

1.学校发展定位。

（1）近期目标。积极争取项目资金，对科普馆、致新楼、教研楼(原属市教体局教研室办公楼)、思源楼进行功能改造与升级，调动广大教师的工作积极性，树立终身学习观念，培养教学研究的意识，形成和谐向上的工作氛围。

（2）中远期目标。办学条件与教育质量均达到高标准，形成鲜明的办学特色。办学思想先进，办学行为规范，教师队伍优秀，教育质量优质，校园文化优雅的和谐校园。力争在五年内把十一小打造成固原市的窗口学校、现代化学校，成为自治区乃至全国具有一定影响力的名校。

2.学校文化定位。

（1）办学理念。学校的办学理念是：以爱育爱，幸福成长。

（2）学校核心文化。校训：做最好的自己。校风：和谐自主，励志进取。教风：严谨务实，敬业爱生。学风：乐学善思，诚实感恩。

（3）文化林建设。2021年度，学校林木较多，尤其是学校中央主干道两旁的松林茂密，四季葱茏。为了进一步彰显校园特色，传承书院文化文脉，经学校多层面进行交流讨论，决定规划建设五原书院文化林和民族团结林。

3.课程建设。

（1）工作目标：

①发挥团队合力，结合课改推进爱育课程的开发和拓展课程建设，以课程建设拓展学生乐学的空间，突显学科特色。

②学生发展目标：在知识、品质、能力、个性等方面得到比较和谐、全面、可持续的发展，使学生的发展有更广阔的空间。

③教师发展目标：学会学习、学会反思、学会创新，成为实践的研究者，促进教师专业化成长。

（2）课程设置：学校本着爱育课程及教材建设规划既要考虑爱育课程在整个学校课程中的地位和作用，又要考虑学校自身发展目标的定位，既要取国家课程为主之长，又要补国家课程不足之短，既要考虑学生的合理负担，又要注重学生综合素质的全面发展。学校爱育课程初步设艺术、体育、科技、文学、综合实践五大类52门课程，分别是：

艺术类：合唱、器乐、舞蹈、秦腔、玻璃画、泥塑、葫芦丝、工艺画、小手印（基础简笔画、简易手工制作、少儿板报、少儿国画、少儿水彩画）、书法、剪纸、手工制作、趣味英语等；体育类：篮球、足球（男、女）、武术、散打、围棋、跳绳、象棋等；科技类：机器人、3D 打印创客、VR 技术等；文学类：阅读、写作、经典诵读等；综合实践类：趣味数学、趣味英语等。

（3）实施计划：

①发掘学校科技、体育、艺术的特色项目资源，发挥特色创建过程中的优势，形成爱育课程的生长点。

②各学科在确定的年级实施，与日常教学相结合。

③将课程内容与学生的实践活动相结合，成为学校开展科技、艺术、体育教育的重要载体。

④以学生和谐发展为出发点，明确爱育课程实施的目标定位，完善课程体系，落实实施的途径和方法。

⑤运用网络平台，发布信息，充实课程资源，交流爱育课程开发的进度和成果，将研究与实施相结合。

（4）主要措施：

①充分调动教师参加爱育课程开发和实施的积极性，体现参与性。

②充分利用校内外的教育资源，聘请专业教师授课，坚持校本化。

③仔细研究《国家基础教育改革指导纲要》，保证爱育课程开发的方向性与探究性。

④构建爱育课程开发的和谐团队，结合校本研修的管理模式，实施课程开发的研究和实践。

4.学生发展。

（1）工作目标：增强学校思想政治工作和德育工作的实效性。完善立德树人体制机制，建立健全德育工作体系。深化活动育人、实践育人、管理育人、协同育人，坚持用习近平新时代中国特色社会主义思想铸魂育人，以政治认同、家国情怀、道德修养、法治意识、文化素养为重点，以“五爱”（爱党、爱国、爱社会主义、爱人民、爱集体）教育为主线，系统进行中国特色社会主义和中国梦教育、社会主义核心价值观教育、法治教育、劳动教育、心理健康教育、中华优秀传统文化教育、生命教育等。教育引导广大师生弘扬时代主旋律，切实做爱国主义的坚定弘扬者和实践者。突出政治启蒙和价值观塑造，发挥好少先队组织育人作用。

（2）年度目标：2021—2022 年，加快推进心理健康教育实施，每学期聘请专家以讲座或座谈形式进行心理健康全员培训。全力加强班主任队伍建设，推进与北二小及全区名校交流与合作，成立“班主任工作坊”。

2023—2025 年，探索建立家长学堂、家长义工等特色项目，进一步加强学校和家长之间的联动。构建特色校园文化，设立校园电视台，全方位展示学校发展动态和教育教学成果。初步建立校外德育实践基地，拓展德育空间，组织丰富多彩的社会实践活动。

（3）主要措施：

①开展心理健康指导与咨询服务，通过对特殊学生、毕业班学生的心理疏导，培育学生积极向上的健康心态。

②加强班主任教师队伍的建设。依托校内外专业指导，积极发挥班主任骨干带头作用，依托云校家中“爱育评价”“班主任工作坊”等平台，加强育人理念、带班策略、家庭教育等经验交流。

③建立家庭教育培训指导体系，健全家长培训机制，聘请专家、

优秀家长走上家庭教育讲台，分享成功教育案例。

④建立校园电视台，通过每周播报的形式，将学校开展的重要活动、向善向上感人事迹等内容分享给全体师生，不断扩大学校文化的影响力。

⑤围绕“三全育人”项目校创建，开展系列德育活动。每学期开展一次研学活动（包括参观红色革命根据地），一次综合实践活动(包括敬老活动、环保活动等)，促使学生生成德性智慧。

5.课堂教学。

（1）工作目标：

①形成简单易行且行之有效的“智慧五环节”课堂教学模式。

②严格执行国家及课程设置标准，结合本校实际积极开发校本课程。

③面对新一轮的发展，学校应该继续保持良好的办学势头，在积极探索教育教学管理规律的基础上，提炼出教育教学管理的新方法，提炼出教师专业发展的有效做法，提炼出落实素质教育的良好举措。到 2025 年前后，努力把学校建设成为环境优美、教学设备和教学手段现代化、教育教学质量一流的窗口学校。

（2）年度目标：2021—2022 年，对语文、数学、道德与法治三个学科进行“智慧五环节”课堂教学模式进行研究与实践。2023—2024 年，对其他学科进行“智慧五环节”课堂教学模式进行研究与实践。2025 年，在全学科实施“智慧五环节”课堂教学模式，并形成比较完整的理论体系。

（3）主要措施：

①课程建设。严格执行国家课程标准，开发具有固原特色的地方

课程，力争校本课程每年增加 1 个，不断丰富课程内容。

②师生学习共同体构建。构建“师生学习共同体”，转变知识传授者、教学支配者的教师传统角色，建立民主平等、合作互动、和谐融洽的新型师生关系，促进师生教学相长和共同发展。

③新课程领导能力提升。争取在 5 年内，对学校管理岗位的中层干部、年级组长轮训 1 次，每年对毕业年级教师开展以新课标新教材解读和课堂教学改革为主要内容的专项培训。

④教师课堂教学能力提升。5 年内对所有教师开展不少于 360 学时的岗位培训（每学年不少于 72 学时）；对新教师进行岗位适应性培训、新课程改革培训并指定指导教师进行师徒结对子活动，提高新教师教学水平。同时，跟岗指导培训均不少于 120 学时（每学年不少于 24 学时）；积极参与国培计划，争取更多的教师参加国培计划培训。

⑤学生能力提升。改进传统教学方式，注重知行统一，加强基本素质培养，减少考试次数，着力培养和提高学生的综合素质，深入推进“减负提质”工作，促进学生生动活泼学习、健康快乐成长。

⑥现代教育技术助推。到 2021 年，学校的网络改造工程全部完成，届时校园网建设覆盖率达到 100%，室室通、班班通，网速达到 500 兆，智慧黑板、智慧班牌、智慧手环功能将全面开始互联运行，助推教育教学与信息技术深度融合发展。

⑦课堂教学评价改革。逐步开展“五实六度”课堂评价标准建设工作，到 2022 年，从教学预设、教学目标、教学内容、教学方式、学习方式和教学评价六个维度为“五实六度”的行动重点，建立课堂预设、课堂教学和课堂评价“三位一体”的课堂评价体系。

6.教师队伍建设。

(1) 工作目标：秉承“以爱育爱，幸福成长”的办学理念，关心人的需求，关心人的发展，坚持以人为本的管理理念，建立教师职业规划体系，加大教师人文素养培养力度，倡导海纳百川的广阔胸怀，增进绿色和谐的人际关系，构建一支“师德高尚，业务精湛，结构合理，充满活力”的教师团队。

(2) 年度目标：2021—2022 年，制订人才引进规划，完成不同年龄层别的师资储备，使学科教研组人员年龄结构合理，形成可持续发展态势。积极推进职务晋升工作，2022 年底，使中级以上职称人数达到教职工总数的 80%。鼓励学历晋升，2022 年底，使全体教师的学历达到本科层次，研究生学历 5 人。对教师个人五年规划，进行过程追踪，形成阶段性评估报告。

2022—2025 年，力争在新一轮区各类教育人才评选中，达到省级骨干教师 10 人，区级以上骨干教师人数 30 人，占教师总数的 25%。形成一支市学科名教师、市学科带头人、市骨干教师、市骨干教师后备、校级骨干教师组成的优秀教师梯队。打造特色课程教师群体，形成 1~2 个区级以上学科高地。

(3) 主要措施：

①制订教师专业发展规划。建立“校长室、职能部门（副校长室）、基层团队（年级组、教研组）”三级管理团队，形成具有校本特色的教师专业发展指导体系；结合学校发展规划，对应教师发展目标，撰写个人和团队的专业发展规划。

②搭建多元教师专业发展平台。保障师资层级结构和教学能力梯队的形成，推动学校的可持续发展。一是发挥实习、见习教师规范化

培训基地的效能，开展着力于青年教师引进和培养的“青蓝工程”，加强对名师工作室和网络课程社区的建设，推动青年教师培养力度。二是通过自培与外培相结合的方式，形成教育教学的各级骨干教师团队。三是统筹人力财力分配，建立奖励机制，保障教师职务晋升、学历晋升工作的推进。

③加强制度建设。修订完善《原州区第十一小学教师专业技术职务评审方案》《原州区第十一小学新招聘教师实施方案》《原州区第十一小学绩效奖励分配方案》《原州区第十一小学教师发展评价方案》。开展现状调研，在教研组五年规划的基础上，结合学校统筹，制定学科教师引进计划；通过多种途径，进行优秀教师引进，在满足岗位需求的基础上，做好师资储备工作。

六、工作实施步骤

在认真总结十年来发展经验的基础上，结合专家评估诊断情况，制订变革发展进程计划，落实管理。将变革时间划分为三个阶段，前后共五年时间（20021—2025 年）

第一阶段（2021 年）是动员及总结梳理阶段，包括进行学校内外环境分析、发起、动员以及态度形成。对“两林”进行规划设计，结合信息化 2.0 能力提升工程，开展高质量的师资培训，为变革和创新提供更多合格教师是其关键环节。

第二阶段（2022—2024 年）是实施同化阶段，包括反思从环境分析得出的结果，形成规划以及组织，开始采纳与指导，实施同化。

第三阶段（2025 年）是制度化阶段，包括反思与评估，确保变革目标，并形成学习和反思制度，以促成变革的可持续发展。

七、保障措施

（一）加强领导

要切实加强对学校变革工作的领导，把学校变革工作作为深化教育教学内涵建设的核心工作来抓。学校要成立工作领导小组，具体负责此项工作的安排和落实，确保试点项目顺利开展。学校将对项目实施进展情况进行跟踪和监控，帮助各项目实施小组解决困难和问题，确保此项工作卓有成效地进行。

（二）加大投入

学校要积极支持变革项目的研究工作，在政策、人力、物力、财力、宣传等方面给予大力支持，为学校变革实施营造良好的环境。学校尽可能聘请各级教育研究部门有关专家指导实施工作，重点负责论证实施方案、培训骨干教师、组织评价、总结经验、提炼研究成果等工作，以提高项目实施质量。

（三）落实责任

学校要将此项工作纳入学校工作计划，并做好学校变革工作实施的组织协调和检查指导工作；要高度重视，狠抓落实，扎实推进，以学校变革实施带动学校教育教学质量的全面提升。

构建“浸润式”智慧管理模式
推动集团办学品质提升
——以原州区第十一小学教育集团为例

运用“互联网 + 思维”，坚持“智慧助力，爱育花开”的工作理念，把“互联网 + 教育”和学校办学理念有效结合，融入学校管理、德育活动、课堂教学、课程管理、家校沟通等各个方面。营造时时处处都能感受到“互联网 + 教育”的“浸润式”氛围，力争达到春风化雨、润物无声之效。努力构建“1+2+N”浸润式智慧管理模式，促进集团校各项工作和谐发展。

“1+2+N”即“一个规范、两个强化、N 个结合”。“一个规范”即规范管理（成立组织机构，完善考核机制，提供组织保证和制度保障）；“两个强化”即强化培训、强化应用；“N 个结合”即和学校所有教育教学活动相结合。

一、落实规范管理，确保运行畅通

（一）健全机构，明确职责

集团成立了由总校校长任首席信息官，成员校校长任副组长、其他相关科室负责人和信息技术专业人员为成员的“互联网 + 教育”管理应用工作领导小组，同时成立学校信息中心，由总校教科室主任兼任信息中心主任，吸收各学科骨干为成员，原州十一小信息组共有13人，明确分工，各司其职，定期交流活动开展情况与具体工作设想，确保集团校“互联网＋教育”工作落到实处。

（二）健全制度，严格考核

学校制定了《原州区第十一小学教育集团“互联网＋教育”工作实施方案》《“互联网＋教育”应用管理制度》《原州区第十一小学教育集团“互联网＋教育”应用考核奖励制度》《原州区第十一小学“互联网＋教育”月考核细则》，和全体教师签订了目标责任书，考核结果与教师绩效工资挂钩，与评优选先结合，使“互联网＋教育”管理应用有章可循，有据可依，科学规范。

二、做到两个强化，使“互联网＋教育”应用全覆盖

（一）强化培训，提高全体教师信息化应用水平

一是听取专家讲座。通过“请进来，走出去”的培训形式，对广大老师进行专题讲座，提升观念，开阔视野，了解教育最新动态。同时，选派相关人员参加培训中心组织的各级信息化应用培训。全力打造一支高素质的现代教育信息技术水平的教师队伍。

二是根据需求进行校本培训。集团校根据教师在应用中存在的共性问题，由信息组组织有针对性的校本培训，以解决教师普遍面临的问题。原州十一小教师先后完成了人人通、学习空间、宁夏教育云平台、触摸式一体机、微课制作、录播教室、智慧教室、教学助手、在线课堂使用等综合性内容的培训。年人均参加培训课时达到20节（次）。

三是针对个别问题进行点对点培训。信息组针对教师在平时使用

中出现的小问题，进行整合、归类，利用每周的年级学科组教研活动，开展针对性培训，哪里有问题，哪里有疑惑，信息组教师一对一指导，手把手教会，使老师们能迅速掌握使用技巧。

四是借助网络平台释疑解难。针对老师们在平时工作中出现的疑难问题，信息组除进行针对学科指导外，还利用学校空间、QQ 群、微信群、网络教研组等交流平台让老师们把平时出现的疑问发布到网上，集思广益，让大家共同想办法解决。

（二）强化应用，让优质资源最大程度地服务教学

一是提高空间的活跃度。通过督促检查、考核等多种形式，让教师随时关注学校空间、个人空间，及时更新空间内容，发布优质教育资源并进行互动交流，在相互学习中不断提升自己。原州十一小空间装扮优美，资源更新及时，各部门及时发布教育教学动态，内容丰富，校本资源覆盖全学科，给教师教学带来极大便利。一年来，学校空间访问量 8199 次，教师个人空间总数资源数 6342 条，文章数 8844 篇，照片 21054 张，参与评论 9770 次，动态数 10864 个，登录次数 330647 次，在线时长 4266.7 小时，个人空间访问量 19415 人次，积分总值 30073 分。二是提高“云校家”应用频次。鼓励教师利用“云校家”和家长沟通，布置作业、发布信息、在线检测、课前导学、对学生进行阅读打卡、朗读训练，拓展学习的时间和空间。三是充分利用教学助手提质增效。各学科都利用教学助手进行备课、上课、点评、互动、移动讲台等开展教学工作实现师生互动融合，不断提高课堂教学效率。教学助手资源使用次数 8790 次，作业发布次数 6262 次，授课 6154 节，备课 3411 节。优质的教学资源，灵活的学科工具，使教师的课堂便捷高效，真正实现减负增效。四是尝试应用在线课堂。实现和张易中心校、曹洼小学同步的双师课堂，辐射带动农村学校提高教学质量。五是通过课程社区实现网络教研。学校开通语文、数学、英语三个学科的课程社区，全校教师利用课程社区进行主题研修，拓宽校本主题研修的形式和空间。

三、做到“N 个结合”，不断促进集团办学品质的提升

集团办学按照理念互融、管理互鉴、教学互助、德育互动、资源共享的“四互一共”思路，坚持“月月有主题，周周有活动”。实现了“互联网 +”和学校教育的“浸润式”管理。

一是“互联网 + 管理”，实现管理优质高效。实现网上考勤、物品采购、办公审批；总校选派副校长到成员校、教师互派上交流课，实现总校“爱育”理念互融和制度互鉴，取长补短，共同提高；每月召开一次集团校联席会议，每月一个主题，本学期共召开集团校联席会议五次；教学管理实现“五个统一”，即计划统一、进度统一、监测统一、质量分析统一、检查评比统一。二是“互联网 + 德育”，拓宽了德育教育形式和内容，提升德育教育实效。本学期集团校联合开展大型德育活动七次。“开笔启智 爱伴前行”新生开笔礼，让传统文化浸润幼小心灵；“经典古诗文诵读”“同升一面旗 同唱一首歌”我与祖国共荣辱活动，让德育教育厚植家国情怀；足球嘉年华活动、“智慧助力，爱育花开”主题书画展，让体艺教育大放异彩；“照亮心灵 绽放光彩”班主任论坛，让班级管理精彩不断；“一年级学生生活技能比赛”，让良好习惯从小养成。真正实现了素养为本、活动育人，从而逐步实现立德树人的目的。三是“互联网 + 课堂教学”，形成“五环节”智慧课堂教学模式。我们按照“双主体育人”理念，

坚持“生本、对话、求真、累加”的课堂教学文化，充分利用教学助手的资源优势，完善并形成“课前导学—小组合作—讨论交流—课堂检测—拓展提升”五环节智慧课堂教学模式。本年度课堂互动30次，其中集团校课堂教学互动8次，有效提升了两校教师课堂教学水平。四是“互联网＋校本主题研修”，极大促进教师专业成长。根据集团校实际，确定了“互联网＋教育”背景下的语文、数学、综合学科校本研修主题，把教学研究和教学助手应用有效结合起来，有效落实“六个一”研修活动（一次集体备课、一节优秀示范课例、一次集体评课、一次同课异构或同课同构同实践活动、一次经验交流、一个成长故事），形成了具有本校特色的校本主题研修模式。积极开展基于校本研修“一堂好课”评选活动，让“一堂好课”成为教师追求进步的方向目标，成为引领学生健康成长的源头活水。本学期共开展集团校主题研修活动16次。五是“互联网＋评价”，打破评价的时空限制。实现教师、学校、家长三位一体的线上线下混合式评价模式，完善基于学生核心素养的“6+N+3”学生发展评价体系。后来，这种评价模式也在成员校推行。六是“互联网＋档案管理”，让档案建设更加高效便捷。2019年，原州一小实现了档案资料电子化管理，每个部门都设置了自己的部门logo和二维码，只要通过扫描码，各种活动资料都可以看到，既节约资源，又灵活便捷。

四、反思总结，直面问题砥砺前行

一年来，学校先后荣获自治区“民族团结进步示范校”、原州区教育教学先进集体、2018年度目标管理考核先进集体等15项殊荣。教师在各级各类比赛中获奖153人次，其中有10人次分别获自治区“信息技术助力学科教学融合创新”优秀案例奖、自治区优质课、第十四届小学数学主题教研成果研讨活动二等奖、全区小学英语创新教学设计二等奖等。学生在各级各类艺术、体育、诵读等比赛中获奖200余人次，其中虎建声同学获全区“建设伟大祖国、建设美丽家乡”演讲一等奖、学校小百灵合唱团在自治区第七届合唱节比赛中荣获二等奖。

静心反思，我们觉得还有如下问题有待在今后的工作中解决：一是教师和学生人人通空间对教师专业成长和学生成长的作用还没有更大限度地发挥。二是教学助手应用精品课例还很欠缺，应用过程中的总结反思和深入挖掘不够。三是在线互动课堂实施中存在的问题需根据实际进一步诊断，双师课堂中农村课堂教学效果如何，还需要在实际操作上不断总结。四是集团办学中理念的融合还需要进一步加强，检查互动的力度和深度还需再加大。

面向未来，我们将乘势而上，进一步深化“互联网+教育”浸润式管理应用工作，加大集团办学改革力度，促进集团校各项工作向纵深发展。一要加强管理考核。继续加强教学助手应用，深挖优质资源，打造精品课例，总结优秀应用案例并推广。二要不断完善融合两校学校空间，拓宽空间资源，让学校空间成为教师交流成长的平台。三要借助项目不断加强智慧环境建设，实现智慧管理、智慧教学、智慧服务三位一体协调发展。四要改革信息技术上课模式、改变信息技术课教学内容，加强创客教育，不断培养学生创素养。五要总结经验、反思问题、细化措施，以集团校课程建设为突破口，切实推进集团校工作快速和谐发展。

教育是发展人的事业，帮助学生快乐成长，协同教师幸福发展，智慧学校建设永远在路上。

融合创新促提升，整校推进重实效

原州区第十一小学始建于 2011 年，建筑面积 15058 平方米，现有教学班 48 个，在校学生 2837 名，专任教师 121 名，各级骨干教师 43 人，占比 35%。其中，自治区级教师 5 人，市级教师 6 人，原州区级教师 32 人，50 岁以上教师 8 人。在新一届领导班子的带领下，学校先后被确定为“中小学信息技术应用培育性示范基地学校”、“宁夏民族中小学教师跟岗实践培训基地”、“自治区教育信息化应用示范学校”、“信息化 2.0 标杆校”“互联网 + 教育”管理应用试点学校。2017 年，原州区十一小成功加盟北京第二实验小学，这又为学校的发展添上了双翼。学校秉承“以爱育爱，幸福成长”的办学理念，如今，在十一小这个大家庭中，人人都有幸福感和归属感，学校已成为全体师生放飞梦想的精神家园。

自 2020 年 11 月开展教师信息技术应用能力提升工程 2.0 工作以来，学校按照《原州区第十一小学教师信息技术应用能力提升工程 2.0 整校推进实施方案》开展工作，现就整校推进经验交流如下：

一、信息化基础设施建设及教师应用情况

（一）信息化硬件设备

1.校园千兆网络升级改造基本完成，实现有线能通尽通，无线校园全覆盖，无死角。

2.教室全部安装希沃一体机，配有学生平板终端的智慧教室 3 个，在线课堂教室 6 个，录播教室 2 个，VR 教室 1 个，3D 打印室 1 个，编程创客教室 1 个，机器人教室 1 个，智慧书法教室 1 个，新建 1 个科技馆。

3.电子班牌 48 个，每位学生都配有电子手环。

4.教师台式计算机或笔记本配备率 100%。

（二）教师信息化应用全覆盖

1.提高空间的活跃度。师生在宁夏教育资源公共服务平台个人空间开通率 100%。通过督促检查、考核等多种形式，让教师时时关注学校空间、个人空间，及时更新空间内容，发布优质教育资源并进行互动交流，在相互学习中不断提升自己。学校空间装扮优美，资源更新及时，各部门及时发布教育教学动态，内容丰富，校本资源覆盖全学科，给教师教学带来极大便利。

2.提高“云校家”应用助力家校共育。鼓励教师利用“云校家”和家长沟通，通过布置作业、发布信息、在线检测、课前导学、阅读打卡、朗读训练，拓展学生学习的时间和空间。同时，学校德育处利用“云校家”“活动广场”发布练就漂亮字、书香飘万家、光荣劳动致敬祖国等亲子活动，学生和家长以音视频等形式在线参与，充分利用信息化创新家校共育模式。

3.加强教学助手的应用。以教师信息技术应用能力提升过程 2.0

为契机，在教学助手应用常态化的基础上，加强利用教学助手进行备课，上课，做到应用尽用，极大地提高了课堂教学效率。

4.不断加强信息技术与学科教学融合应用。在学校开展教师信息技术应用能力提升工程 2.0 线下活动的过程中，我们坚持“生本、对话、求真、累加”的课堂教学文化，在“五环节”课堂教学模式的基础上，充分体现“五实六度”课堂要求，课堂教学中教师能够利用信息技术手段的优势，使课前导学、小组合作、讨论交流、课堂检测、拓展提升“五环节”课堂教学模式顺利实现，达成教学目标。

5.教师信息技术支撑的教学能力显著提高。通过教师信息技术应用能力提升工程 2.0 的实施，教师的课件制作水平，微课的录制水平有所提高；同时我们也发现绝大部分教师能够在多媒体环境下和混合环境下，恰当地应用信息技术促进学生实现有效学习，更难能可贵的是，原州区十一小本学期刚刚建成了 3 个智慧教室，希沃技术讲师也只是简单进行了培训，学校四年级 3 个班的科任教师就率先积极探索智慧环境下的课堂教学了，为此我们组织开展了智慧环境下教学课例示范展示，效果良好。虽然学校在智慧环境下如何将信息技术与学科教学融合应用还处于尝试、摸索阶段，但我们已然迈出了自主探索、融合创新、校本先行的路径。

（三）信息化管理及应用

学校着力构建“1+2+N”浸润式智慧管理模式，促进信息化工作和谐发展。“1”是“1 个规范”，即规范管理；“2”是“2 个强化”，即强化培训、强化应用；“N”是“N 个结合”，即和学校所有教育教学活动相结合。

二、学校各层面微能力点的选择

信息技术应用能力是新时代高素质教师的核心素养。到 2022 年，构建以校为本、基于课堂、应用驱动、注重创新、精准测评的教师信息素养发展新机制，通过示范项目带动各地开展教师信息技术应用能力培训，基本实现“三提升一全面”的总体发展目标：校长信息化领导力、教师信息化教学能力、培训团队信息化指导能力显著提升，全面促进信息技术与教育教学融合创新发展。而作为信息化标杆校的原州十一小，于 2020 年 10 月率先成为教师信息技术应用能力提升工程 2.0 先行校，在学校教师信息技术应用能力提升工程 2.0 启动伊始，学校经过多层面调研分析，通过召开“三会”（学科组会议、教师大会、校委会），征求多方意见和观点，总结提炼出了“稳、精、拓、延”的十一小信息化 2.0 新思路。

（一）学校依据已有条件选点，力求“稳”中求进

学校在选择微能力点时围绕“如何才能达到信息技术与学科教学融合创新应用”主题，着重考虑以下因素：现有的信息化硬件设备；教师的年龄结构；各级各类骨干教师的比例；教师已具有的信息化水平和能达到的信息化水平；课堂教学的实用性，能够带来课堂教学变革，使信息技术与学科教学融合创新应用。基于以上因素综合分析，学校建议老师选择 A1、A2、A3、A5、A6、A9、A12、B1、B2、B4、B6、B7、C2、C3、C4 等 15 个微能力点。大家看到的 A 环境下的微能力点有 7 个。

（二）教研组综合各方面的因素选点

各教研组在学校选点的基础上，结合本组研修主题，依据教师的基本情况及学科本身的特点，进一步缩小选点的范围，最终确定本组

的微能力点范围。

（三）基于问题导向促提升

学校通过教师信息技术应用能力提升工程 2.0 的实施，要着力解决好以下问题：

1.如何促进教师更新教育教学观念，提高教师对信息化的认同度。

2.进一步提升演示文稿设计能力和制作水平。

3.更新微课程设计观念，提高微课程视频制作质量。

4.进一步提升教师应用信息技术开展课堂教学的能力（如技术支持的课堂讲授、展示交流、发现与解决问题的能力，创造真实学习情境的能力，创新解决问题的方法等能力），使信息技术更加自然地嵌入到教学的全过程，能将信息技术与学科教学融合创新应用。

5.智慧学习环境下，信息技术与学科教学的融合应用。

6.怎样为教师提供更加便捷实用的资源，使教师研究信息化教学运用到变革教学方法和提高教学效率上。

三、具体做法及创新措施

（一）强化培训，全面提升教师信息技术应用水平

1.积极参加业务培训。根据上级教育主管部门的安排，组织信息技术水平较高的教师参加自治区级教师信息技术应用能力提升工程 2.0 标杆校业务培训。

2.落实校本培训。以参加自治区级信息化 2.0 标杆校培训人员为主讲，积极组织全员教师参与的校本培训，培训以“信息技术应用能力提升工程 2.0 整校推进做什么”为主题，重点解读《宁夏中小学教师信息技术应用能力提升工程 2.0 实施方案》，使教师理清信息化 2.0

的思路。

3.听取专家讲座。为了加快推进自治区级标杆校教师信息技术应用能力提升工程 2.0 整校推进步伐，解决推进过程中存在的问题，学校邀请自治区专家任菊莲、张子清进行信息化 2.0 专题培训，解决了许多整校推进过程中的疑惑与困难。

4.进校指导明方向。为进一步推进信息技术与教学深度融合，充分发挥示范引领作用，加强交流，提高课堂教学效果，不断提升教师队伍信息素养。2021 年 6 月 7 日，在自治区教育厅国培办的精心安排下，由中国教师研修网牵头，在原州区第十一小学开展了以信息技术应用微能力点应用为主线，聚焦微能力点认证材料与课堂实践为主题的培训和线下送教活动。中国教师研修网兰州服务中心项目指导专家黄大全、自治区中小学教师信息技术应用能力提升工程专家组组长任菊莲及专家团队成员吴忠市教研室主任张子清、北方民族大学博士何军参加此次活动。同时还选派兴庆区第十六小学教育集团的丁晓霞和兴庆区回民二小的姜顺敏 2 位省级名师前来送教，原州区十一小选派了赵小英、武兴龄和周文娟 3 位教师进行技术融合下的课堂汇报，全体教师参加了此次活动。

2021 年 7 月 8 日上午，研修网组织的第二次进校指导如约而至，2 位专家对学校在信息化 2.0 方面所做的工作给予肯定和好评，尤其是对教师们线下制作的认证资料进行详细查看，同时又有 3 位教师进行微能力点展示汇报，3 位教师对微能力点解读清晰到位，对信息技术工具使用娴熟，准备上传提交的认证资料制作精良。

（二）加强组织管理，落实《教师信息技术应用能力提升工程 2.0 整校推进实施方案》

1.根据参加自治区级信息化 2.0 标杆校培训要求，组织信息化骨干在有关专家的指导下完成《教师信息技术应用能力提升工程 2.0 整校推进实施方案》的制订。

2.原州十一小 3 个学科组分别召开教师信息技术应用能力提升工程 2.0 启动会，学校教科室负责为全体教师解读了学校《教师信息技术应用能力提升工程 2.0 整校推进实施方案》。

3.根据原州十一小信息化 2.0 整校推进实施方案，学校成立了以校长南燕为学校首席信息官（CIO）的信息化工作领导小组，以信息技术骨干为主的信息化服务及应用创新团队，以 3 名副校长为组长的教师信息技术应用能力学科指导测评团队，并明确职责与分工。

4.由原州十一小信息化工作领导小组牵头，信息化服务及应用创新团队负责制订《原州区第十一小学教师信息技术应用能力提升工程 2.0 考核评价方案》，和教师绩效工资挂钩，督促教师完成线上、线下学习任务，全面提升教师信息化教学能力。

（三）加强校际交流，互通有无，取长补短

为加快教师信息技术应用能力提升工程 2.0 整校推进步伐，找准推进工作中的问题，研究解决方法，明确工作方向，原州区十一小与原州区十五小召开了以《信息 2.0 整校推进》为主题的交流研讨活动。

（四）保质保量完成线上学习任务

自线上学习任务开始以来，在信息化领导小组、学校管理员、教科室、学科坊主的督促下，在研修网规定的时间内教师线上参训率、合格率均达到 100%。

(五)“学研用”相结合扎实开展线下活动

1.示范引领促提升。各学科组在确定引领课人选之后，围绕微能力点的体现和信息技术与学科教学的融合创新应用通过集体备课达成共识，在交流展示中发挥信息技术骨干的示范引领作用。

2.互研互学推融合。各教研组在学科组成员的参与下和组长的组织下，常态化开展集体备课、研课、磨课和交流展示活动，活动围绕单元课时设计和微能力测评，充分发挥团队合作精神，通过教师之间互研互学、互帮互助，提升全体教师信息化教学能力，促进信息技术与“五实六度”课堂相融合。

3.边研边测促成效。在信息化2.0工程线下活动开展的过程中，各学科组分阶段按教师信息技术应用能力测评规范要求对提前完成资料提交的老师进行测评，把测评过程中发现的问题及时反馈，以便提示后面被测评老师。

4.限期整改出成果，力求“精”品层出。各学科组在组长的组织下，按《原州区第十一小学教师信息技术应用能力提升工程2.0考核评价方案》，完成对所有教师的线下校本测评，并对存在的问题按测评规范要求限期整改，同时完成各种成果的收集，我们的成果不是简单的资料堆砌，而是经过学科组、学校信息化管理团队的再三打磨，力求每位教师将来提交认证的资料都是精品。

四、成果展示

原州十一小的信息化2.0在稳中求进的基础上，虽取得了点滴的收获，教师信息技术应用能力和信息素养整体得到了提升，因此在成果积累中凸显“拓”，通过拓宽思路、拓宽层面、拓宽渠道，让索然无味的资料堆砌变得丰厚、多样和多彩。

（一）依据学校整校推进实施方案完成校本测评

学校各学科组在学校信息化领导小组的组织下，在学校信息化服务及创新团队的指导下，采用“学研用”相结合的研修方式，以边研边测的测评方法，依据《教师信息技术应用能力发展测评规范》，分阶段完成全校 121 名教师的校本测评任务，测评中对认证材料不规范的现象，通过点对点的帮扶指导，限期整改。最后合格率为 100%，优秀率为 43.8%。

（二）学校各层面认真完成研修计划与研修总结

为了有效落实学校《教师信息技术应用能力提升工程 2.0 整校推进实施方案》，提高教师“学研用”的效率，在信息化领导小组的组织下，在相关专家的指导下，各教研组和教师个人结合实际情况完成研修计划的制订，并依据测评过程与结果及时做好研修总结。

（三）完成教师培训感悟、研磨课感悟的撰写

学校在开展能力提升工程 2.0 整校推进的过程中，为了促进教师教育教学观念的转变，有效利用信息技术变革课堂教学，并及时对研修中的问题进行反思，组织教师积极撰写培训感悟与研磨课感悟。

（四）保质保量完成预期成果收集

学校在实施教师信息技术应用能力提升工程 2.0 整校推进的过程中，各学科组评选出信息技术与课堂教学融合创新应用优秀教学设计 10 篇，优秀课例 10 节，优秀课件 10 件，优秀微课程 10 节。

（五）通过能力点展示交流促整改

在校本测评过程中，发现教师部分能力点认证材料不规范，信息化领导团队组织信息化服务及创新团队每人做一个能力点的展示与交

流，以便教师参考学习，规范自己的认证材料。

（六）及时总结梳理整校推进过程中的经验

学校信息化服务及创新团队根据分工及时总结总结梳理整校推进的做法及经验，形成教师信息技术应用能力提升工程 2.0 整校推进经验、信息化管理成效、典型研修案例、技术操作说明等材料。

五、成果应用导向

在原州区教育体育局的正确、有力领导下，在专家的精准、科学的指导下，原州区十一小的信息化 2.0 之路渐行渐远、渐行渐稳。信息化 2.0 并不是一次简短的苦旅，而是一次观念的洗礼，一次行为方式的变革，这次变革必将对我们老师未来的教育教学带来蜕变和质变，基于 2 次进校指导，学校又在“稳、精、拓”三步走的基础上提出“延”，即在下学期，完成校本测评后，将积极探索 C 环境（智慧学习环境）支持下的教学，率先要求 40 岁以下的教师先行，力争通过一学期的努力，40 岁以下的教师都能在 C 环境下突破 1~2 个微能力点，甚至将延展、延伸至 40 岁以上的教师，让这部分教师也能享受智慧学习环境带来的“红利”。

（一）评优选优获得行业认可

在教师信息技术应用能力提升工程 2.0 整校推进过程中，将评选出来的优秀教学设计、优秀课例、优秀课件、优秀案例、优秀微课等推荐参加教育部门主办的各级各类竞赛活动。其中教师毛艳艳执教的《麻雀》一课获自治区“互联网 + 创新素养”背景下小学语文青年教师教学展示与评比活动二等奖。

（二）利用信息技术变革课堂教学

通过充分发挥校长信息化领导力，信息技术团队信息化指导力，使教师信息技术教学能力显著提升，以能力提升工程为契机，利用信息技术变革课堂教学，使其更好地辅助学校“五实六度”课堂，全面提升课堂教学质量。

1.技术支持下的课堂导入发生的变革。课堂中教师要灵活运用课件、微课及音视频，使声、色、形、动、静发生交替变化，向学生展现具体、形象、直观、声画并茂的视频材料，能充分调动学生的多种感官参与学习。

2.技术支持下的课堂讲授发生的变革。学校在开展提升工程 2.0 线下活动的过程中，学校各学科组通过参加引领课、展示课及交流课等课堂教学实践一致认为，信息技术支持下的课堂讲授能创设真实的学习情境、吸引学生积极参与学习活动。

3.技术支持下的展示与交流发生的变革。技术支持的展示交流，很好地调动聆听同学的多种感官参与到其中，取得良好的交流效果，极大地提高了课堂学习效率；吸引其他学生认真倾听，参与展示与交流的评价，提高展示与交流的效果，从而提高课堂教学质量。

信息技术的飞速发展给课堂教学带来了深刻变化。信息技术与学科教学融合创新应用成为教育教学改革的热点，也是当前教育教学领域研究的重要课题。作为培养未来社会人才的教师，应走在时代的前沿，结合提升工程 2.0 探究信息技术与学科教学融合创新应用的模式，改变传统的教学方式、思维方式，提高自身素质，运用信息技术，改变学生的学习方式，优化课堂教学，提升课堂教学质量，为学生的全面发展奠定基础。

总之，原州十一小在实施教师信息技术应用能力提升 2.0 工程整校推进的过程中，已经探索走出了一条具有学校特色的路径，但距形成可借鉴和可推广的模式尚有距离，因此，今后学校将始终坚持“学习学习再学习，提炼总结再提炼，校本研修促融合，全科跨科凸创新”的校本模式，深入推进信息化应用能力提升 2.0 在原州十一小这片沃土上生根发芽、茁壮成长、开花结果。

借助平台融合创新，促进师生全面发展

——基础教育信息化应用典型案例

一、以师生需求为导向，信息化基础设施建设稳步推进

经过几年的不懈努力，目前学校信息化基础设施建设日趋完善。学校现有报告厅 1 个（附带北京实验二小会议直播互动系统），录播教室 1 个（有直播、转播功能），智慧教室 1 个（附带学生小平板 51 台），网络控制室 1 个（有无线管理服务器和录播服务器各 1 个），计算机教室 3 个（有 171 台电脑），科学实验室、音乐教室、器乐教室、美术教室、名师工作室各 1 个（都配有一体机并联网），3D 打印室 1 个（有 3D 打印机 6 台），机器人创客室 1 个（有电脑 9 台，人型机器人 2 个，其他套装 24 套），档案室 1 个（配有电脑和大屏），可移动一体机 1 台，会议室 1 个（有大屏和北京实验二小会议直播互动系统），电子白板 30 套，学生上课一体机 18 个，广播室 1 个，印刷室 1 个。学校引进电信光纤 100M，全部通过网络控制室的校园网络指挥官系统接入电脑，实现了“三通”，有无线 AP32 个，监控摄像头 36 个，实现了校园无线网络全覆盖、无死角，由 2 名信息管理员专管和平时维护。

二、以学习应用为抓手，不断促进教师专业成长

（一）培训是基础

1.组织到位，制度保障。学校成立了以校长为组长，分管副校长为副组长，教科室主任、年级主任、骨干教师为成员的校本研训领导小组。形成了由校长亲自抓，分管校长负责抓，教科室具体抓，其他各部门协同抓的校本培训管理网络，制定了较为完善的校本研训制度，形成提升教师信息技术与信息化教学能力的常态机制，使研修成为提高教育教学质量的创新点，成为提升教师信息素养的支撑点。

2.研训一体，反复强化。借助宁夏教育云平台，引导教师应用网络空间开展备课、授课、学习指导等教学活动，指导、帮助师生充分利用社会性软件和开放性教育资源开展教与学；组织校本研修和网络研修活动；鼓励教师建立跨校际的网络研修共同体，实现网络研修常态化，并利用现有软、硬件环境，多次组织教师参加基于应用能力提升的校本培训，如电子白板交互式使用、录制微课、希沃助手、101教学软件、宁夏教育云平台应用（人人通空间、教学助手）等专项培训，适时举办了“微课大赛”“PPT 课件评比”“人人通空间应用评比”等一系列活动。巩固培训成果，不断促进教师教学理念和信息信息化应用能力提升。

3.课题研究，内化提升。课题研究是教师专业素养提升的有效途径。为此，学校提出了基于网络环境下的课题研究思路，组织教师针对学习和教学中的困惑，借助宁夏教育云平台的资源优势，积极组织开展自治区、固原市、原州区各级课题研究工作。2017 年，有 2 个市级课题结题并获得一等奖，有 1 个自治区级课题结题并获得二等奖；2018 年，又有宁夏师范学院 2 个课题立项、2 个自治区级课题立项、

1 个原州区级课题立项。通过课题的开展，极大提高了教师信息化应用的兴趣和深化课堂应用的能力。

（二）应用是关键

1.坚持做好“三课”活动，让应用成为常态。为了有序推进信息化教学手段在课堂教学中的有效应用，学校坚持开展基于信息化环境下的智慧教学“三课”活动。即“常规汇报课、观摩研讨课、优质竞赛课”，并开放直播系统，联盟校、帮扶校师生及本校临时观课教师可用电脑或手机在线观课、议课，每次上课之后都要进行扎实有效的评课活动，指出不足，提出改进措施。通过有层次的课堂教学应用交流评比，以点带面，整体推进教师智慧课堂教学能力提升。

2.积极参加“竞赛”活动，在大赛中不断完善。学校积极组织教师参加各种级别的优质课竞赛活动，让教师在各种大赛中历练自己。近两年来，学校教师在固原市组织的“五个百”、“杏坛杯”优秀作品评比等活动中多人多次获奖，在教育云平台的“一师一优课，一课一名师”晒课活动中有 5 人次获部级优课、有 12 人获省级优课、有 12 人获市级优课、有 5 人获县区级优课。多人多次获部优（3 年共 8 个）、省优（12 个）、市优（12）个、县优（5 个）证书。

三、以融合创新为重点，不断促进学生发展

（一）创新智慧课堂教学范式，不断深化课堂教学改革

为深化信息技术与学科教学的深度融合，学校利用宁夏教育资源公共服务平台，构建了基于信息化环境下的“五环节”智慧课堂教学范式，践行以自主、合作、探究为主要学习方式的课堂教学，一方面充分发挥了学生的主体作用，让学生在合作、交流、互动中学会了知

识，学科素养得到提升；同时，借助先进的平板推送答题、实时评价，极大提升学生的学习兴趣和信息素养。

在阅读教学中，要完成教学目标，关键是要让每个学生都能全身心地参与到学习过程中去。在信息技术环境中，学生有充分的时间主动感悟、搜集和分析相关的信息，对所学的问题进行思考、讨论，提出各种假设并努力加以验证，再经过引导步入新的知识境界。使学习主体参与教学，形成发现问题—积极探究—追求创意的模式，促进学与教的优化。具体表现为，首先，教师根据教学目标对教材进行分析找出与信息技术相结合的“点”来，把教学内容细化为具体“学习任务”，用课件、网页等形式呈现给学生；学生接受了学习任务以后，在教师的指导下，进行个别化和协作式相结合的自主学习，并利用信息技术完成任务；最后，师生一起进行学习评价、反馈。

如《小猴子下山》的教学过程：

1.朗读入手，整体感知，体会特点。学生在初步了解课文内容的基础上，通过有感情地自读课文，找出小猴子下山后都做了些什么，找出文中描写小猴子特点的词句。

2.创设情境，自主理解。根据课文内容，学生选择自己喜欢的一段课文，通过教师制作的课件，自主学习理解相关段落。教师先要求学生从文中圈出描写小猴子动作的词：掰、扛、扔、摘、捧、抱、追。要求学生各自通过操作看小猴子做的这些动作，再自己做做这些动作，分析扛、捧、抱的不同之处。然后请一位学生朗读课文，其他学生用“桃子、玉米、西瓜”等学具上台表演课文内容：小猴子掰玉米扛玉米，摘桃子捧桃子，摘西瓜抱西瓜，看到小兔追小兔，以及小猴子空手而归的扫兴样子，掀起课堂教学的高潮。学生通过说说演演，深刻地理解了这些动词。表演的学生把“扛、捧、抱”等动作演得准确而传神，活灵活现。观看的学生津津有味，兴趣盎然，注意力格外集中。这样促使学生动口、动手、动脑，加深了对词语的准确理解；同时使学生的认识水平得到了提高，思维得到了发展。

3.讨论汇报，深化理解。最后教师从学生的年龄特点出发，先将小猴子的行为与小学生的实际挂钩，这种由物及人、从课文内容到生活实际的过渡，是同一现象的类比，属生动直观的感性认识，易被学生接受。再引导学生认真讨论，阐明自己的观点，把感性认识升华为理性认识，从中悟出一个道理，实现了认识过程中的第一次飞跃。然后，用“不论做什么事情，都要有始有终，认认真真地去做，做完一件再做另一件，这样才能有收获”的哲理指导学生日常行为。

（二）创新德育活动形式，促进学生健康发展

借助信息化设备进行学生诗词大会比赛、知识竞赛、书法、绘画等多种活动，积极组织并接纳话剧、戏曲、国学、法治进校园等活动。同时，借助北京第二实验小学优质资源，开展北二小“中华经典”表演活动，拓宽了学生的眼界，增长了学生的见识。同时开设3D打印、机器人等校本课程，让学生在有趣的活动中感受科技的魅力。

（三）创新管理服务，确保沟通实时畅通

1.利用学校微信公众平台及时宣传推介学校文化和各项活动，形成教师、学生、家长、社会对学校办学的归属感和认同感。

2.通过微信群发送语音短信、视频、图片和文字资料、推送作业，更好地实现了家校之间、家长与老师之间、家长和学生之间、学生和学生之间多样化的及时沟通互动，及时了解学生学习情况和学校动

态，简便又及时。

3.借助学生安全教育平台、禁毒教育平台、学安管理平台，及时组织学生学习相关知识，了解学习动态，关注学生出勤等情况，为学生管理提供了极大的方便。

在基于核心素养的信息技术引领下，学校管理不断走向成熟，教师教学资源得到及时补充，知识得到更新，观念得到转变，方式得到调整，教学能力得到提升，教学质量逐年提高，多次吸引《固原日报》、固原电视台等多家媒体的追踪采访并发布报道。

展望未来，原州十一小将进一步规划，依托宁夏教育云平台和北京第二实验小学教育云子项目平台，实现智慧课堂教学范式、学生德育活动研究、校园文化建设三大应用，努力推进以“智慧管理、智慧服务、智慧教学”为主的全方位的智慧校园建设。

教育信息化助力学生发展性评价改革

——以原州区第十一小学为例

随着信息化的全面发展，教育信息化在学校如火如荼地全面落实。2020 年是不平凡的一年，疫情肆虐，全民抗疫，全球抗疫。宁夏固原市原州区第十一小学于 2014 年 3 月开始创建并组织实施“6+N+3”学生发展性评价，取得了丰硕的成果。在这个特殊时期，春季学期推迟开学，学校进行了 3 个多月的“空中课堂”教学，学生的管理和评价给老师和家长都造成很大的困扰。为此，学校充分利用信息化手段，对评价体系进行全面改革，创新评价方式，多方面、多角度对学生进行全面系统评价，有效提升了班级管理水平和家校合作能力，提升了学校办学品质，促进学生全面发展，共同度过不平凡的时期。

一、“6+N+3”学生发展性评价体系的内容与机制

（一）“6+N+3”学生发展性评价的内涵

“6+N+3”学生发展性评价中的“6”是指《中国学生发展核心素养》中培养学生“人文底蕴、科学精神、学会学习、健康生活、责任担当和实践创新”六大素养。“N”是指《中国学生发展核心素养》

六大素养所包含的18个基本要点，重在培养学生N个方面的N种能力。本评价体系把《中国学生发展核心素养》给学生具体解读为班级评选的“文明之星、学习之星、体育之星、艺术之星、科技之星、实践之星、阅读之星、进步之星、书写之星和劳动之星”。“3”是指《中国学生发展核心素养》包含的“文化基础、自主发展、社会参与”三个方面，也指本评价体系中的“雏鹰杯”“真爱杯”“幸福杯”。

（二）“积小换大，梯度晋级”的操作流程

评价体系以“6+N+3”标准为基本依据在班级内争星晋级，通过积小换大、梯度晋级的方式产生一至五星级少年，在年级组评选“雏鹰杯”获得者，在全校海选“真爱杯”“幸福杯”获得者。

（三）多样化、人文化的奖励机制

“6+N+3”学生发展性评价的奖励分物质奖励和精神奖励两大类，其中精神奖励更为彰显学校“爱”的教育理念。

1.物质奖励。是指学生依据所得“星级少年”级数或三类“奖杯”在学校“智慧超市”自行兑换学习、生活用品。

2.精神奖励。是指学生依据所得星级或奖杯在学校“智慧超市”给家人兑换物品，表达自己的感恩之心；也可在学校“春蕾心语”广播站为老师、同学等点歌，表达美好的祝福；还可以将学校的花、草、树木、景观等用自己的姓名命名，激励大家共同进步。

二、“6+N+3”学生发展性评价调动学生自主管理的意识

（一）以年龄特点为依据设立评价标准，创新评价方式

小学生由于年龄小，精力旺盛，活泼好动，自制力不强，意志活动的自觉性和持久性都比较差，因此班级管理就相对困难。为了更好

地调动学生自主管理意识，学校倡导在班级管理评价中以“6+N+3”学生发展性评价为主导，以班为单位细化评价内容，创新评价方式，从多个方面、多个角度对学生进行评价，以达到学生自觉遵守班级纪律，热爱集体，积极上进的目的。

以发展性评价、过程性评价、激励性评价为基础，促进学生全面发展。

“6+N+3”学生发展性评价与以往的评价区别在于，它更注重学生的过程性评价和发展性评价。班级管理评价结合本班实际，具体细化评价内容，创新评价方式，从多个方面、多个角度对学生进行评价，有力地促进学生的全面发展。

评价体系走进班级后，充分调动了学生参与班级管理的积极性和主动性，培养了学生的自信心，点燃了他们积极向上、开拓进取的火花，为班主任繁琐的班级管理工作减轻了许多负担。

下面以二年级“金苹果”中队创新实施“6+N+3”发展性评价的成功案例具体说明：

“金苹果”中队共有56名同学，分8个小组。班主任依据评价实施方案和评价细则，和学生一起讨论制定翔实可行的班规，设计好表册。在班级管理评价中以小组评价与个人评价相结合的方式进行。

每学期末，学生把自己通过各种努力获得的各类“星标卡”换成相应的“星级少年”卡，再用不同级别的“星级少年”卡到学校“智慧超市”兑换奖品。

三、教育信息化智慧助力学生发展性评价改革

“6+N+3”学生发展性评价在“互联网＋教育”背景下，创建了

教育信息化网络“云评价”系统，网络“云评价”系统有力地促进学生全面发展。为了便于操作，学校给每个班级、每位学生都配发了“评价卡”，实现一班一卡一账号和一生一卡一账号，一个年级一种颜色。

网络评价平台的问世，实现了教师对学生更为便捷、公平、真实的评价，有效提升了班级管理水平和家校合作能力，同时也提升了学校办学品质。

（一）教师评价模式

教师评价班级或学生的步骤：第一步，进入学校信息化网络“云评价”系统；第二步，从“文明、学习、体育、艺术、科技、实践、阅读、进步、书写和劳动”10 个方面选取一项；第三步，选择分数点击评价。

学生每个评价项目 20 分，总分 200 分。每学期期末，学校把信息化网络“云评价”系统积分和班级评价系统积分进行大数据融合，学校、班主任对学生的评价积分通过信息化网络评价系统进行具体分析、整理，评选出最终结果。

（二）家长评价模式

家长评价学生的步骤：第一步，通过微信“扫一扫”进入“云评价”系统页面；第二步，输入学生个人密码，打开该生评价页面，点击评价。“6+N+3”学生发展性评价家长评价模式让家长可以查看学生“人人通”空间、安全平台、校本选课、留言等，及时有针对性地对孩子进行家庭教育。同时，家长也可以通过“云评价”系统根据学生在家表现对学生进行具体评价。

“6+N+3”学生发展性评价网络“云评价”体系实现了家长与教师共同监督教育孩子，形成了有效的家校互动管理模式，很好地解决了家校合作难题。

（三）信息化教育大数据有力促进学生全面立体发展

教育信息化智慧助力“6+N+3”学生发展性评价，帮助学校和教师找到了学生成长的各类教育大数据。其多样化的数据来源，多元化的数据类型，使评价更加全面、具体，实现了学校、教师、家长对学生更为便捷、公平、客观的评价，有力地促进了学生全面立体发展，有效提升了班级管理水平，有力地推动了学校内涵发展。

网络“云评价”说，“6+N+3”学生发展性评价利用教育信息化技术彻底转变了学校、家长和教师评价的观念和方式，让每个孩子在校园、在家庭、在社会，都能找到自己成长的光环，让每个孩子都有站在圆心的机会。更重要的是让学生的行为习惯和意志品质发生极大变化，校内外举止文明，生活中阳光自信，学习上积极进取，课堂上敢于表达，活动中乐于展示等等，孩子们在各方面都努力做最好的自己。

聚焦学生核心素养，促进学校内涵发展

——固原市第五届基础教育论坛交流材料

一、教师管理——团队带领凝心聚力

学校十分注重教师队伍的建设，坚持“以典型带动全体，让灵魂回归初心”，每位老师都懂得肩负着的是责任和义务，懂得这份职业所带来的幸福感和成就感。

（一）以和谐的制度文化解放人

学校依据法律法规制定完善学校章程，作为学校办学活动的重要依据，是学校管理的总纲，是指为保证学校正常运行，就办学宗旨、目标任务、内部管理体制及人事、财务活动等重大基本问题形成的全局性、纲领性文件。学校组织专门人员学习研究有关教育法律、法规，在深入并广泛征求意见的基础上，完成学校章程草案。其间征求了社区及学生、家长的意见。经过讨论、审议、修改、通过章程。章程草案在起草小组反复修改的基础上，提交学校教职工代表大会讨论、修改、审议，并须经学校教职工代表大会审议通过。教育行政部门核准后的学校章程，学校应以适当方式将其公告全校师生员工。实施可分为试行和正式实施。

（二）坚持开放办学，实施多元化管理

积极引导师生、家长参与学校管理，树立“生、师、校、家、社五方相互影响、和谐共生”的生态教育理念，借助学生组织、教师队伍、家长委员会、社区，让人人管理，个个受益，教师、学生、家庭、社会多方共赢。

（三）学校的领导班子坚持民主治校、依法治校

形成合力做到团结协作，相互支持。校委会成员落实“承包责任制”，每人都有分管年级，负责整个年级组的教育教学和日常管理，从而将制度文化自动转化为教师自觉的内心法则。

二、学生管理——立德树人全面发展

（一）坚持全员德育

学校倡导人人都是德育工作者，个个都是德育实施人，加强德育队伍建设。建立了以校长、书记为核心，班主任为主，班级学科教师为辅的德育工作队伍，构建全员参与、全员育人的德育工作网络。

（二）实施全程德育

学校将社会主义核心价值观教育和学生习惯养成教育渗透到教育教学全过程。在德育中做到期期有规划，月月有主题，周周有重点，日日有落实。如，开展“红领巾喜迎党的十九大，我向习爷爷说句心里话”主题队日系列活动，“九九重阳节，浓浓敬老情”主题教育活动，中华传统文化进校园活动，“读中华经典 颂万里河山”经典诵读活动等等，让校园时时皆经典，处处有雅言。

（三）以评价促学生核心素养形成

学校全方位实施“6+N+3”学生发展性评价，促进核心素养落地

生根。此评价案例2017年获全国中小学德育工作优秀案例。

以班级管理为案例：

为自己开一朵花

——二年级（8）班全新的小组管理模式构建

全新的小组管理模式的构建，极大调动了学生的积极性，使他们从被动接受管理变为主动接受管理。

从学生的兴趣出发建设学习小组

针对孩子们的年龄特征，及兴趣、意愿，将全班56个人分成了小蜜蜂组、智慧鼠组、悠悠猴组、机灵兔组、熊猫盼盼组、飞马组、狮子组7个趣味性小组，将课桌摆放成团团坐的形式，每组8个成员。看到这样的小组模式，也许有人会问："难道只有分组管理才能调动学生的积极性吗?"我之所以想到以构建小组的方式来调动学生的积极性，还得从我带的上一届一年级说起。那时候，咱们学校正在施工，学生上厕所要经过工地，即使有老师看管，部分学生也会飞一般地冲向厕所。无论我怎么喊也不听，非常危险。当时我真的是顾此失彼，焦头烂额。后来，我想了个办法，把这些孩子分了几个小组，由小组长带队去上厕所，各组之间加分比赛，老师监督。没想到这样的尝试竟然成功了。在小组长的带领下，他们能有序上厕所了。我想，既然这种方法用于管理排队效果这样好，那么，用于班级管理就一定不会差。

小组建立后，就需要及时民主推荐组长，选出班委成员。班委成员必须满足有责任心、家长支持、学生信服这三个条件。

设计组徽，确定小组奋斗目标。

组名确定后，我组织学生设计了本组的组徽，确定小组奋斗目标。如小蜜蜂组的组徽是一个小蜜蜂在一朵盛开的向日葵上，奋斗目标是“勤奋好学，不断进步”。目标确定后，我又让各小组上台，在组长的带领下进行小组呼号，向全班同学展示各自的风采，在激情昂扬的氛围中7个全新的趣味性学习小组就正式成立了，学生对这种外在的学习形式的变化充满了好奇和期待。然而，仅凭这种外在形式上的变化，就能从根本上激起学生的自主管理意识吗？我认为这还远远不够，要想彻底激起学生的自主管理意识，还得有动力。于是，在学生兴趣正浓的时候，我将学校开展的星级评价机制运用到了班级管理中。

星级评价助力班级管理工作

制定班规。俗话说，没有规矩不成方圆。因此，班规的制定至关重要。于是，我根据以往带班时遇到的问题或者说学生容易犯的错误，结合学校组织开展的星级评价机制，制定了班规。

设计星级评价表。班规制定出来后，如果不执行，就会使小组管理流于形式，因此我根据班规，紧密结合学校的星级评价机制，设计了小组星级评价表格，并以到智慧超市兑奖这一动力激励学生在组与组之间、组员与组员之间展开竞争，并鼓励他们严格要求自己，自觉遵守班级纪律，热爱集体，积极上进。

星级评价机制的运用，增强了班级凝聚力，调动起了学生的自主管理意识。调皮好动是孩子们的天性。记得以前在采用传统方式管理学生时，每当下课后教室里桌凳歪歪扭扭，垃圾很多；自习课上大吵大闹的现象时有发生；晨读、午读若离开老师就会流于形式等。可自从采用小组模式管理后，我将班规与小组评价机制结合起来，并充分发挥小组长的领导带头作用，鼓励各小组之间展开比赛，一周下来，在老师的监管下，由正副组长统计出本周的总分。再将结果展示在班级星级展示牌上。小组长的工作主动性被激活，小组成员之间的凝聚力也慢慢增强，大家都不想让自己小组的分数成为全班最低的，于是就有了强烈的上进心和为集体争光的意识。教室里干净整洁了，下课、放学师生再也不用为课桌摆放而发愁了。在小组长的管理下，在作业的督促检查，互帮互助方面也方便了，每个小组的团队意识，小组中间的竞争意识都增强了，人人有了强烈的责任意识。特别是小组评价开始后，以小组为单位的值周工作呈现出可喜的变化，组长带领本组的成员很有条理地做好每天的工作，每天的教室内外清洁，为我原来烦琐杂乱的班级管理工作减轻了许多负担，同时又锻炼了学生的自主管理能力。因此，趣味性小组的构建，星级评价机制的运用从很大程度上调动起了学生的自主管理意识，达到了事半而功倍的效果。

“全宝宝”转变了

我班有一个宝宝，名叫马玉全。他曾经是我们班出了名的问题学生。一下课他就和别的同学纠缠在一起打架，甚至还和比他高一级的学生去打架。无论是班长，组长都拿他们没有办法。这个爱打架的宝宝却有一个优点，就是上课爱回答问题。为了改变他，我便针对他的优点，在课堂上多叫多鼓励，帮他树立自信心。如：“你们看，全宝宝多勇敢，他总是积极举手发言，大家要向他学习。”“有了全宝宝的参与，我们今天的讨论更有意义了！”等等，随之给予加分奖励，他也越来越爱回答问题了。当我看到他自习课上做小动作时，改变以往的教育方式，不再去直接批评，而是说反语。慢慢地，这孩子真的改变了。现在，再也听不到他打架的声音了，学习成绩也在不断地提高着。马玉全的进步，使我们班的纪律有了进一步好转，班级形成了良好的学习风气。作为班主任，我的工作也轻松了许多。

三、教学管理——立足课堂构建多元校本课程

（一）课堂教学

原州十一小课堂教学坚持生本、对话、求真、累加的教学理念，认真落实自主、合作、探究教学方式；积极构建基于学生核心素养的“五环节”课堂教学模式（即情景导入，明确目标；自主学习，梳理问题；合作探究，解决问题；展示质疑，点评反馈；达标检测，拓展提升）。通过学生小组合作、交流、探究、展示，让学生在快乐学习中获取知识，促进学生合作、表达、质疑、探究等能力的提升。

（二）课程管理

严格课程计划的管理，在做到所有国家课程“开齐、开足、教好”的基础上，科学、合理安排多元校本课程，以满足学生发展的多样需求。学校目前开设拓展课程、探究课程和综合实践课程 3 个大类 40 门校本课程，每周五下午开展教学，实行选课走班。

四、安全管理——防患未然和谐发展

学生发展核心素养中提到的“健康生活，珍爱生命”，就是要求我们不能忽视学生安全意识的培养。我们始终坚持“安全第一，预防为主”，“源头遏制，过程监管”的管理理念，坚持做到安全各项工作周巡查、旬自查、月检查、重点敏感要害部门时时查。从增强师生安全意识，强化学校安全管理入手，积极开展各类安全知识培训、宣传教育活动，未雨绸缪构建平安校园的阳光空间。实行教师全员值班和学生安全监督员制度，织密“安全网”，推行首遇责任制，明确

“谁发现，谁负责，谁处理”的职责，撑起保护伞，真正把安全意识植根于每个人的心底，变成自觉的行动，真正形成了“让安全成为习惯，让安全走向平常”的校园安全文化。

“宝剑锋从磨砺出，梅花香自苦寒来。”辛勤的汗水结出累累硕果。学校先后有教师 200 余人次在国家、自治区、固原市、原州区举办的教学论文、课堂教学、课件等教学作品评选活动获奖；学校也分别被各级部门授予“全国法制宣传教育先进集体”“全国足球示范校”“自治区信息化示范校”“自治区国培示范校”“自治区书香校园”等 70 多项殊荣。

以文化树品牌，用特色求发展

——原州区第十一小学文化建设交流材料

原州区第十一小学始建于 2011 年，自建校以来，学校认真贯彻党的教育方针，按照全面推进素质教育的要求，以建设优良的校风、教风、学风为核心，以优化美化校园环境为重点，以艺术教育为特色，以丰富多彩、积极向上的校园文化活动为载体，形成以“艺术校园、书香校园、文明校园、平安校园、和谐校园”为主题的校园文化。

一、校园文化建设具体做法

（一）注重精神文化建设，培育学校精神

建校以来，学校坚持“为每一个孩子的幸福人生奠基”的办学理念，按照“以人为本，依法办学，科学管理，精细务实，和谐发展，争创一流”的管理目标，围绕“以改革创新求质量，用特色内涵铸品牌”的工作思路，坚持以安全保障线、质量生命线、德育育人线、特色发展线四条线贯穿学校工作的始终，把“做最好的自己”作为校训，形成了“和谐自主，励志进取”的校风，“严谨务实，敬业爱生”的教风和“乐学善思，诚实感恩”的学风。精心设计，将绿苑鸿雁作为学校校徽，初步形成了学校的文化特色，并在努力培养“和谐

汇聚”的学校精神。

(二) 加强管理文化建设，规范办学行为

1.制度精细化。结合新建学校的实际，以人为本，制定教师教育教学目标管理考核办法，班主任工作（班级工作）考核方案，教师奖励性绩效工资考核分配方案，教职工考勤、请假、考核制度，校本研究制度，教学监测评价制度，安全管理制度等一系列适合学校发展的管理制度和评价制度体系，并在实施过程中不断完善改进，形成了《学校规章制度汇编》，从教师到门卫，人人职责明确；从各部门到各组室，处处权责分明；从教育教学到后勤财务，事事有章可循。为学校和谐发展、科学发展、可持续发展提供制度保障。

2.管理人文化。学校管理体现以人为本的理念。大至学校生存大计，小至教学细节，让学生表态，让教师发言，坚持校务公开，彰显管理的人文和民主。通过“三公开”——政策公开、过程公开、结果公开，确保广大教职工的知情权、参与权和监督权，使校务公开工作制度化、经常化，自觉接受教职工的监督。

学校管理以领导班子作风建设为突破口，注重班子的榜样示范引领。强化“四个意识”（责任意识、管理意识、服务意识、创新意识），树立“三个形象”（政治形象、工作形象、作风形象），弘扬“两个精神”（团结协作精神、无私奉献精神）。把管理与服务紧密结合起来，做到校委会成员为教师服务，教师为学生服务，过程为效果服务，树立管理服务于人的思想。

教师管理渗透终身学习的思想理念，积极开展校本教研活动，争取机会，搭建平台，“走出去，请进来”，每学年要求教师做到“六个一”，即遵守一个师德规范，设计好一本教案，上好一堂示范课，带好一个班级，读一本教育专著，写好一篇教育论文。通过基本功训练、参加各级各类培训学习、课题研究等引领教师建立职业愿景，快乐工作，幸福生活。

3.班级特色化。原州十一小班级文化建设本着“个性加创意”的原则，力求凸显班级文化特色。要从班徽的设计、班级公约和规章制度的制定、教室的布置、学生干部能的培养等方面着手，结合班级实际，凸显班级特色，形成自主、自愿、自觉、自律的班级自我管理文化和典雅、和谐、美观的班级环境文化，达到“人人有事做、事事有人做，时时有事做、事事有时做”的管理目标。

（三）以环境文化建设为载体，优化育人环境

原州十一小是在百年老校固原一中的旧校址上高标准规划新建的，规模大，设施全，各个建筑布局合理，色彩明快。学校建成后，为了凸显文化气息，在向全体师生征求意见的基础上给教学楼、办公楼和综合楼进行了命名。三栋教学楼分别命名为“新苗”“茁壮”“凌云”；教研楼命名为“励教楼”，综合楼命名为“致新楼”；储藏楼命名为“思源”。正所谓：“新苗茁壮志凌云，饮水思源气如虹。弘文励教须致新，桃李芬芳万里春。”

古典巍峨的中山式校门正上方镶嵌着由著名书法家吴善璋题写的校名，字字珠玑、入木三分；走廊两侧是8块校园文化宣传栏，展示学校活动成果；道路两侧装有路灯景观灯，盏盏辉煌。整个校园建筑错落有致，绿化硬化人文科学，无论站在哪个角度，眼前总是一幅完美的图画。

（四）加强法治文化建设，构建安全和谐校园

1.借助普法宣传教育，增强师生学法、知法、守法、用法的意

识。学校师生普法教育以德育工作为目标，以安全教育工作为重点，以“法律进学校”为突破口，以创建“平安校园工程”为契机，多渠道、多形式地进行法律宣传学习，增强师生学法、知法、守法、用法的意识。

2.齐抓共管，创建安全示范校。原州十一小安全工作以实现“管理制度规范化，管理措施精细化，管理方式人文化，检查监督常态化，评价结果定量化”为目标，从物防、技防、人防建设等方面积极实践，大胆探索，大力营造“让安全走向平常，让安全成为习惯”的安全文化。把安全管理融入学校常规管理之中。各类预案措施完善齐全；责任分工明确；遵守交规、食品、防火、防溺水等安全教育常抓不懈；晨检、午检报告坚持常态；安全护送养成习惯；教育演练定期举行；学生课间活动安全有序、路队制文明出行、公交站点排队乘车等已成习惯；通过参与消防、交警部门主题活动、家长培训、发放致家长一封信、校讯通温馨提示等多种形式努力构建社会、学校、家庭安全教育管理防控体系，形成安全防范合力，确保师生生命财产安全，为学校各项工作的顺利开展提供了有力的保障。

（五）以活动为载体，促进行为文化建设

1.坚持不懈，抓好养成教育。通过红领巾监督岗抓好队员的文明礼仪、思想道德教育。抓好少先队各项常规评比考核，开展“优秀班级”“优秀中队”评比活动。把“班星园”评比活动同学生综合素质评定相结合，积极开展“学习之星”“体艺之星”“卫生之星”“书写之星”“礼仪之星”的评比活动。强化宣传，不断规范“春雷心语”广播站建设。更新理念、开阔视野、开展校园文化建设和班级文化建设，营造良好的文化氛围。认真组织学生学习《小学生守则》

《小学生日常行为规范》《公民道德实施纲要》《小学生的 100 个好习惯》等，抓好学生的日常行为规范养成教育。加强校园文明岗的执勤力度，养成良好的行为习惯。定期召开主题家长会，不断完善学校、家庭、社会三位一体的德育体系。

2.优化整合，开展主题教育活动。利用传统节日、纪念日，开展感恩教育、学雷锋月教育等系列活动。举办校园文化艺术节，张扬个性，展现特长，锤炼品质，励志成才。开展“道德讲堂”系列活动，让学生感受道德的魅力，在活动中提升道德修养。定期举办“两节一会”（艺术节、科技节和运动会），不断丰富校园文化生活，陶冶师生道德情操。通过举办运动会、校园文化艺术节，给学生的个性特长发展提供广阔的平台。

3.以社团为载体，推进艺术教育发展。学校倡导“以艺启智，以艺润德”的艺术教育发展理念。坚持普及与提高相结合，立足课堂教学和班级社团活动抓普及，利用校级社团和各种艺术活动促提高。除了 36 个班级社团外，学校成立了“舞之翼”舞蹈队、“红黄蓝”书画社、“小百灵”合唱团和翰墨苑书法社团 4 个校级社团，每周五下午最后一节课开展社团活动，保证人员、时间、地点三落实。培养学生健康的审美情趣和良好的艺术素养，全面提升学校艺术教育水平。

二、和谐汇聚，推进文化建设纵深发展

团结凝聚人心，和谐汇聚收获。在主管部门的关心指导下、在全体教师的共同努力下，学校先后被自治区教育厅评为“安全管理规范化示范校”“自治区教育系统党建示范点”，被自治区教育厅命名为“宁夏民族中小学教师跟岗实践培训基地学校”“宁夏中小学教师信

息技术应用培育性示范基地学校”；被固原市人民政府授予“园林式单位”，被固原市文明委评为精神文明单位。2011—2014年，先后被原州区人民政府、原州区教育局等评为教育教学先进集体、魅力少先大队等10多项集体奖；宁夏第四届基础教育教学立项课题《小学单亲农民工家庭孩子心理疏导有效性策略研究》已进入实践行动研究阶段，在自治区、固原市举办的“五个百”等教师教学作品评选中有90多人次获奖。王春老师获自治区小学语文教师素养大赛二等奖，马斌老师获第八届全国小学数学优化课堂教学录像课二等奖。学校还代表原州区参加自治区教育厅举办的校园定向比赛，获得团体三等奖的好成绩。艺术教育作为学校的特色，更是硕果盈枝：舞蹈《快乐拼图》《万物生》分别获原州区教育系统第八届、第九届小三手比赛二等奖；合唱《唱花儿的花儿》《祖国在我心窝里》分别获二等奖；并被固原市文明办推荐参加自治区“我的中国梦·童心向党”网络歌曲评选活动，获自治区一等奖，并被推荐参加全国评选；舞蹈《水语》分别参加固原市庆祝第三十个教师节文艺演出和固原市庆祝建国六十五周年文艺晚会演出，受到社会好评。

文化治校是学校管理的最高境界，在创建优质校园文化的过程中，原州十一小将继续用学校文化构建来引领学校的各项工作，充分体现师生的生命价值，塑造积极的、富有生命活力的学校精神，丰富学校的文化内涵，提升学校的办学品位，引领学校不断走向卓越、走向辉煌！

固原市原州区第十八小学教育集团
马林喜

第二辑
教育，是做更好的自己

真正的教育，是细致入微的观察，是循循善诱的引导，是脚踏实地的示范，只有这样的教育，才会让学生乐于学习、善于发现，以至找到那个更好的自己。

浅谈“小组合作”如何分组

一、小组合作存在的问题

（一）教师教学方面

1.不用小组合作学习。很多教师由于受到传统教育模式的影响，在课堂上一直沿用填鸭式的教育，一味地追求进度，体现个人的教学魅力以及知识储备，在课堂上一直不停地讲，时不时来句“听懂了没有”，学生也会积极地回答“听懂了”，在这种互动的环节中上了一节有速率而没有效率的课，最后学生的成绩不但没有上去，他们反而更加厌恶这一门课，究其原因是学生没有真正地参与到课堂，而是一种被动地接受，在整个过程中学生没有独立思考的机会。

2.小组合作学习用得太频繁。有些教师为了课堂的效果而被动地采用小组合作学习，但是，教师自身对小组合作如何展开不熟悉，导致课堂上无论问题简单与否都采用小组合作学习的模式，整个一节课都在进行小组探究学习。

3.小组讨论“华而不实”。在很多教师的课堂小组，学习往往流于形式，没有给予学生展示、交流合作学习结果的机会。只是简单叫一两个人回答完问题就草草结束，最根本的原因是教师对小组合作学习的内涵认识不深，或教学时间不够等。

4.分组随意。分组在课堂学习中起着至关重要的作用，一般的在课堂上，老师一般指定位置相邻的4~6名学生作为一组，或者是顺向一排学生作为一组，分组比较随意，只是为了完成探究的环节而进行分组，并没有在对学生了解的基础上进行分组。

（二）学生学习方面

1.小组成员不能各司其职或者合作任务交给一名同学来完成，学生的参与不积极，没有做到人人尽责，分组学习成了敷衍了事的行为。

2.学生没有掌握该如何进行小组合作的学习方式，最终导致学生被迫参与，不能做到倾听、分享，使小组合作流于形式，最后不能达到发展学生的目的。

3.课堂探究讨论过程中，思维活跃的学生先将自己的意见说出来，使其他相对较差的学生失去了独立思考、发表自己意见的机会。这样，本来一个小组里学习水平参差不齐，学习较好的学生发言的机会多，部分学习较差的学生不敢发表自己的见解，长此以往出现了“贫富差距”，而且差距会越来越大，逐渐让部分学生产生厌学情绪。

如何解决这一难题呢？我简单谈一些粗浅的看法。

二、策略

（一）合理分组

1.首先，4个人一小组，按照优中差的比例为1∶2∶1分成小组，三个小组成为一个大组，每个小组分别安排“组长”“记录员”“发言人”“监督员”四个职位，聘请其他科目的老师一同做评委，学生通过演讲竞聘上岗，让学生能意识到自己的责任，同时，提高了学生的表达能力，最后，在大组中产生一位大组长，这样学生就有了“自治”的体系。

2.随机式分组。不同学科所设置的探究问题不同，教师所创设的情景也有所不同，不同学生所喜欢的学科也不太一样，所以，固定的分组模式可能在一定程度上受到限制，解决这个问题最好的方法就是随机分组。

(1) 同桌式二人组合。对于随机分组最直截了当的莫过于同桌之间合作，但这种合作只能在教学内容是互帮、互检、互评情况下运用，通过这种合作从而达到共同提高的目的。

(2) 前后桌式四人组合。这种分组的方式可能对于大多数教师来讲都用过，对于交流范围较大、探究范围而同桌又不能完成的探究性学习内容，前后桌就是比较理想合作方式，但是这种分组的前提一定是基于班主任合理的座位安排之下进行，否则，很难达到预期的效果。

(3) 随机式多人组合。随机多人组合对于很多教师而言都未进行尝试，但是，若能将这件“法宝”用好，那么，你的课堂真的能做到事半功倍，因为，这种组合方式能更好地调动学生的学习主动性和积极性，更能提高学生的学习兴趣，让学生全员参与全面发展，在课堂上引进竞争机制，让学生之间产生竞争，小组之间产生竞争，使每个学生都认识到他自己不但代表自己的形象，更代表着自己小组的形象，根据学生不同的答案、见解将全班学生分组，每组根据自己的答案或者见解产生思维上的碰撞，再通过交流辩解从而达成共识，开阔学生的视野、丰富学生的想象，达到共同进步共同发展的目的。

3.均衡分组（好中差有机搭配）。

4.自由组合。

5.思考—配对—共享（独立—两人—共享）。

6.思考—配对—四配对—讨论—共享（独立—两人—四人—讨

论—共享）。

方式例：

（1）每位同学都有一个编号。小组内1、2、3、4编号：各小组内部有1、2、3、4编号，全班有若干个1号、2号……教师可根据编号随时随机叫同类同学回答各组的情况或问题。

其优点是，学生地位得到了解决，责任提高了，教师都掌握学生的各个层面。

（2）中间的笔：教师提出一个或几个目标任务，学生独立思考，每名学生把一支笔放在小组的中心，表示发过言了，在小组内把所有的笔放在中间之前，任何一个学生不能与他人分享自己的第二个观点。

其优点是，学生有机会独立思考，所有的学生有机会与他人分享自己的观点，并倾听他人的观点，学生机会均等，有序不乱。

（3）小组访谈：教师提出问题的目标和任务，学生独立完成，接受小组内同伴的访谈（两两交换意见，或监督检查完成后纠错）或者是接受小组内某一同学的访谈，先完成先访谈，后完成后访谈，访谈后必须的一点是纠错，落实改正。

其优点是，提高小组内互动的效率，扎实落实教师提出的问题。

（4）三步访谈：教师提出问题或目标，学生先独立完成。第一步，两两互动，交换观点或答案；第二步，两两小组与另两两小组互动，交换答案或观点；第三步，寻求另外组的答案或观点，互动交流。

其优点是，独立完成，一人倾听多人的观点或答案，共享多人的信息。

（5）竞争法激发全班：教师提出问题或目标，学生独立完成。

教师可以让每个组的A号或某号（即全班的A号或某号进行比

较，如，对题率、一题多解法、背诵速度、找出的字词、单词、短语、翻译的速度、准确率等等。开展比赛和竞赛，教师也可以在组与组之间开展以上竞赛，从而激发各组的学习热情，创造积极竞争的学习氛围等，也可以辩论）。

其优点是，激励，提高学生自主和合作（团队）的学习热情。

（二）分工

1.按照课堂学习分工。比如说组长、记录员、监督员、官方发言人等。组长经竞聘上岗，组织小组内全员的管理和学习。同时组长兼任小组内的纪律委员。小组内还设有监督员、记录员、发言人每位同学均民主产生，特殊安排。要让每名学生都有事做。

2.按照日常管理分工。比如说组长、纪律组长、学习组长、卫生组长等；关注每一个层面的学生，优生优培，后进生提高，不让每一名学生掉队。

总之，要让每名学生至少担当一份职责，让每名学生都有事做，都能发挥自己在学习上及生活中的特长。

（三）评价

1.竞争的合作学习最有效的办法之一。在班中，我试行了“我来做评委”活动。做法是：教师评价、学生的自我评价、学生间的互相评价，对每个小组的班级卫生、学习习惯、学习态度等方面进行具体的评价。使学生在评价中不断提高，设置最佳小组奖、最佳合作奖、最佳组员奖等，最大地激发学生的竞争意识，不断提高学生团队合作的意识和精神。

评价方式：

（1）积分制。学习方面，各组组员每次考试前给自己定小目标，根据测试的达标率分别积分，得满分的同学积 3 分，90%以上的积 2 分，80%以上的积 1 分。另外，每次测验成绩前两名的小组，在小组评价栏中加盖班主任私章（最后组内总评抵五分）。接下来的测验，在第一次的基础上进步最大的两个小组加盖班主任私章。学期结束，按照每个小组的章子总数，每个小组同学的章子总数数将直接与期末评优及综合素质评价挂钩。

（2）一拖二。所谓“一拖二”，就是组内一个同学如回答问题好或做对了题目，便可给予加分，自己挣到分的同时，同桌也可得到相应加分，本组同样也加上相应分数。当然，这里也有一个标准，在每次大型考试之后，根据成绩把每个小组成员编号为 A、B、C、D 号，同样一个问题，若每组的 A—B 号答对了，加 1 分，若 C—D 号答对了，就加 1.5 分。这种做法的目的为了鼓励基础差的同学努力学，认真听。而学习优秀的同学，不但自己学会，不厌其烦地给同学讲，帮助同学学会知识。结果就是厌学的学生乐学了，优秀生不保守了，因为讲给同学听的同时，他们也使自己的知识更加扎实了，同时帮到了同学，还为小组挣了分，从而产生了成功的喜悦。

总之，要让小组合作学习成为课堂上的“香饽饽”，前提一定是科学合理地进行分组，让每一名同学都能参与进来，都有自己的职责，制定科学的考核体系，我相信小组合作学习一定能提高学生的全面发展，同时也是对教师课堂的一种减负。

中学生性教育该何去何从

一、目前我国青少年青春期性教育的状况

近些年来，随着人们生活水平的提高，社会开放，如今，社会舆论中各种新潮观念不断更新，青少年的性发育相比之前有提前的趋势，手机的普及更让性意识萌发明显提前，当代中学生对性知识的需求相当广泛。但如果涉及性话题，似乎完全无法“脱敏”。受传统文化的影响，在中国大中小学体系中，性教育依然往往被忽略，甚至有意回避。这使得学生对性有一种神秘的感觉，手机以及电脑就是他们获取知识的渠道，但是，又不能正确地辨别内容，这直接导致我国青少年在性方面的犯罪也在逐年递增。因此，关于未成年人“性教育”尤其是农村未成年人“性教育”变得尤为重要。

二、青少年青春期性知识贫乏，性道德扭曲的原因

如果要追问导致中学生青春期性知识贫乏，性道德扭曲的原因，我认为主要存在于以下三方面：

（一）家庭教育问题

保守的父母不愿意讲述性。父母是孩子的启蒙老师，家长的言行直接影响着孩子，性教育最好的老师也应该是父母，但是，父母却没

有扮演好这个老师的角色，当孩子问起有关性问题时，家长不是遮遮掩掩说些欺骗的话，就是严加指责，这样反而增添了孩子对性的神秘感。就举个最常见的例子，我们的孩子大部分会问：“妈妈，我是从哪里来的呀?”大部分家长不能正确地引导孩子，要么就说是从石头缝里蹦出来的，要么就是说从某某地方捡到的，甚至更有甚者说是充话费送的。在很多时候，我们家长是“谈性色变”，都喜欢采取蒙昧、欺骗方法，以为不知道就是最安全，让孩子在漫长的人生道路上去摸索，殊不知这样会导致孩子的性无知。

（二）学校对性教育的不重视

目前我们学校的“性教育”是在战战兢兢与举步维艰中缓慢前进，开设的课程往往只局限于“生理卫生”范围。而且学校性教育教学手段落后、学校不重视、相关的人才和教材跟不上时代的发展，存在着滞后的问题。这些重重的因素，使得学校在“性教育”中无法发挥应有的作用。

退一步来说，中学里虽然学校开设了生理卫生课，可面对升学率，真正上了课的又有多少呢？大部分时间被其他科的教师挤占了，即使教师去上课，由于授课教师自身缺乏专业知识，又怎能对学生进行专门的性知识、性文化、性道理的教育呢?

（三）社会对性知识宣传力度不够

我们逛书店的时候就不难发现，书架上各种书籍琳琅满目，可唯独关于性教育的书籍寥寥无几。而与之相反，书摊上、网络上不时地有描述两性关系的内容。试想想，那些无处了解性知识，又渴望了解性知识的孩子会怎样对待这些内容。

（四）文化的保守

中国传统文化“保守”的思想为现代社会营造了一个相对保守的氛围，以至于现在提及性教育内容，许多成年人在心理上都接受不了，更别说对孩子进行教育了。

（五）农村留守儿童问题

农村地区就业资源匮乏，现在大多数年轻人又不愿意靠土地吃饭，致使越来越多的年轻父母放下孩子来城市打工。这些孩子很多由老人看管，长时间缺乏父母的关心陪伴，也疏于交流，因此农村留守儿童的身心健康发展逐渐受到影响，并且大大增加了不稳定的因素。

（六）性心理萌发的提前

近年来，随着因物质丰富而营养提高、摄入含有激素的食物和药物增多等因素影响，使青少年的青春发育年龄提早了2—3岁，农村学生在性意识方面发展迅速，他们性意识的产生、渴望与异性接触、早恋等现象普遍提前。

（七）早婚影响学生早恋、早孕

我国农村中男尊女卑的思想，使得对女孩的教育投资少，“念不成书就结婚”的守旧观念使农村早婚、早育现象时有发生，严重影响了当代农村中学生的恋爱观，造成早恋现象。又由于中学生思想不成熟，文化意识薄弱，不能采取必要的避孕措施，往往随之出现早孕，严重影响了当代中学生的心理。

三、加强农村中学性教育的重要性

（一）从青少年性无知的后果看，加强农村青少年的性教育刻不容缓

有调查报告显示，有的学生因第二性征渐趋成熟，生理发育变化

而忧心忡忡，寝食不安；有的学生因性能量不能得到合理的排遣染上手淫恶习而神思恍惚，学习成绩急剧下降；有的学生因不能控制性心理，沉溺早恋而无心学习，甚至离家出走；有的学生因不懂性而失身，背上沉重的十字架而葬送了一生的幸福。

有些正处于发育期的孩子，不仅没有正确的性观念和性道德，更缺乏起码的性防范意识，他们对性要么一知半解，要么扭曲歪解，出现这种情况，不能不归咎于青少年青春期性教育的缺位。

（二）从农村中学生对性知识贫乏的现状看，加强性教育势在必行

我曾听一位朋友说起过这样一件事：一个 11 岁的女孩，由于不知是月经初潮来临，她躲在厕所里大哭，当她妈妈问及原因时，她说：“妈妈，我得了绝症，我快死了。”其实有许多女生不知月经是怎么回事，在月经初潮时都非常恐慌，更不用谈月经期的卫生常识。有许多男生也曾在出现首次遗精时竟然羞愧难当。试问，如果我们把青春期性教育跟上去了，这些少男少女们还会大哭、恐慌吗？

综上所述，不难看出，学校、家庭、社会应大力加强青少年的青春期性教育，以正确的方式，使他们懂得青春期的特点，让羞答答的玫瑰大大方方地开，让他们既不受封建思想禁锢，也不至于为西方“性解放”的错误思潮所引导走向堕落。

（三）加强未成年人性教育的措施

1.家庭层面。首先，父母要树立正确的性教育观念，解除对性教存在的误区。家长应该从正面出手，在未成年人合适的年龄阶段进行相适应的合适的性教育，主动了解孩子获得的性知识是否正确，进而对错误的予以修正，帮助孩子形成正确的性观念。其次，也要教育孩子对他人的不良行为保持高度警惕，做好常态化的性教育。最后，家

长还要了解一些有关儿童受到侵害时的常识，防范教育才能有的放矢。

2.学校层面。首先，学校应该正视未成年人性教育缺失的问题，应该开设未成年人性教育方面的课程，寻找相关专业的人才，研究相关课程的内容，充实和完善。其次，采取有效的教学模式，加强师资力量。再次，学校应该积极协调相关部门，编辑符合未成年人年龄段的性教育教材，帮助学生树立终身发展的性教育观。最后，学校要建立一支统一进行性教育的师资团队，能够运用科学的方法洞察和排除未成年人身心障碍。

3.法律层面。立法是所有措施的基础，是完善我国性教育体系的关键，加强性教育要进一步建立健全与未成年人保护相关的法律法规，形成长久的有法可依、违法必究的机制。相关部门要定期开展未成年人自我保护的宣传教育，让法律深入人心。在不断建立健全未成年人保护相关法律法规的同时，依法加大对“猥亵儿童”“性侵儿童”等行为的惩治力度。另外，我国在制定未成年人保护相关法律法规时，可以参考与借鉴外国出台的相关法律。

4.社会层面。要通过政府相关部门、社会团体及相关公益组织不断加强对未成年性保护方面知识的宣传，通过微信推送、微博、海报等多种形式，提高公众关于未成年人性保护的意识，在社会中营造一种未成年人性保护的舆论氛围。

党、团、队衔接提高新时期青少年德育水平

固原市原州区第十八小学党支部以习近平新时代中国特色社会主义思想和党的十九大精神为指引，全面贯彻党的教育方针，落实立德树人的根本任务，坚持德智体美劳“五育并举”，秉持“爱育幸福”的办学理念，牢牢把握“安全保障线、质量生命线、德育育人线、特色发展线”四线并进的发展思路，构建“国学·绿色”为主题的校园特色文化，着力培养有特长、有志向、高素质的新时代学生。

学校坚持“党建带队建”，落实全面从严治党的要求，做好党、团、队衔接教育工作，通过抓党建强队伍建设，提升教师育人水平；抓国学经典培育践行社会主义核心价值观，构建书香校园；抓习惯养成，构建“10+N+3”发展性德育评价体系，培育新时代好少年；抓“互联网＋教育”工程，依托“三通两平台”，建设智慧校园等举措，将第十八小学逐步打造成为一所区域内有品质、有影响的学校。

一、深入开展党建工作

（一）开展“两学一做”，丰富党建内涵

1.推进目标管理。在党员教师中率先推行目标管理，要求每位党

员教师进行自我剖析，根据自身岗位职责、专业特长等拟定个人发展目标，以目标引领发展，以目标促进发展。同时，结合贯彻落实自治区、市、区教育工作会议精神，明确学校教师队伍发展目标。以点带面，使全体教师讲政治、练本领、强业务，营造了人人争先、竞相干事、努力成事、争创一流的良好氛围。

2.推进竞岗履职。组织优秀党员教师、党员学科带头人、党员高级教师、党员劳动模范等创先争优，并积极引导党员和全体教师明确岗位职责，形成推进学校发展的合力，充分发挥党员的主体作用和先锋模范作用，实现党建工作与业务工作有机融合、同步推进。

3.推进觉悟提高。党支部以党课学习及专题教育为抓手，加强全体党员的党性锻炼和师德教育，组织全体党员集体学习，领导干部带头讲党课。

（二）争做党员先锋，发挥示范作用

1.开展争做“师德先锋”活动。积极组织师德高尚、责任心强、工作成绩突出的党员教师做师德事迹报告，熏陶感染其他党员和非党员教师，让他们在潜移默化中养成爱岗敬业的自觉性。通过评选表彰师德标兵、优秀教师、先进教育工作者、优秀党员，开展师德演讲、优秀师德案例征集、签订师德承诺书等形式，营造“比学赶超，争当先进”的氛围，激励党员教师争先进、做模范、当表率。

2.开展争做“学习先锋”活动。结合创建星级党支部活动，组织党员多形式、多渠道、多层面深入学习贯彻习近平新时代中国特色社会主义思想和党的十九大精神，学习学科专业理论知识。重点围绕学校教师群体发展目标，积极鼓励党员教师参加各种形式的培训学习，为推动教师群体专业发展做出榜样，为推动学校发展提供人才支撑。

（三）以党风建设促学风建设

通过开展“榜样的力量”经验分享交流会，挖掘广大党员中涌现出的感人事迹，用小事情传递正能量，使每个党员学有标杆、做有榜样，用行动体现信仰、信念的力量；通过签署承诺书加强教学督导、三级听课检查，开展党风廉政建设、课堂考勤等措施和活动，学风建设初见成效；不断完善年级组、学科组双轨并行的管理机制，充分发挥教务处、教研室、工会等部门的职能作用，达到了学校“时时有人抓，事事有人做，工作无空档，学校无闲人”的良好效果。规章制度显刚性，细节管理显人文，坚持以人为本，关心教职工生活，让制度“看守”校园，让人文润泽校园，逐步实现学校管理的科学化、制度化、规范化和人文化。

（四）“互联网＋党建”创新实践

“将支部建在网上，把党员连在线上。”党支部先后建立 QQ 群和微信群，利用新媒体，布置任务并督促检查。借助网上学习平台开展集中学习、讨论交流，并对党员学习情况进行定期检查，督促全体党员逐步形成自主在线学习和自觉在线汇报思想的好习惯。

（五）开展“双评双定”工作

开展党员“评星定格”工作。重点围绕党章规定的党员应当具备的基本条件和履行的基本义务，按照“政治合格、执行纪律合格、品德合格、发挥作用合格”的要求，结合教育系统党员实际，制定并对照《党员“评星定格”十项标准》进行评议。对“亮黄星”的党员，支部书记要进行约谈，督促其提高；对“得红星”的党员，要把“评星”情况作为民主评议党员时“定格”的依据，对评议出的优秀党员，坚持精神鼓励与物质奖励相结合，以精神鼓励为主的原则进行正向激励。同时，也强化反向监督，对评定不合格的党员，按照有关规定进行处置。

二、党建带队建，做好学校德育建设

学校建立并实施了“10+N+3”发展性德育评价体系。以中国学生发展核心素养和多元智能理论为理论基础，利用教学助手和手机端云校家平台，每位教师从针对每位学生成长和发展的一点一滴开始，采取“积分兑换 + 综合评价”的方式，构建 10 项在校基本素养（即 10 星：爱国星、美德星、悦读星、学习星、进步星、劳动星、国学星、体育星、艺术星、科技星）+N（即若干社会实践素养）+ 爱育之星、雁岭之星、时代之星，即包含班级、学校、社会三个高级层面的发展性德育评价体系。评价体系的实施极大调动了学生的学习积极性，对学生向德智体美劳全面发展起到了引导作用。“10+N+3”发展性德育评价体系的实施途径包括以下几个方面：

一是建立自主的管理体系。成立“10+N+3”发展性德育评价体系评价委员会，积分记录本由下设小组组长统一管理。

二是评价展示方式。班主任及科任教教师依托“互联网 + 教育”，通过云校家“学生点评”平台对每个学生进行实时评价，各班级设置评价栏，认真记录评价情况。

三是结算积分及表彰。每日，各班科任教师利用“云校家”的“学生点评”平台对学生进行课堂实时评价；每周，各班根据每组成员积分情况，评选出小组“时代小红领巾”；每月，各班根据积分情况，按照班级总数的 20%评选出班级“时代小标兵”，学校将在升旗仪式上统一颁发“时代之星”奖牌表彰奖励；每学期末，各班根据学生一学期的总积分评选出“爱育之星”，并在开学典礼上表彰奖励；每学年六一，学校大队部对各班积分前五名学生颁发“雁岭之星”奖杯表彰奖励。每学年由校级评审委员会根据实际情况评选产生“时代之星”，优秀毕业生可以获得“时代之星”奖杯。

“10+N+3”发展性德育评价体系采用积分制度，积分来源有两大块：在学校、社会、家庭中的行为表现和获得的各种比赛奖励。每一项目确定的分值在云校家“学生点评”显示，学生完成某一项目，就给予相应分值。社会实践活动积分分值由中队辅导员（家长）、被服务者、学生本人三方共同认可，在班级积分卡上做记录方可加分。

在具体操作方面，每位学生有一张“时代之星”积分卡，用于行为表现的积分记录。每次假期社会实践活动后，各中队要将队员们在假期取得的成绩以及活动内容以图文形式于开学后两周内在班级进行展示，并将所有资料上报大队部进行评选奖励，同时将结果记入班主任考核量化。

在考核方面，各中队在每周奖章颁发过程中做好活动过程材料的整理和收集。每月末，各中队辅导员将活动材料整理好，和记录单一并交大队部，并由大队部组织评审组成员对各班进行月考核评比，此项量化成绩将记入班主任月考核量化，并作为“优秀中队”“优秀辅导员”的评比条件之一；每学期末，根据月考核量化积分对评价体系操作及取得实效良好的班级(根据考核积分取年级组班级数量的 50%)进行表彰和奖励。

（收录于《打造过硬基层党组织　筑牢新时代基层战斗堡垒》，人民日报出版社 2020 年版）

疫情对教育信息化发展的启示和政策建议

党的十九大做出中国特色社会主义进入新时代的重大判断，开启了加快教育现代化、建设教育强国的新征程。为引领推动教育信息化转段升级，提出教育信息化 2.0 行动计划。到 2022 年基本实现“三全两高一大”的发展目标。

宁夏作为国家“互联网 + 教育”示范区，近年来，在云—网—端的建设上花大力气。整合多方资源建成宁夏教育资源公共服务平台，面向全区师生、家长开放。同时，确定了多个“互联网 + 教育”示范县区。结合地方教育实际，在应用的层面各有特色。尤其是为补齐偏远农村学校音乐、美术、信息技术等薄弱学科短板，建设了在线课堂，与城区学校共享优质教育资源。

突如其来的新冠肺炎疫情，阻断了学生正常到校学习。与此同时也检验着原州区“互联网 + 教育”建设的成果。今年 2 月以来，从自治区教育厅到地方教育主管部门均做出了“停课不停学，离校不离教”的安排部署。依托电视、移动终端、网络等多种载体和现代化技术手段搭建“空中课堂”，通过双师教学、双线管育等措施，最大限度地降低了疫情对学校教育教学的影响，一定程度上缓解了广大学生及家长的焦虑情绪。虽然，教师、家长对“空中课堂”的认可不逊色于常态课。但是，我们还是要通过疫情对本地教育信息化发展有新的思考和启示。

一、教师信息化应用水平亟待提高

近年来，各学校通过不同的方式，对教师进行培训，以提高教师信息化应用水平，效果明显但还不强。主要表现在设备使用上还不熟练，课件制作还不规范，线上教研还不会参与，对手机教学端还不会熟练使用等方面，导致线上教育教学的质量大打折扣。一方面原因是学校教师年龄结构不齐；另一方面原因是培训方式过于单一，理论与实践结合不足；还有一方面原因是任务驱动不明显。各地专家组成员要在教师的应用上跟踪指导，反复督促，使教师信息化应用技能不断提高。

二、建立完善教师信息化应用考核机制迫在眉睫

学校对教师信息化应用水平考核机制是驱动教师应用的一项重要手段。但是，学校在制定考核机制时，没有很好地结合本校教师实际、教学实际，要么标准太高、太空、太大，教师无从下手，跳起来也够不到。要么标准太低，如要求教师传传文章、照片、发表评论等一些简单的内容。对教师的全面发展和学生的全面发展没有实质性的帮助。各地方教育主管部门督促各学校要结合实际，农村与城镇区分开。要达到“一校一制”的要求，避免一刀切。

三、征集一批可复制可推广的案例是大势所趋

在示范县区的部分学校中，信息化发展到了瓶颈期，设备配得很

齐全、很高级、很智能，但在怎么用、谁来教上遇到了困难。有些学校的信息化建设做得很有特色，在全区甚至全国很有名气，但这样的学校，这样的案例还比较少。为避免闭门造车，要把好的案例进行推广。先拿来孵化再慢慢服水土，最终扎根发芽，结出硕果。各县区学校要形成合力，分享阶段性建设成果，而不是捂住不放。大家要同学习、共提高，才能把教育信息化这张饼做得更大，才能整体提升当地教育信息化发展水平。

根据思考和启示提出以下政策建议：

首先，政府层面。建议政府层面要净化网络环境，加强网络监管力度。对设备招标应严格把关，对设备的质量、实用性等严格考量，尤其要提高对设备的后期维修服务，电子产品属于易损、易坏产品，损坏了没人修，或后期服务一拖再拖，严重地影响正常的教育教学秩序。

其次，学校层面。在网络及设备方面，建议三大运营商加快教育专网的铺设。网络提速的同时能对学校的主机及交换机进行扩容升级，整体提升学校网络运营的基础。

在软件应用方面，信息化应用主要的参与者是教师、学生及家长。专门制定一套系统的、完善的考核细则，设立专项资金鼓励教师做信息化背景下教学方面的学术研究、论文等，培育一部分学校及一批年轻的种子教师，完善聘任制度，让种子教师能散枝结果，做出成功案例加以推广。建议对学校的教育教学开发专门的搜索引擎，让学生能在干净、有序的网络环境中获取知识。同时，积极开发学校的STEAM课程，让信息化应用从单一的课堂到深层次的探究。建议家长引导子女正确使用互联网和手机，限时上网，及时检查子女的上网和使用手机记录，发现问题及时批评、教育和沟通。建立良好的亲子关系，培养子女广泛的健康的兴趣爱好等。

最后，社会层面。建议政府鼓励或者导向性引入社会力量参与教育信息化建设，全面快速地推进此项工作的整体进程。

总之，疫情改变了很多，对教育的改变更明显。打破传统教与学的模式，学生实现了人人能学、处处能学、时时能学的目标，这得益于教育信息化的建设。未来，随着教育信息化建设的持续推进，人工智能等信息化手段将助推教师专业成长，全面提升学生信息化素养，最终满足新时代对人才的新要求。

中小学校党组织领导的校长负责制的实践思考

——以原州区第十八小学为例

加强党对教育工作的全面领导是办好教育的根本保证。建立中小学校党组织领导的校长负责制，是坚持为党育人、为国育才，保证党的教育方针和党中央决策部署在中小学校贯彻落实的必然要求。

2020 年 7 月，宁夏回族自治区党委组织部、教育工委、教育厅党组正式启动全区中小学校党组织领导下的校长负责制试点工作。作为试点学校之一，固原市原州区第十八小学不断探索实践，在深入总结试点工作经验的基础上，健全发挥中小学校党组织领导作用的体制机制，确保党组织履行好把方向、管大局、做决策、抓班子、带队伍、保落实的领导职责，使基层党组织成为学校教书育人的坚强战斗堡垒。

一、党组织领导的校长负责制试点情况

建立长效机制，探索应用模式。2020 年 7 月，原州区委、原州区教育工作委员会、原州区教育体育局党组联合下发了《原州区中小学校党组织领导下的校长负责制试点工作实施方案》。2020 年 9 月，

原州区第十八小学结合实际，在制定出台了《原州区第十八小学党组织领导下的校长负责制实施方案》《原州区第十八小学党组织领导下的校长负责制实施细则（试行）》，探索学校议事决策机制，建立完善相关工作制度，初步形成“1236”模式（“1”指党组织书记和校长实行“一肩挑”；“2”指“双培双带”，把学科带头人或骨干教师培养成党员，把党员培养成学科带头人或骨干教师；“3”指“三必管”：必管办学方向、师德师风、“三重一大”；“6”指党组织“六必述”：党组织必述意识形态、思政教育、德育工作、安全工作、队伍建设、综合质量），明确党组织是学校的决策机构，校长在学校党组织领导下履行依法治校职责。

坚持科学决策、民主决策、依法决策。原州区第十八小学通过细化党组织会议、校长办公会议参会人员、议事原则及范围，强化了党组织领导核心地位。会议召开前，由办公室将会议需研究的相关事项清单提前送达与会人员。重要事项在提交会议前要以多种形式征求教职工的意见和建议，最后再由班子成员进行论证协商，达成共识，由分管领导签署意见，报学校办公室拟定会议议程。意见不一致的议题暂缓提交。会中，坚持一事一议原则，班子成员逐一发言，实行书记、校长末位表态制，尤其对重大事项实行举手表决制，防止少数人或个人说了算。表决事项时，以超过应到会人数的半数同意为通过。会后，凡是涉及党建等方面的工作，由支部书记或副书记负责抓好落实，行政等方面工作由校长或分管副校长牵头抓好落实，并在下次会前汇报上次会议事项的落实情况。对无故延期落实任务的，按有关规定予以追责。

充分发挥基层党组织作用，使基层党组织成为学校教书育人的坚强战斗堡垒。选优配强学校组织班子，党支部委员会由书记、副书记、组织委员、宣传委员、纪检委员组成；从严开展组织生活，抓实支部“三会一课”、民主评议党员、警示教育等组织生活制度；充分运用“学习强国”等学习平台，抓好党员零碎时间，唤醒党员的身份意识；把党风廉政建设与规范办学行为紧密结合，设立党员示范岗，开展党员示范课，引导教师以德立身、以德立学。

二、党组织领导的校长负责制试点过程中发现的问题

学校由党组织书记、校长“一肩挑”，工作头绪多、任务重、压力大，做到两头兼顾、履行好双岗双责存在一定难度。同时，党政“一肩挑”管理模式下，权力集中、责任和风险也较大，如何规范权力运行、让权力得到有效监督成为需重点关注的问题。

决策程序有待优化。涉及的行政问题，如学校发展规划、年度工作计划等，往往召开校长办公会议形成意见，党组织书记再召集会议。然而，由于参加校长办公会议的成员中党组织委员占比较高，两次会议重复议事，效率不高。

任期考核需进一步加强。在党组织领导的校长负责制的实践中，需进一步明确校长在一定的任职期限内须达到的基本管理目标和应完成的基本工作任务，并健全相应考核方式方法，激发校长的工作热情和奋发进取精神。

三、贯彻落实党组织领导的校长负责制要重点把握三个方面

不断推进规范化、制度化建设。中小学党组织领导的校长负责制必须要与依法治校“并轨共进”，进一步规范和明确其地位、作用、机

构设置等，使之成为各级各类中小学共同遵循的基本依据和操作守则。

避免把“党组织领导”与“校长负责”割裂开来。从本质上讲，“党组织领导的校长负责制”的内涵是“集体领导”“个人负责”。贯彻落实这一领导体制的核心是要处理好“党组织集体领导”与“校长个人负责”之间的关系，使两者处于既协调融洽又职责明确的良性状态。

注重科学划分党组织的职责范围，切实保证党组织“讨论决定学校重大事项”和校长独立负责行使职权的民主化、科学化、制度化。比如，针对党组织讨论决定学校重要事项的职责，一方面，要明确学校重要事项的具体范围，明确界定必须由党组织集体讨论决定的问题，如贯彻执行上级重要会议、重要文件精神的意见，办学方向、办学指导思想、中长期发展规划的确定，学校重要规章制度、重大政策及改革方案的出台，学校综合治理的规划及稳定工作预案，党建工作和思想政治工作的计划和实施意见，学校精神文明建设规划和重大措施等，明确界定由校长主持的行政最高会议研究决定的问题，如拟定学校发展规划，拟定校内组织机构以及内部行政机构负责人人选，教师队伍建设计划，学校年度招生计划，学校的校历安排与重大活动庆典的安排等；另一方面，对履行这一职责时必须做好哪些准备工作、有哪些必备环节、按照什么样的流程运转都要有明确规定。

（原载于《党建参阅》2022年第5期）

聚焦减负增效能，绘就育人同心圆

2021 年 7 月 24 日，中共中央办公厅国务院办公厅印发《关于进一步减轻义务教育阶段学生作业负担和校外培训负担的意见》（以下简称“双减”）。这一重磅文件的发布，引发社会强烈反响。“双减”政策坚持以人民为中心的教育理念，聚焦人民群众所急所需所盼，克服短视行为和功利化倾向，切实促进学生全面发展、健康成长。固原市原州区第十八小学转变观念和职能，持续深化教育教学改革，创新工作方式，建立了“1354”的工作模式。

“1”即明确一个目标：“双减”政策要求全面压减作业总量和时长，减轻学生过重的作业负担，不是简单的作业量减少，而是要对作业的质量提质增效。

“3”即做好“三个强化”：强化组织领导，强化过程管理，强化考核评价。下面，分别详细述之。

第一，强化组织领导。学校根据《意见》要求，制定完善《原州区第十八小学“双减”工作实施方案》，成立工作领导小组，压实工作责任。进一步修订《原州区第十八小学作业管理细则》《作业校内公示制度》等，明确作业的布置与实施、作业的批改和讲评、作业的控制与审核。具体要求是，一要整体考虑，因材施策。立足学生学习活动整体考虑，要求教师精心进行作业布置，关注学生的个体差异，针对学生的能力和书写等因素，把作业划分为“必做、鼓励做和选做”三个层次，满足学生的不同发展需求，减轻学生过重负担。鼓励音乐、美术、科学、体育等学科布置适量的实践、跨学科融合作业。加强作业形式的灵活性和生动性，调动学生的学习积极性和创造力。二要严控作业，提高实效。学校各教研组定期研究学生作业布置的相关问题，在作业内容、数量、要求等方面，提出作业周布置计划。教师认真精选具有典型性和代表性的习题，帮助学生理解和巩固所学的知识，激活思维，培养创新能力。丰富作业形式，除布置一定量的家庭书面作业外，鼓励编制口语交际作业、综合实践作业、实验操作作业等，逐步实现作业形式的多样化和个性化。建立师生“错题本”体系，注重对作业中发现的问题进行收集、整理、反思，深入分析作业的过程表现，研究、归纳学生共性的作业错误，分析致错原因，为作业讲评和学习改进积累资料。

第二，强化过程管理。教学督导委员会成员不定期走进课堂，了解师生课堂情况，提出整改意见，强化整改措施。要求教研组长对作业质量进行把关，审查难易程度和配置梯度，统计和分析各年级作业布置和完成的质量及批改情况。教务处定期对教师的教案和学生的作业进行检查评比，加强优质作业资源共建共享，要求教师充分利用课堂教学和课后时间加强学生作业指导。要求教师不能向家长布置作业或者变相布置作业，严格遵守有补必阅的要求。

第三，强化考核评价。学校将作业质量、作业批改、作业负担等情况，作为考核教师师德师风和教学效果的考核内容之一。主动接受学生、家长与社会各界的监督，对在作业设置、布置、批改等工作中涌现出来的先进典型，予以表扬并大力推广。对工作不力，弄虚作假，甚至继续加重学生课业负担的教师，将在校内进行批评教育，并视实际情况予以师德考核扣分处理。

“5”即坚持“五个融合”：知识与能力的融合、课内与课外的融合、书面与实践的融合、校内与校外的融合、学科与思政的融合。

学校致力于系统建构、整体推进，建立多学科作业设计的整体蓝图，固化来自不同学科教师的亮点作业，连点成线，帮助教师改变对作业的宏观思考，整体提高作业布置能力。促进各学科形成多类作业1.0 版本。

一是阅读作业。学校一改教学中阅读任务大多被语文占据的设计思路，每学期确定全学科阅读单，借助教研组的校本研修、“互联网 + 整本书阅读”等形式，改善学生阅读格局。

二是劳动作业。学校以“校务劳动”“家务劳动”“社会劳动”为主轴，初步构建劳动作业体系。丰富学生劳动作业安排的整体思考，让每个学段劳有所得。

三是寒假作业。学校设计基于创新素养的寒假作业的整体菜单，从培养学生创新人格、创新方法、创新思维的角度，整体统筹寒暑假作业的创新设计和整体建构，供学科教师选择。

四是节日作业。学校通过几年的行动积累和整体设计，将每年重要节日和纪念日，按照 7 个类目整体设计，让行动连点成线，逐年强化实施。

五是亲子作业。为了加强家长和孩子的常态亲子互动，学校建立“无书面作业日”，整体规划亲子主题作业，倡导每一个家庭把亲子互动成为习惯。

“4”即深化“四个提升”：提升教师课堂教学效率，提升教师作业设计能力，提升学生完成作业质量，提升家校共育水平。下面分述之。

第一，提升教师课堂教学效率。学校着力打造信息技术背景下的参与式课堂教学模式，制定完善评价指标。引导教师切实转变课堂教学理念，重构课堂生态，承认学生差异，做到因材施教。

第二，提升教师作业设计能力。通过作业设计单、“错题本”体系、作业公示制度、举办基于“双减”背景下的教研活动等方式，进一步强化学科间教师协调能力。布置作业做到心中有数、指向性明确、针对性强。巧妙运用适当评语和激励手段。

第三，提升学生完成作业质量。让学生端正学习态度，明确作业意义。教师有计划、形式多样布置作业，减少机械类的抄写作业，培养学生综合能力。落实好课后服务政策，教师提供作业个别辅导答疑，对学有困难的学生进行帮扶，对学有余力的学生给予指导，提高作业效率和学习效果，力求做到作业不出校门。

第四，提升家校共育水平。学校通过微信公众号、发放致家长的一封信等形式，加强对“双减”政策的宣传。引导家长转变“唯分数”的育人理念，树立“五育并举”的科学教育理念。支持作业创新，构建和谐亲子关系，营造家校协同支持环境，共同做实负担上的“减法”，做强育人上的“加法”。

作业，作为牵动学生校园学习质量和课余成长指数的重要引擎，需要学校花时间、精力进行持续地研究和思考。学校将着眼学生全面发展，聚焦基础教育质量提升行动，深化教育评价改革。形成全学科作业形态的整体优化，健全常规作业问题诊断与设计评价。

（原载于《固原教育》2022年第2期）

喜迎党代会，献礼二十大

——原州区第十八小学五年工作要点回顾

原州区第十八小学位于固原市区雁岭脚下，于2016年8月开工建设，2017年8月竣工验收并交付使用，2019年7月挂牌成立原州区第十八小学教育集团，现有原州三小、十二小、十七小三所成员校。五年来，学校全面贯彻党的教育方针，落实立德树人根本任务。坚持德智体美劳“五育并举”的育人方略，秉承“爱育幸福”的办学理念，把“做更好的自己”作为校训。牢牢把握“安全保障线、质量生命线、德育育人线、特色发展线”“四线”并进的发展思路。在基础设施建设、师生文化素养、基础教育质量等方面发生了翻天覆地的变化。

一、基础设施再上新台阶

五年来，学校不断充实和完善硬件配备，建成足球场、篮球场等标准化运动场地，广播室、美术室、合唱室、器乐室、舞蹈室、少先队员活动室、心理咨询室、法治教育基地、创新实验室、校园电视台、机器人工作室、3D创客室、3D绘画室、科学实验室、录播教室、航模基地、科普长廊等20余个。现有智慧书法教室1间，智慧教室9间，纸笔互动教室8间，触屏一体机60余台，在线课堂设备7

套，图书46217册；校园千兆网络全覆盖，学生用计算机112台、平板电脑540台，教师人手一台电脑。设施设备达到自治区一类标准。

二、发展指数实现新突破

五年来，教师数量从建校初47人增长到现在103人，增长率为119%，其中，党员从13人增长到现在36人，增长率为177%，教师平均年龄34.5岁。学生数量从563名增长到现在2580名，增长率为358%，学生巩固率100%。

三、教育质量有了新提升

（一）党建引领，成效显著

1.推进党支部规范化建设。学校党支部于2017年12月经区委组织部批准成立，坚持以习近平新时代中国特色社会主义思想为指导，深入贯彻落实党的十九大和十九届历次全会精神。按照“三强九严”工程工作要求，认真落实“三会一课”、主题党日、组织生活会、谈心谈话、民主评议党员等制度。围绕创建“让党中央放心，让人民群众满意”模范学校、“五星级基层服务型党组织”等工作，提出了以“党建引领，凝心聚力谋发展；党员带头，攻坚克难聚辉煌；高质量党建引领学校高质量发展”为核心要义的“幸福党建”品牌理念，形成了抓实抓好“一个根本、两条主线、三个引领、四个建设、五个载体、六个机制、七个融合、八个提升”的“18”工作模式。

党支部被自治区教育工委确定为“五星级基层服务型党组织”培育对象，自治区党建示范校；被评为“全市先进基层党组织”；一人被自治区教育工委评为“优秀共产党员”；党建案例《党、团、队衔

接 提高新时代青少年德育水平》《中小学校党组织领导的校长负责制实践思考——以固原市原州区第十八小学为例》被人民日报社主管的《党建参阅》刊登，前者被编入《打造过硬党组织 筑牢新时代基层战斗堡垒》一书，在全国公开发表交流。

2.落实立德树人根本任务。学校深化“爱育幸福”办学理念，构建了以“育德”“育智”“育健”“育美”“育劳”课程为内容的“幸福课程”体系。强化思想政治课程和课程协同育人作用，深化“三全育人”综合改革，构建了思政课研赛训同步推进的工作机制；把创新素养教育贯穿于学校管理和教育教学全过程；拓展学生体育项目，确保每名学生能掌握 1~2 项体育技能；推进高雅艺术、书法、戏曲等进校园活动，引导学生树立正确审美观念、陶冶高尚道德情操、塑造美好心灵；充分挖掘劳动教育综合育人功能，开设了劳动教育必修课程，组织实施劳动教育周活动，打造“幸福园”学生劳动实践基地；坚持“最美紫色梦”家长志愿者护学岗制度，加强对《家庭教育促进法》的宣传，营造家校社协同育人环境，强化家校社合作的联动作用，提升共育水平。

学校先后被评为“全国校园足球特色学校”“自治区未成年人思想道德建设工作先进单位”，原州区“文明校园”，荣获自治区“经典诵读”一等奖、第二届中小学体育大课间比赛评选活动一等奖、第六届中小学生艺术展二等奖、第七届中小学生艺术展二等奖；2 名学生晋级全区第二十届机器人大赛 FLL 工程挑战赛四强，2 名学生荣获全区第二十二届学生信息素养提升实践活动一等奖，先后有 216 名学生在固原市中小学电脑制作大赛中获奖，有 174 名学生在原州区青少年科技创新大赛中获奖；教师男女篮球队、学生男女足球队在市、区组织的各类体育竞赛中屡次获奖，学生个人在原州区各类体育竞赛中崭露头角。

（二）规范管理，成绩斐然

1.严格教学基本要求。一是严格执行国家课程计划，按计划开齐、开足、开好各个学科课程。二是抓好教学常规，落实教案“三查两改”、作业“四精四批”和课堂教学“四个坚持”要求，向常规要质量，提升常规管理的效度。三是严格落实查课、听评课、质量分析等制度。

2.打造“幸福课堂”文化。构建“五实六度”参与式课堂教学模式。（“五实”：有意义，即扎实；有效率，即充实；有生成性，即丰实；常态性，即平实；有待改善，即真实。“六度”：参与度，学生主动积极参与；亲和度，师生平等合作交流；自由度，课堂宽松和谐自然；练习度，引领发现体验实践；拓展度，着眼关注社会生活；融合度，学科教学与信息技术及思政元素的融合。参与式课堂教学模式即：“课前自主学”，培养学生自主学习能力；“课中合作学”，培养学生合作探究能力；“课后拓展学”，巩固新知、查漏补缺、拓展深化）使传统教学方式、方法得到了优化，班级教学生态更加科学、高效。

3.扎实推进“五项管理”“双减”“课后服务”工作。一是通过召开专题会议、借助微信群、公众号、发放致家长的一封信等形式，宣传“双减”“五项管理”等相关政策内容。二是设立举报信箱，畅通举报渠道，成立了领导小组，编印了“五项管理”制度汇编。三是严格控制作业总量，坚持创新作业汇总公示制度，构建基于创新素养的作业体系。四是外聘教授、专家、非物质文化遗产继承人共 22 人来校授课，补齐师资短板，提高课后服务质量。

4.深化“互联网 + 教育”融合应用。一是借助宁夏教育资源公共服务平台，建设包括党建之窗、德育工作等九大模块的学校门户网站。建立了学校资源中心，建成各学科学习资源、课程资源、评价反馈等校本资源库，激活了教师开发资源、共享资源的积极性。学校校本数字资源库微课、课件库等 14 个“书橱式”模块建成使用，上传教师优秀课例 200 余节，制作电子图书档案 10 万余册。利用“宁教云”进行教师考勤打卡、物品申领、活动发起等，使学校管理更加便捷、智能和高效。二是充分发挥“在线课堂”技术优势，开展线上互动教学，让成员校、帮扶校师生足不出校，共享优质教育资源。一定程度上解决了各学校音体美课程教学困难，弥补了教师短缺的不足。2020 年疫情期间，承担全区一至三年级线上教学任务，累计直播课程 849 节。三是通过在线课堂与成员校、帮扶校开展教研交流、信息化应用培训、班主任论坛、联席会议，观课议课等活动，扎实有效地践行了“互联网 + 教育”示范区的建设要求。

学校被评为“2020 年度网络学习空间应用普及活动优秀学校”，自治区“互联网 + 教育”标杆校、“智慧科普校园”，固原市“教育工作先进集体”，原州区“教育教学工作先进集体”、原州区青少年科技创新大赛“优秀组织单位”，连续四年被原州区教育工委评为“目标管理考核先进集体”。在自治区中小学教师信息素养测评中，教师测评合格率 100%，优秀率 81%。教育案例《“教育云”让教育活力四射》被教育部民族教育发展中心评为信息化应用与实践优秀案例。

（三）强师技能，成果丰硕

1.加强师德师风建设。深入贯彻各级党委、政府关于师德师风建设的意见，落实教师职业行为“十项准则”和违反职业道德行为处理办法。坚持师德师风评价教师素质第一标准要求，实行“一票否决制”。通过系列活动，促进教师观念的转变，树立了正确的人才观、质量观，增强了依法施教的意识、爱岗敬业和奉献精神。

2.提升业务素质。一是开展智慧教学节、优质课大赛、师徒结对、小专题研究、教师专业成长“九个一”行动（每周做一件优质教学课件；每月听一节名师的课；每学期写一篇有深度的教学反思，申报一节优质公开课，写一篇有高度的幸福教育故事，设计一套有创意的分层作业；每学年精读一本教育教学专著，写一篇教育教学论文，撰写一份校本研修计划）。二是开展“岗位大练兵”，组织教师学习新课程，开展校际教研、学术讲座等活动。三是采用“请进来”和“走出去”、“线上 + 线下”等模式，组织教师参加学习。四是构建“育慧”课程体系，重点对班主任进行生涯规划教育、心理健康教育、家校共育教育、学生班级管理，对全体教师进行综合素质提升、学生课堂管理、教育改革应对、课堂教学方法等方面培训，进一步提高了教师的理论水平和教学能力。

学校被原州区教育工委评为“2021 年度教研先进集体”，3 名教师在全国教师教育信息化交流活动中获奖，11 名教师在自治区信息化 2.0 交流活动中获奖；完成自治区级课题 4 项，市级课题 4 项；5 位教师录制的“空中课堂”实录被确定为宁夏中小学精品数字课程，300 余人次在市、区教育教学竞赛中获奖；10 余人在《宁夏教育》等权威期刊发表文章；1 人荣获自治区“教书育人楷模”“先进工作者”“五一劳动奖章”荣誉称号；1 人荣获固原市“道德模范”荣誉称号；2 人被评为“互联网 + 教育教学拔尖人才”，2 人被评为“基础教育教师年度人物”；有自治区级“名校长工作室”2 个。

（四）创新发展，成就品质

1.深化教育评价改革。一是学校严格按照办学章程办学，不断修订完善各类规章制度，《学校制度汇编》装订成册，持续优化教师考核办法。二是印制《党建制度汇编》，收编方案、制度等50余个，完善支部党建工作考核机制，为党支部组织工作提供遵循。三是构建“幸福争章”评价体系（设置基础章，包括红旗章、火炬章、红星章三大章，传承、立志等12个子章。学校自定设置幸福章，包含爱国、智慧、安全、劳动等8项基本素养；依据基础章、幸福章综合测评，评选雁岭杯、幸福杯），为学生全面发展奠基。

2.推进集团一体化办学。围绕脱贫攻坚、乡村振兴、优质教育均衡发展、“互联网＋教育”等工作，开展关怀关爱、送教上门、送教下乡、助学扶贫、城乡交流等活动。教育集团内起始年级互派教师，先后派出30余名教师到彭堡镇交流帮教，统筹招生工作，缓解“择校热”和“大班额”现象。基本实现了“资源共同享用，问题共同分析，措施共同研讨，质量共同提高”的发展目标。

3.提升校园治理能力。推进平安校园建设，加强校园人防物防技防，实现封闭化管理和专职保安配备、一键式报警器、视频监控系统与公安联网三个100%工作目标。落实《学校卫生工作条例》，加强医教协同联动，积极开展健康学校创建。落实《中小学教育惩戒规则（试行）》，保障教师依法实施教育惩戒。

学校被评为“第一批自治区健康细胞学校示范点”，固原市“毒品预防教育示范学校”“消防安全标准化学校”，原州区“平安校园”“健康学校”；50余名学生在自治区、市、区消防绘画等比赛中获奖。

一组组数据、一块块金字牌匾的背后，凝聚了十八小全体教职工的心血和智慧，更彰显了原州教育的“质感”。成绩的取得，离不开各级党委、政府的关怀和指导，离不开家长和社会各界人士的关注和支持。总结过往，为了更好地砥砺前行，十八小全体教职工将继续守正初心、勇担使命，感党恩、听党话、跟党走，以更加优异的成绩向党的二十大献礼。

原州区第十八小学教育集团第二十三小校区
樊立武

第三辑
最美的风景在路上

生活如此美好，风景在路上，美好也在路上，保持一份好的心情，我们的生活就会多一分惬意，多一分轻松，多一分自在。亦教亦研，且行且思，最美的风景就在路上……

用智慧点亮心灯

——班主任管理经验交流汇报材料

彭德荣老师说："教师最大的幸福就是把一群群孩子送往理想的彼岸。"我就用彭德荣老师的这句话开启我今天的交流话题——用智慧点亮心灯。

一、用爱浇灌孩子的心田

教育之路上，总有一条道路能抵达孩子的心灵，那就是永恒的师爱。师爱是孩子心灵中的一缕阳光，只有对学生倾注了爱心，让学生感受到了教师的爱，才能获得学生的信任和尊重。学生生病了，一杯温热的开水，一个慰问的电话；天气变冷了，一句"穿暖了再来学校"的嘱咐，一句"戴上帽子再出操"的叮咛；孩子进步了，一句赞扬的话语，一个鼓励的眼神——这些在孩子眼里，就是无微不至的关怀。

我带的班还有个不成文的规矩，那就是只要哪位同学过生日就提前告诉班委，然后大家利用课间一起给过生日的同学唱首生日祝福歌，说句生日祝福语。同学之间不允许请客送礼，作为班主任的我一般给过生日的同学送一张读书记录卡或小书签作为纪念。这一小小的举动温暖了孩子的心，也温暖了家长的心。

我们对学生们爱的付出虽然有太多的辛劳，但也会收获到太多意想不到的感动。那是一天课间，我班两名可爱的女同学来办公室抱作业本，我和她们一起下到一楼门口时，两名同学不约而同跑到门口，一人一边揭开门帘站在两边让我往出走。当时我被这突如其来的“高规格”待遇感动得不知所措！我就说：“你俩赶紧放下门帘自己先走吧！”可这两名小同学就是执意揭着门帘让我先走。当时王春老师和我在一起走，她开玩笑说：“你简直就像皇太后。”我也开玩笑说：“因为我把她们宠成了小公主呀！”孩子们的心灵是纯洁的，你给她们一点爱的雨露，他们也一定会给你一份爱的感动。

要建立一个良好的班集体，光有爱心是远远不够的。我们必须得采取一些管理的措施，最大限度地激发学生的积极性和潜能，促进班集体的凝聚力。

二、建立班级评价机制，鼓舞学生持久努力的信心

（一）多样化的评价内容调动学生学习的积极性

我带的班在班级管理中主要采取评价激励的方法，以学校的“6+N+3 学生发展性评价”为主导，在利用学校的“星标卡、星级卡和云评价”的基础上，又细化了班级评价内容，从多个方面多个角度对学生进行评价激励，让学生享受民主、平等，并从中学会自我管理。如运用表扬信、贴星标、积分制这几种评价方式。在评价实践过程中通过对学生的调查反映，学生最喜欢的是表扬信，因为表扬信有具体评价的内容和教师的签名，更重要的是以后还能留下做纪念；学生最想得到的是学校的五星级大卡，因为这样可以光荣地站到领奖台上或到智慧超市兑换奖品。

（二）教师、小组、家长三方评价助力班级管理

1.教师的评价调动学生的积极性。颁发表扬信、小奖状，贴红星的评价方式一般由教师负责。教师根据学生平时的表现，也可听取班委和其他同学的意见，对有突出表现的同学颁发表扬信。

就拿做值日来说，一年级第一学期同学们做值日几乎都是我督促或帮忙，但从上学期一开学我就严格按值日表让同学们独立值日。可每天做值日的同学不是忘记自己的值日就是打扫不彻底。一天中午放学时，我就把下午做值日的两个比较负责任的同学叫到跟前，告诉他俩下午是他们值日，一定记得下午来早点把教室卫生打扫得干干净净，我一定给他俩发奖。那天下午，我大概 1：50 到教室，结果这两名同学确实没让我失望，教室已经打扫干净，卫生工具摆放有序，不但把地拖了，连教室门口都拖了。我就及时在全班提出表扬，兑现承诺，给这两名同学颁发了值日表扬信。

以后几天孩子们做值日的热情度高涨，几乎每天早晨和中午，我来学校的时候孩子们就做完值日开始读书了。渐渐地我就提高了值日的要求，只是在适当的时候对个别表现突出的孩子进行奖励。现在同学们已经养成了自觉自愿的习惯，发不发表扬信，他们值日都做得比较积极。

再如学习中，对超前背诵课文同学就发“背书小达人”的表扬信；午读后能自己简单复述读过书的部分内容，颁发“书香少年”表扬信；作文写得好就给颁发“我是小作家”表扬信。各个方面的评价对同学们的吸引力很大。

贴星标的评价简便易操作，而且效果也很明显，低年级同学非常喜欢。我一般在早读、午读和课堂上使用。就像早读时间，只要我把

星标一拿出来，同学们那声音立马就会高八度。对读得认真的同学额头贴一个小星标，你看那小眼睛就更亮了。一下课同学们马上就把额头上的小星标贴到班级评价栏。现在我们的早读小领读，他们也在我没来的时候给同学贴星标鼓励。

2.小组评价有助于形成班集体的凝聚力。根据低段孩子的特点，我班小组评价采用积星制。小组评价我就不做太多交流，因为这是我们学校“6+N+3”班级评价的一大亮点，各个班级都有自己的特色。

无论是哪种评价方式奖惩一定要兑现，否则，我们的评价就会流于形式。我们班每学期根据学校评选星级少年的时间，也进行期中和期末两次星级卡的兑换和奖励。两张表扬信兑换一张学校星标卡，五颗小星标兑换一张学校星标卡。除了推选到学校的 10 名“星级少年”，其余达到星级的学生我们就发小奖状和小奖品，奖品有家长赞助的一些小文具，还有我购买的一些读书记录卡。奖品虽然很不起眼，但我们的奖励都很有仪式感。颁奖时给同学们拍照留念，然后发到班级圈和班级微信群。

我们可能都注意到过如果那天学校发奖状，放学时好多孩子啥都背在书包里，唯独奖状提在手里，而且字面朝外！其实不仅同学们很珍视学校的荣誉，家长也非常重视孩子的每一份小小的荣誉。

3.家长的评价为学校教育推波助澜。有句话说得好：“在你的班主任工作中忽略了家长这股力量，你永远是一条腿走路。”每个班级都有一两个“马小跳”，而且我班“马小跳”还不止一两个。当我们费尽了心血都不能使这些马小跳一样的孩子很好地融入集体时，一定是家庭教育出现了严重问题，我们只能寻求家长的密切配合。我们学校“6+N+3”学生评价体系升级为网络评价后，在评价体系中构建了家长评价体系，使家校形成了很好的教育合力。

我班有个叫杨俊杰的同学，他比马小跳还加几等。开学第一天就让我领教了什么叫无法无天。他妈妈带他来我办公室报名，一进办公室他就跳起来爬到我的办公桌上对着我嬉笑。后来就是上课不听讲乱叫，下课到处疯跑，追打同学，甚至跑到女生厕所去张望。他妈妈说，小时候孩子爱发烧，眼睛也不好，家长就对他放养式教育，上幼儿园和学前班时老师大多给一堆玩具自己玩。这孩子确实让人很头疼，但幸好家长还是很配合教师的教育。一年级刚开学一段时间，他妈妈还自愿来学校陪读了一周，到今年基本上不怎么打闹能坐住了，就是学习上欠的账太多了。今年暑假他妈妈因为写字，被他气得心脏病住了一次院。

这学期的家长会上，学校对家长云评价做了专题讲座后，我请了我班这学期评价月冠军王亚鹏的妈妈，和家长分享了如何通过加分评价激励孩子学习。会后我和杨俊杰妈妈单独交流时，我建议让杨俊杰妈妈在家也利用云评价给孩子加分鼓励，看看孩子的习惯能否有所转变。家长会后的几天这孩子的转变很大让我很意外，我按捺不住内心的激动给他妈妈发了个信息。

最近这些天上课堂上还积极举手回答问题了，而且还时不时在班级微信群冒个泡背课文，背乘法口诀。

三、永远不要吝啬你赞美的语言

人们经常说好孩子是夸出来的，我觉得很有道理。一个不可爱的孩子，往往是需要爱的孩子，孩子需要被看见，被肯定，被鼓励，即使再糟糕的情况下，也有他值得鼓励的地方。所以我们就要想办法把那些带刺的话变成花儿送给学生，尤其要送给如马小跳之类的学生，就一定会有意想不到的收获。

那是前些天早读时，我安排好学生正打算要去开会。就发现我班聪明、顽皮又爱偷懒的陈西岳同学不时用眼睛瞟我，看到我走到他跟前时马上装得很认真的样子读书，我走过去后他又趴下抠手指玩。我就悄悄走到他跟前俯下身子说："我觉得咱班你最聪明，而且老师好喜欢你今天勤奋学习的劲头。我就害怕我开会一走你又吵闹不写字，同学们又告状，这样我准备要发给你的表扬信又得泡汤了。"他一下挺直了腰板说："老师你放心，我今天保证完成任务！不信，我们可以拉钩。"而且立即伸出小手和我拉钩。结果那天他信守承诺表现得出奇的好，不但没吵闹还认真完成了作业。我也及时在班里给签发了表扬信。我发现这孩子就是那种典型的吃软不吃硬，后面这些天，我时不时夸一夸："哎，陈西岳你这几天咋作业写得快又写得好，老师都刮目相看了。"现在他早晨一来就掏出作业本追着让我检查。那天他同桌给我告状说陈西岳给我起了个绰号叫米小圈。我一直想不明白这孩子为啥叫我米小圈，我问陈西岳你为啥要给我起绰号叫米小圈？他说因为我很喜欢《米小圈上学记》里的米小圈呀！所以我就叫你米小圈。

二十几年前，我和初中同学一次聊天中的一番话一直留存在我的心里，她说："我非常怀念我上小学的时候，因为那时我学习好，老师每天都夸我。我每天晚上就盼着天快亮去学校上学，好让老师夸我。"时隔今日，同学的话让我很受启发，我们一定不要吝啬自己赞美的语言，也让我们的孩子每天都盼着天亮，每天都盼着来上学。

洁身自爱，然后去爱

2008年5月12日，我们记住了汶川。在地动山摇时，有的教师丢下学生跑了，大家提起来这个人都嗤之以鼻，谁都可以戏称他为“范跑跑”；而有的教师为了学生忘记了个人的安危：他弓着身子，张开双臂紧紧地趴在课桌上，伴着雷鸣般的响声，砖瓦、灰尘、石块纷纷坠落到他的头上、手上、背上，热血顿时奔涌而出；他咬着牙，拼命地撑住课桌，如同一只护卫小鸡的母鸡，他的身下蜷伏着四个幸存的学生，而他张开守护翅膀的身躯定格为永恒……这位教师就是谭千秋，为了四个学生的生命，谭老师义无反顾地献出了自己的生命。他用自己的英雄壮举，诠释了什么是为人之师；他那在突发灾难来临时的瞬间造型，塑造了一座在人们心中永不倒塌的丰碑！他以师者的本色展示了人民教师的职业操守，以自己的宝贵生命诠释了爱与责任的师德灵魂。

如今，谭千秋老师离我们远去了，他张开爱的羽翼奋不顾身保护学生的“姿势”，已定格为一种言简意赅但威力无穷的符号——无私无畏。这种感人的壮举，不仅是对中华民族舍生取义伟大精神的生动诠释，更是爱学生胜过自己生命的崇高师德的生动写照。谭千秋老师用生命捍卫为人师表的道德准则，完全可以说是真正意义上的“人类灵魂的工程师”。教师，多么神圣的职业。正是由于这种神圣的职业感，北川教师刘宁在地震时先救出学生却永远失去女儿；正是由于这种神圣的职业感，都江堰聚源镇教帅在地震时为疏散学生而放弃了逃生的机会；正是由于这种神圣的职业感，广安的特岗教师为救一个被绊倒的孩子而献出了自己的生命；正是由于这种神圣的职业感，平通中学的化学教师乔广平在地震时呼喊所有的人快跑，自己却跑到了最后。还有向倩、袁文婷……他们用自己的行动乃至生命，向我们阐释了什么是师德，什么是爱！

当成千上万间房屋倒下去的时候，是教师的爱撑起了成千上万个生命通道，撑起了成千上万个家庭，撑起了国家的未来，撑起了民族的希望，撑起了整个世界。

5 月 16 日晚，在地震中为保护学生牺牲的谭千秋老师的骨灰在其妻子张关蓉和其他家人的护送下抵达长沙，并将送回他老家祁东县安葬。三湘大地对英雄的家属给予了最尊贵、最崇高的礼遇：在黄花机场，100 多辆出租车自发为他送行，湖南大学 1 万多名学生手持蜡烛迎接他回到母校，祁东县的家乡父老跑了几十公里路，到县城迎接他魂归故里……灾难带给我们的，绝不仅仅是伤痛。教师的人格是教育的基石，作为政治教师的谭千秋用自己的生命给学生上了最后也是最完美的一堂思想政治课。当那些被他救起的孩子长大后，我相信，他们将会比别人更加懂得什么是勇气，什么是无私，什么是责任。对这样的老师，所有有良知的人们除了去敬仰、去尊敬、去爱戴，谁还会、还敢、还有资格去戏称？

学高为师，身正为范。教师不仅担负着传道、授业、解惑的任务，更重要的使命是教会学生如何做人。这就要求我们教师不仅有渊博的学识，还应具备高尚的品德。走上三尺讲坛，教书育人，走下三尺讲坛，为人师表。教师不仅是社会主义精神文明的建设者和传播者，更是莘莘学子的道德基因的转接者、承袭者、弘扬者。可以说，教师这个职业是相当神圣和高尚的，教师的尊严更应是凛然不可侵犯的。但遗憾的是，在我们的身边却频频上演着撕毁教师尊严的丑剧。君不见，每学期开学初，个别教师不是着手了解学生的性格特点和学习情况，而是将各位学生家长的单位、职位摸得一清二楚；部分教师不关心贫困学生的生活，却堂而皇之地去接受一些家长的吃请、索要红包；更有甚者，某些教师在课堂上只浮光掠影地教授些基本的知识点，却私下开班大讲特讲各种题型的具体解题方法。

作为一名教师，如果丧失了原则，混淆了是非，那将会对我们的教育事业造成难以估量的损害。因为，教育的失败，不仅仅影响的是某一个、某几个学生的前途，而且会直接社会对老师整个职业群体的信任和认可，更会影响到整个中华民族的综合素质。

“没有爱就没有教育。”所以作为一名教育工作者，我觉得，爱的前提首先是自爱——怀着虔诚的心情爱自己的职业、怀着敬畏的心情爱自己的名声、怀着崇敬的心情爱自己的责任。没有自爱，就谈不上去道德的自律，更谈不上真心去爱自己的学生。自爱是一种动力，也是一种约束，要求教师加强自身修养，提高个人内涵，丰富知识储备，追求思想境界。只有我们真正做到甘愿为实现自己的社会价值而自觉投身这种平凡工作，对教育事业心存敬重，甚至可以以苦为乐、以苦为趣，才能产生巨大的拼搏奋斗的动力。教师的劳动是平凡的，教师的生活是清苦、清贫的。但教师在知识结构的完善方面有自求自得的充实感，在精神寄托方面有育天下英才的自豪感，在思想、信息、交流方面有“究天下之际，通古今之变，成一家之言”的独立感。人的一生应该为理想而献身的精神，虽苦但乐在其中。珍视为人师表这份荣耀，严格要求自己，才能赢得学生的爱戴，家长的信赖和领导的认可。

热爱学生，是教师所特有的一种宝贵的职业情感，是良好的师生关系得以存在和发展的坚实基础。教师对学生的爱，与一般的人与人之间的爱有所不同。它不是来源于血缘关系，也不是来源于教师的某种单纯的个人需求，而是来源于人民教师对教育事业的深刻理解和高度责任感，来源于教师对教育对象的正确认识、满腔热情和无限期望。因此，我们说，师爱是一种充满科学精神的、普遍、持久而高尚的爱。教师越是满怀深情地去爱学生，就越能赢得学生对自己的爱，良好的师生关系就越是能迅速地确立起来并得到健康的发展。这种爱的交流是学生成长的催化剂，它可以有力地把学生吸引到教育过程中来，激发学生进行自我教育的动力，推动学生朝着培养目标所指引的方向攀登。因此，作为教师在培植和处理师生关系的过程中，首先应当做到的就是热爱学生。教师是人类灵魂的工程师，不仅要教书，更要育人，以自己的模范的品行来教育和影响学生。古语云：“慧于心而秀于言。”教师语言美，则其心必然善良而正，必然追求自身的道德修养。教师的人格魅力是学生成长的重要保证。教师的人格之光对学生心灵的烛照深刻且久远，甚至可能影响学生的一生。现代教育，要求教师具有现代人的素质和高尚的人格。要有知识渊博的学者形象，要有开拓进取的创新精神，要有堪为师表的高尚品德。古人云：“其身正，不令而行；其身不正，虽令不从。”师德的核心是什么？千百年来，千言万语凝成一个字——爱！

我不是诗人，不能用动人的诗句来讴歌教师的职业；我不是歌手，不能用动听的歌喉来赞美教师的岗位，但是，我要用我满腔的热爱写下我一生的承诺：做一名自爱然后对学生充满爱的教师。

风雨飘摇，日月如梭。十七年灿烂如花的教学岁月，让我深深地感受到，教师的人生就是实实在在，就是默默无闻，就是不求索取。它没有惊天动地之举，只有从琐碎的工作中细细地理出一些的思路；它没有惊险的飞跃，只有岁岁年年、朝朝暮暮与学生的风雨兼程。

世界上有两样东西是亘古不变的：一是高悬在我们头顶上的日月星辰，一是深藏在每个人心底的高贵信仰。一灯如豆，四壁青辉。尽管我们的门外就是繁华，尽管我身边就是喧嚣，但我还是会固守一方的宁静与安详，在琐碎和平凡中慢慢变老。这是一种坚定的守望，守望着原州教育的明天，守望着这个民族和国家的未来和辉煌，守望着心灵深处的那方净土，用爱写好师德。洁身自爱，然后去爱。

借助信息技术 2.0，实现师生教学互赢

——参加教育系统信息技术应用 2.0 培训有感

2020 年原州区第十七小学被原州区确定为原州区“互联网 +”标杆校，虽然各项设备都在建设中，但对信息技术 2.0 我感觉非常茫然。

2021 年 3 月 27 日，我有幸参加原州区教育系统在十一小举办的信息技术应用能力 2.0 培训会，聆听了任菊莲和张子清老师的讲座，我对信息技术应用 2.0 有了新的认识，真正地认识到“活到老学到老”的道理，只有更新观念，不断学习新知，才能跟上时代的步伐。作为一名教师，具备良好的信息素养是终身学习、不断完善自我的需要。

任菊莲的“深度融合信息技术，全面推进教育信息化 2.0”，使我充分认识到作为教师，要具备基本的信息化素养，掌握信息操作的基本能力和获取信息的能力，还应具备信息收集处理以及表达的能力和综合运用能力。同时，认识到教育信息化的重要性，了解了教育信息化的发展情况，信息化教学坏境在教育教学中的作用以及几种常用的教学模式和软件的基本应用。我们不要当快递员，要当厨师，不要仅仅传递知识，要加工知识。所以网络是有效途径，不能将电子白板当成电子“白摆”，教育信息化在“两个课堂”的建设中有积极的推动作用，要把“两个课堂”的建设做好做实，使教育信息化能力不断提

升，真正达到教育信息化与课堂教学的深度融合。教育也要信息化，要融入现代的生活之中，融入这个信息的时代，这个信息的社会。

张子清的“信息技术与课堂教学有效融合”“小组的创建及组成”等让我们耳目一新。

总之，虽然培训时间短暂，但我们受益匪浅。我们将在今后的工作中不断学习，努力把所学到的教育信息化运用到教育教学中去，使之真正为教育教学服务。

教师的情绪成为影响教学有效的原因之一

在平常的上课过程中，经常听到教师抱怨：课堂气氛不活跃，死气沉沉。其实探究这一现象的原因，责任并不完全在于学生，而更多的是教师的教学方式与课堂行为习惯造成的。我认为课堂气氛的营造与课堂气势的形成与教师的课堂情绪状态有很大的关系。

一个人的心境影响着一个人的情感，情感影响着情绪，而一个人的情绪则具有弥散性和感染性。如果我们教师上课时表现得颓废悲观无精打采，情绪低沉闷闷不乐，说话时语调平平、声音低小，语速过于迟钝缓慢等都会使课堂气氛“黯然失色”。这样的环境会造成学生课堂思维迟缓、注意力不集中、课堂活动也会无精打采的现象，影响课堂效率；甚至有的教师把生活中的情绪带到工作中来，盛怒粗暴咄咄逼人，都会导致课堂气氛的紧张，学生情绪的不安的现象，使学生心里处于紧张压抑状态中，会直接影响课堂效果。反之，如果教师带着轻松愉快、和谐愉悦，激情饱满，精神振奋的情绪，甚至是带着歌声来上课，自然会营造一种“特别精神的”课堂效果，会使学生心里乐滋滋的，思维也格外敏捷，与人互动交流也会格外轻松愉快。当然，不同的课型需要不同的课堂气氛，需要教师创造不同的课堂气势，也就是说，教师在上课时也需要造势。课堂是激情的课堂，教师应该满怀激情地来上好每堂课，不能只是“温温柔柔的”。另外，肢体语言的运用也是非常关键的，好的肢体语言的运用也会点燃激发学生的热情。如有的教师讲课时，时时用眼神、手势来激发学生和学生进行沟通交流，以达到和学生心灵交会的效果。

一、教学目标定设置的问题

一是教学目标缺少层次，没有梯度；目标定位不准，不够突出。例如，某教师教学古文复习（复习了两课古文）课时其中一个目标定位为“诵读课文”，到了复习阶段还停留在基础阶段，就不合适了。在复习阶段应当突出复习中的重点、复习中的难点、在巩固基础知识的同时进行拔高性复习、拓展牵引性复习，而不是对已学过的旧知识进行简单的重复，应该对知识层面有所提高与加深。

二是有些教师对教学目标的制定不明确，把教学重点、教学内容和教学目标混同起来。如，某历史教师确立的教学目标是：“‘一五’计划建设成就，三大改造的意义，中共八大的地位，‘大跃进’、人民公社的原因，‘文化大革命’的性质和教训。”教师列出的是学习的重点内容，而不能作为学习目标。

三是教学目标的设置较为含混，缺少层次性和清晰度，如，某小学语文老师教授修改病句时，定的教学目标是：A.会修改病句，掌握一些常见的病句类型；B.能找出句子中的毛病，并加以修改；C.重点：寻找原因，不改原意。

四是还有些老师只是快速地出示了教学目标，甚至学生没有看清、弄明白教学目标就一带而过，更缺少对教学目标的简要解说，这种教学环节的设置就只是成了一种摆设。出示教学目标的目的就是让学生做到心中有数，而不仅仅是教师的一个教学环节。

五是对于小学低年级的小孩来说，老师没有必要一次性地把教学目标形式化地在讲课前呈现出来，因为小孩子的注意集中力是非常有限的，他们的自我控制能力较差，教师刚刚说过的，一会儿就忘了。及时让目标有所呈现，也应该把整体目标分化到每个教学小环节中去，利用短暂记忆、兴趣教学、快速完成。小学低年级教学目标是否出示的问题一个值得大家探讨商榷的问题。

二、教案设计方面存在的问题

不敢对教案进行大胆的设计，大胆取舍，有所突破，教学设计太过于循规蹈矩。有些教师不是根据自己的教学实际来设定自己的教学案，而是每堂课都是一种固有的模式，课堂教学的设计拘泥于教学参考书或辅助资料，教参上怎样说，自己就怎样一步一步地去做，课的设计没有自己的主导思想，不是根据自己的学情、教情来做自己的教案，做不到以学定教,更不用说根据自己的思想、自己对文本的认识来设计课案了。这样的设计缺少个性化、教学环节呆板，重点不突出、教学内容庞杂，似乎是面面俱到，但到最后哪一个目标完成得也不到位，就更不用说重点突出、特色鲜明了。当一堂课下来之后，老师们经常这样抱怨：这节课前松了、后紧了、拖堂了等，更有甚者把原因推脱给学生，说学生表现不积极、配合不好等等。我认为，所有这些问题的原因就是没有根据自己的教情、学情、教学重点以及自己对文本的认识来设计教案。如，一位教师教学《芦花荡》时，设计了这样一个问题：本文讲了一个怎样的故事？用几句话来概括。然后，一步一步地引导学生按时间、地点、人物、事件起因、事件经过、事件高潮、事件结果让学生一步一步地来回答，结果当学生回答完这些问题时，课堂时间已经过去了近一半，下面的教学内容，人物形象的分析、环境描写的分析等，因为时间关系草率收场了。对课文整体感知的设计用一个小问题一带而过即可。比如，设计这样一个问题：速读课文，看谁能用最短的一句话来概括这个故事？教师在备课时应该认真分析一下：该教什么（教学重点）、如何去教（教学思路）、怎样教好（教学方法）这三个问题。

三、教法、学法方面的问题

一是教师对学生学习方法引导不够到位，只是让学生活动而缺少合理的学法指导。如，一位教师教学《沁园春·雪》时，有这样一个读的环节：自由读→听录音泛读→分组读→指读→齐读等多个读文教学环节，可以说读的方式灵活多样，读得也不算少，但学生读得一直不是很到位，究其原因就是教师在教读课文时缺少了方法技巧的指导（作者的情感是读文的基调、语气语调、轻重缓急是技巧）。还有一位教师教学《武陵春》时，只是让学生读课文——“再读一遍”“再读一遍”，一遍又一遍地读，缺少了读的指导性和目的性。失去了教学的目标，方法也是空白。

二是教学环节的低效性。布置学习任务较笼统，不够具体明确，学生学习较为散漫，是学习的无效环节。如，一位地理老师复习《东南亚》时，在复习的开始就布置了这样一个问题：今天复习“东南亚”，同学们看一看从××页到××页的主要内容。接下来学生开始漫无目的地翻课本或无所事事，效果极差。又如，一位初中语文教师讲新授课《亲爱的爸爸妈妈》时，在导入新课之后，出示了很多和讲课内容毫无关联的图片，占用了课堂不少宝贵的时间，毫无实效和疑义。

三是小组合作学习的无效性。在这次听课过程中，有不少班级运用了小组合作交流的学习方法，无疑这是一种很好很有效的教学方法。可是我们不少老师在运用的时候，却成了一种摆设，流于形式，失去了实效性。具体表现在：学生精力思维不集中，形式松散，讨论问题时不够集中；缺少真正的探究意识和求知意识；学生自由合作探究活动缺少老师的引导和掌控，也缺少一种好的习惯。

四、课堂设计问题的技巧

一是课堂教学问题的设置过大或不够具体明确，导致学生找不到学习的切入点。如某教师教学《沁园春·雪》时设计了这样一个问题：词的上阕和下阕各写了什么内容？答案是：上阕写景，下阕抒情。

二是问题设计过多，不够集中，不能突出教学的重难点。有的教师讲课时问题设计到十几个甚至更多，有些构不成问题的点也被设计成了问题。而在讲解这些问题时，又采用了“青草引小羊似的”教学方法。如，某教师设计了满堂的问题，成了“满堂问式”的课型。另外，问题的设计缺少艺术性，不能激发学生的兴趣。例如，一位教师讲授《女娲补天》的时候设计了这样一个问题：你能说出女娲是一个怎样的人吗？不如设计成：学习了课文大家一定都喜欢女娲，你能说一说你最喜欢她的哪一点吗？这样设计可能对小学生来说更能激发他们的学习兴趣。

三是问题的设计应该讲究梯度和密度、难度。梯度指的是问题的设计要有一定的层次，从易到难，从切入点入手，突出重点和难点，围绕教学目标设计问题；密度是指设计问题的数量应该和适应，不宜多，应该突出重、难点，恰到好处；难度就是根据教情、学情确定问题设计的难易度。我们教学时应该注意把难的问题分化成几个小的问题来突破，过于简单的问题无意义，过于难的问题耗时、费力、效果不好。

四是有不少教师还是泛泛而讲，该让学生自己获取的知识，教师却代讲；该让学生自己梳理的内容教师却代为梳理，教师总是担心学生做不好。这样长期下来，学生会养成懒惰的习惯，闭塞了学生的思维。

五、多媒体教学手段的运用与教学效果不成正比

先进的教学手段能够促进教学，多媒体的应用只能起辅助功能作用。它的有利点在于：扩大教学信息量、化抽象为直观、激发学生兴趣、引起学生强烈持久的视听效果、加深学生的思维认识，能够直观立体地给学生全新的多感官的感受。但是，多媒体教学不能够代替教师的教学，更不能把课堂搞得满堂声、光、电，华而不实，热热闹闹两下子，回味一下还是老样子。

出现的问题集中表现在以下几个方面：课件代替书面；口头代替笔头；学生多了直观感受，缺少了抽象思维和动手能力；课件成了一种摆设，成了一张僵死的小黑板。

我个人认为，对一名教师来讲，媒体的使用似乎都是有限的，但是对文本以及学生的潜能的挖掘却是无限的。不断向文本索取，让学生演绎精彩，教学才能走向成功。

六、教师和学生互动的问题

在这次听课的过程中，有一个切实的感受，就是教师和学生的互动性不够理想。要么教师只顾自己讲授，要么教师布置给学生任务学生自己学习，教师和学生形不成良好的互动教学关系，做不到“同化教学”。其实，更有效的教学应该是教师和学生共同交流、共同探讨、共同经历知识获取的一个过程，然而，我们更多的教师是把自己当成了传授知识的主导者，把学生当成了知识的被动接受者，这样学生必然达不到预期的学习效果。

作业多元评价促学生发展

作业作为教学的常规，是教学评价中不可缺少的一部分。《义务教育数学课程标准》中明确指出："评价的目的是为了全面了解学生的数学学习历程，鼓励学生的学习和改进教师的教学；应建立评价目标多元、评价方法多样的评价体系。对数学学习的评价要关注学生学习的结果，更要关注他们学习的过程；要关注学生数学学习的水平，更要关注他们在数学活动中所表现出来的情感与态度，帮助学生认识自我，建立自信。"但作为一线教师，我发现以往的作业评价中存在很多弊端，不利于培养学生的创新精神和实践能力。

一、传统作业评价中的弊端

（一）传统作业评价客观性、公正性有余，人文性严重不足

传统的作业的批改只是在作业本上画勾、打叉，近几年虽然老师给学生的作业打等级，但事实上也是"换汤不换药"。在平时，我们不难看到这样的情景：教师在批改作业时，拿着红笔，一脸怒气，在学生的作业本上画着红红的叉或者是大大的圆圈儿，有时气不过，把学生叫来，严厉地训斥一顿。可见，教师没有把作业批改当作是一种师生之间情感、思想交流的活动。久而久之，学生对于学习的兴趣会

荡然无存，作业也成了学生的一种包袱、一个枯燥而又不得不去投入的活动，大大压抑了学生的好奇心、求知欲、创造性，而且对于学生心理的健康发展也会有一定的影响。

（二）传统作业评价标准绝对化

过去在作业评价中一般的做法，不管是优等生还是后进生，都按一个绝对的标准和要求去评价。结果是：优等生觉得标准和要求偏低，很容易就能达到，满足不了他们的求知欲；而对于后进生而言标准和要求偏高，一时难以达到，即使付出很大的努力，也得不到相应的评价，久而久之他们就会失去信心，学习的兴趣受到挫伤。

二、实行多元评价，促进学生发展

为了改变这一现状，在数学课程新理念指导下，我对作业评价进行改革，采用多元的评价方式，让学生直接参与评价，鼓励他们进行自评与互评，反思自己的作业情况，还充分调动家长积极性，采取学生评、家长评、老师评相结合的形式，发挥其导向、调控、激励等功能，促进学生全面、持续、和谐地发展。具体做法是：

（一）区别评价主体，实行多元评价

1.教师书面作业评价方式。批改作业是教师对学生学习效果的评价，也是获取反馈信息，及时调控的先决条件。在批改作业中，教师良好的人格、认真的工作态度可以影响学生，潜移默化地教育学生。同时，不断创新的作业批改，能有效激发学生的学习兴趣，从而使学生迅速改错，进一步巩固所学知识，使教学达到理想的效果。所以我们在数学作业中应该正确地进行评价，采用多种评价方式、多种评价语言以激励学生的学习兴趣。

（1）“等级＋等级”评价相结合，诱发学生反思意识。

（2）“等级＋简语”评价，加强师生情感交流，促进学生全面发展。

2.学生参与的作业评价方式。

（1）组长评价。把全班分组，学习程度中等的学生作为组长，适当负责本组的作业。这样中等生可以学习成绩较好的同学的长处，也可以通过批改学习薄弱生的作业帮助差生来巩固知识，加深印象，成绩稍差的学生则会主动去问组长自己做错的原因，学生与学生之间的知识交流，更有利于对知识的掌握。另外，学生批改作业可以很好地进行教师与学生的换位思考，让学生体验教师的工作，促进师生的感情。当然，教师不能完全脱离作业，因为作业反应的是学生掌握知识的程度，所以最后一步教师要检查（学生进行的是第一次检查，教师主要检查的是纠错部分），总结学生作业情况。

（2）同桌评价。对于一些书上拓展思维的题目（难度稍大的题目），先让他们独立思考，然后同桌间再进行交流，互相评价学习结果，最后教师再对个人和同桌进行评价。在互评的过程中，每个人都是评价者和被评价者，评价者能发现别人的优点，并把它当作自己学习的目标，同时也可以查找别人的不足，引以为鉴。学生掌握了评价权，也就等于掌握了学习的主动权。学生在评价别人的过程中，不断地积累经验，不断地提高自身的水平。

（3）自我评价。数学新课标要求对数学学习的评价目的是帮助学生认识自我，树立信心。因此，在数学的学习过程中我采用多种评价形式，帮助学生认识自我，学会学习。其中学生作业的自我评价在评价体系中显得尤为重要。学生的自我评价过程就是一个学习上的自我反思过程，它可以帮助学生认识自己的不足，帮助学生根据作业的难易度了解自己的学习水平，或者把自己的疑问及时反馈给教师。在我进行试验的过程中（基础训练上一般都有自我评价的内容，如在每一个练习结束时都有星级评价），我发现学生是这样评价自己的作业的：有的学生用不同数量的☆来表示对自己的作业的满意程度；有的学生用笑脸与哭脸来表示作业的难易程度；还有的学生在自己不会的题目旁边打上一个问号，借以暗示需要得到老师的帮忙。

3.家长参与的作业评价方式。作业评价不仅仅是教师单方面的教学活动，我们应该充分调动学生家长的积极性，让他们也参与到学生作业的评价中。这样不但可以让家长全面了解孩子的知识水平与学习情况，而且也做到了教师、学生、家长之间的互动。再说新课程改革后实践活动增多了，为了增强实践活动的有效性，一部分作业是布置给学生回家做的，这类作业就要求家长评价，并将评价意见反馈给教师，以便教师的检查和指导。另外，我认为周末作业的评价，采用“四评制”评价方法效果也很好。 实践证明，“四评制”的作业评价方式，改变了传统作业评价中以教师只检查计算方法和结果的单一评价方式为主，学生只能根据单个教师的评价来改正和补充作业中存在的问题，而缺少对优秀生榜样作业的“观摩”和“取经”。多元化的“四评制”从学生自己、教师、同学、家长等四方面，在民主参与、协商、学习中对学生的解题方法、书写规范、作业正确率等多方面综合评价一次作业。看似烦琐，其实以表格的形式，用涂“★”评价的方式，简单易行且有效。

有了家长的参与，大大提高了学生的学习积极性，作业完成的质量也有了很大的提高。有些作业拖拉、爱摆弄小动作的学生在家长的督促下，养成了良好的学习习惯。此外，部分家长还根据学生作业中出现的问题，提出了一些合理的建议。

附：周末作业“四评”表格

评价主体	内容正确	书写认真	按时完成	积极思考	一共几颗星
教师评价	★★★★★	★★★★★	★★★★★	★★★★★	
自我评价	★★★★★	★★★★★	★★★★★	★★★★★	
家长评价	★★★★★	★★★★★	★★★★★	★★★★★	
同桌评价	★★★★★	★★★★★	★★★★★	★★★★★	

（二）区别评价载体，实行多元评价

1.口头语言作为评价载体。语言作为评价载体是一种快捷、简便、灵活、及时的教育教学评价方式。它没有固定的模式，评价内容十分宽泛，学生的创新能力、实践和运用能力以及表达和沟通能力、合作与分享意识、学习的积极性、主动性、学习努力的程度和进步等方面都可以纳入语言评价的范畴。特别是课堂作业，教师一定要有适当的语言评价，评价时尽量采用鼓励性的语言，以发挥评价的激励作用。

2.书面评语作为评价载体。在每次批改作业的时候，教师不仅是给出一个对错判定和作业等级，而且还能充分发挥作业评价的激励、引导、养成、交流的功能，根据不同学生的个性特点和每次作业的具体情况，在等级边上写下一句或几句评语，用充满感情的语言，动之以情，晓之以理，导之以行。这种评语一定是有针对性的，通常分为三类：

第一类是鼓励式评语。例如，对优秀学生我经常使用下面一些语言：“老师欣慰有你这样的好学生！”“你的作业令老师赏心悦目！”“批改你的作业，老师感到很幸福、快乐！”“批改你的作业，是一种享受！”等等。当然，根据不同的情况，对后进生我也时常使用鼓励性语言。例如，“看到你的进步，老师和同学都为你高兴！”“你的作业给老师带来好心情，谢谢你！”“你的点滴进步，老师都看在眼里，喜在心里！”等等。

第二类是期待式评语。针对一些平时不是很努力的学生。例如，“老师相信你通过努力，一定会取得更大的进步！”“你是一个聪明的孩子，如果书写再认真一点就更好了！”“老师和同学都期待着你的进步，加油哦！”等等。

第三类是商讨式评语。教师根据不同的情况，有时直接予以更正，有时则不是直接更正，而是给予适当的提示，引导学生自己去更正。这时，我会在更正过或需要更正的地方写下这样的话：“你看这样做是不是更好？”“你自己想一想，看能不能发现错在哪里？”等。除此之外，通过评语还可以和学生进行更广泛的交流。例如，“你有什么想法，可以写在作业后面。”“把做错的题重做一遍，好吗？”等等。

3.图形、符号或者卡通图案作为评价载体。低年级学生，用一些图形、符号、卡通图案作为评价载体鼓励表扬学生，会产生良好的评价效果。把刻有“优”“好”“棒”“祝贺你”等字样，或刻有★☼☺等图形符号奖励给学生，学生非常乐于接受。如，学生作业写得正确、整洁，教师给印一个“优”字，回答问题完整、正确，老师给压一个“★”符号或者奖励一个卡通懒洋洋，等懒洋洋积累到一定数量，则换成喜洋洋，喜洋洋积累到一定数量，再换成另外一些学生喜欢的动物。学生非常在乎这些印图，他们之间经常相互比较看谁得的印图数目多，有的学生还把一个星期或一个月得的印图数作为自己努力的目标。

（三）区别学生层次，实行多元评价

“世界上没有两片相同的树叶。”在现实生活中所有的人不可能也

不应该变成一模一样，假如我们奢望用同一标准、统一模式塑造出统一规格、同一类型的“产品”，就意味着我们的数学学习对某些学生的不公平和不公正，这种追求下的数学学习必然是低效的。正如苏霍姆林斯基所说的：“对于一个学生来说，‘五分’是成就的标志，而对另一个学生来说，‘三分’就是了不起的成就。”因此我们在数学学习中要承认学生之间的差异，尽可能地在获取数学知识的同时使学生的个性也得以张扬。

比如课堂上对开放题练习 24+□，里面填几是进位加法算式？我根据学生间的差异，设计了评“优”的三个不同层次的评价标准：学困生要求至少填出一个；中等生要求填满，但可以无序；优生不但要全填满，还要有序。在完成练习卷时，根据试卷的难易程度及学生间的不同起点推出“高低不同”的评价标准。像学困生，若在试卷中的基础知识、基本技能等基础题方面基本得分的话，便可获得教师的肯定；像中等生，若在基本知识、基本技能掌握的基础上，基本保住应用题的得分，那就能得到教师的表扬；对优生的要求就要适当提高，他们在掌握整张试卷的必做题后，还要努力挑战试卷中的思考题，若挑战成功，就给予积极肯定的评价。对每个层次学生的肯定、鼓励后，都不忘指出今后努力的方向。这样，多样标准的评价，让不同层次的学生有不同的需求和起点，适合个性的发展，能促进其在原有水平上的提高和发展。

总之，评价的目的，不是“选拔”和“淘汰”，而是为了每一个孩子的发展。数学作业评价中，不仅关注学生数学学习的结果，更要关注学生数学学习的发展过程，打破传统作业评价方式，进行“符号纠错，评语指导”的数学作业评价研究。变单一评价为多元评价，调动学生学习的主动性；变一次评价为多次评价，让学生体验成功；把作业批改与对话交流相结合，架起师生心灵的桥梁。有机地将终结性评价与形成性评价结合起来，给学生充分的修正错误的机会，给予多次评价机会，促进学生数学学习的转变与发展。

落实“双减”工作，助推质量提升

——原州区第二十三小学“双减”工作案例

学校构建了“四位一体”的课堂改革体系，打造高效课堂。首先，坚持专家引领。每年开展教师课堂教学“四课”比赛（新入职教师达标课、学科教师优质课、骨干教师示范课、教学名师精品课），聘请专家把脉问诊，掌舵课改方向。其次，实行集体教研。利用教师信息技术应用提升2.0工程建设优势，以问题为导向，针对学情发力，突出教研实效，在集体教研下，各学科针对重点想办法，突破难点共研讨。再次，学科提升有绝招。不同学科制订符合学情的学科提升方案。通过学科提升方案系统化明确学科提升路径，梳理分年级实施的具体策略，在明晰的素养导向下，提升学生的学科素养，提升课堂效率。最后，强化作业管理。以作业管理撬动课堂教学模式的变革，向40分钟要质量。“双减”不仅要减轻学生的课业负担，更要丰富作业的内涵。在作业布置上，学校实行作业“四化”，即差异化、随堂化、项目化和情境化，达到作业布置精准有效。

其中，学校要求体育作业规范化：实施“2+3+1”方略。即固定2个常规运动项目（跑步、跳绳）；每周坚持在家运动不少于3次；有1项终身热爱的体育技能。目的只有一个，让学生动起来，锻炼身体，落实“双减”，有效提高身体素质。

阅读作业进阶化：通过“五结合”，提高阅读实效，增强文化自信。一是与党史学习教育相结合，二是与语文教育教学相结合，三是与校本课程相结合，四是与德育活动相结合，五是将阅读与活动相结合。“阶梯化”分级阅读，开展古诗词达标定级活动，使学生理解阅读的意义，享受阅读乐趣，体会阅读带来的改变，从“想读”变为“享读”，在阅读中遇见更美的自己。

学科作业特色化：本着切实减轻学生课业负担的目标，各年级各科设计学科特色作业，例如名著赏析本、学科错题集、科学探究本、口语积累本等，都为学生提供了自主学习、自由探索的发展空间，让学生在实践中思考、在思考中前行，减负增效，感受学习的快乐。

固原市原州区第四小学
常英杰

第四辑
向美而行，步履不停

古语云：与人为善。作为一名教育工作者，要以“善”为种子，用“爱”做肥料，坚持日日为继、久久为功，坚持春风化雨、润物无声，种下更多向善的种子，唤醒更多成长的力量。

“教育云”让教育活力四射

——原州区第十八小学教育信息化应用案例

雁岭脚下，饮马河畔，矗立着一所信息化小学——固原市原州区第十八小学。

2017 年，学校建设完工，招生办学。学校信息化装备齐全，师资队伍雄厚。两年来，通过全体师生的不懈努力，学校声名鹊起。为顺应“互联网 + 教育”的时代发展要求，2019 年，学校将发展的方向确立为——“互联网 + 教育”背景下信息技术全景模式。通过“教育云”应用，改善师生的学习环境、学习方式；利用教育云网络平台，开展丰富多彩的文化活动，发展学生的个性品质，提升学生的核心素养。

通过一段时间的实践探索，学校教育教学散发出了新的活力。

一、“教育云”给教学、教研“烹小鲜”

在教学教研活动中，学校推出微课导学、直播课堂、特色课程等“三盘菜”，让教学、教研味道更加鲜美。

（一）微课导学——“招牌菜”

两年来，原州十八小探索“参与式”课堂教学模式。在信息技术背景下，如何让“参与式”教学焕发勃勃的生命力？这个问题一直困扰着每个十八小的教职工。宁夏“教育云”破解了我们的难题。学校在参与式教学模式中尝试推行“微课导学”。所谓“微课导学”就是教师制作指导学生学习的微课，通过云校家发布给学生，指导学生按照微课要求预习、学习新课。“微课导学”有效地解决了课前预习“老、大、难”的问题。2019 年 3—4 月，学校先后组织教师开展微课展示、微课评比、研讨大赛。教师们纷纷展示自己的作品，分享制作过程。比如，张迎春老师的《火眼金睛》将数学抽象中的比多少以图画、绘图的方式展现出来，化抽象为具体，变静态为动态。经过微课分享与交流，教师们更加清楚了微课制作的方法和要求以及能够产生教学效益，使“参与式”教学模式中微课导学成了原州十八小的一盘招牌菜。

（二）直播课堂——“家常菜”

最近，原州十八小流传一句口头禅：“扫码看直播了！”这指的是我们一直坚持做的直播课堂，它已经变成学校的一道“家常菜”。

自从原州十八小的录播教室建成投入使用以来，学校的每次听评课活动都采取现场直播。大家通过扫一扫二维码，可以在手机或计算机上收看教师的做课、教研组的研课等活动；还可以边看边发表自己的见解，参与到评课中来。而且与帮扶校，实现一拖二，让远方不再遥远。

如，丁力英老师上的语文实践活动课“给校长的一封建议书”，我们就采取视频直播的形式。一时间，十八小的微信群掀起了热议。张静老师说：“丁老师这节课设计真精彩！”王晓晓老师说：“丁老师准备太充分了！”……

原州十八小还与北京第二实验小学建立了视频直播平台。利用平台进行培训、学习，分享优质教育资源和精彩课堂。4 月份北京第二实验小学开展的“凌空杯”教师教学素养大赛，让我们领略到了首都名师的风采。

（三）特色课程——“特色菜”

从 2018 年秋季学期起，为了满足学生个性发展需要，培养学生核心素养，原州十八小开辟特色课程栏目，实行网上报名，选班走课的形式。现已开设“雁岭之声”“绿茵足球”“快乐英语”“小小书法家”等 36 门特色课程。所有学生都根据自己的兴趣爱好，选择了自己喜欢的课程。他们积极参与其中，既锻炼了自己的能力，又培养了自己的兴趣、品质。

二、“教育云”让德育“闪星辉”

为了拓展德育教育的形式，创新德育教育载体。原州十八小充分利用“教育云”平台，积极开展“网上祭英烈”“唱响我和我的祖国”等主题教育活动，构建“10+N+3”发展性德育评价体系，通过“时代之星”的评选，使德育教育熠熠生辉。

（一）“网上祭英烈”——传承英雄精神

2019 年清明节，为了抓住契机对学生进行革命传统教育、爱国主义教育，激发学生对革命先烈的崇敬和怀念之情。十八小充分利用宁夏“教育云”——“活动广场”APP 平台，开展“网上祭英烈”活动。让家长和同学们都参与其中，寄托对英雄的缅怀之情。

（二）“10+N＋3”——塑造时代少年

为了加强德育教育，促进学生良好行为习惯的养成，学校全面实施“10+N+3”发展性德育评价体系。所谓“10”，具体指 10 项基本素养，即“爱国星、美德星、悦读星、学习星、进步星、劳动星、国学星、体育星、艺术星、科技星”；“N”指若干社会实践素养；“3”指“爱育之星、雁岭之星、时代之星”。

“10+N+3”发展性德育评价，紧密结合宁夏“教育云”推送的“学生评价”平台，由授课教师适时评价，采取积分的形式，日记录、周统计、月汇总，根据学生积分发放10星卡，并在此基础上逐级评选“爱育之星”“雁岭之星”“时代之星”。

十八小自从实施“10+N+3”发展性德育评价以来，学生良好的行为习惯日趋养成。上公交能自觉排队，主动让座；看见老师能主动问好；遇见同学能热情地打招呼；教室走廊内处处是学生读书的身影。

三、“教育云”给安全“紧发条”

学校安全教育需时时抓、事事抓。十八小安全教育贯彻“预防为先，时刻警醒”的原则，充分利用宁夏“教育云”安全教育平台资源，认真组织师生学习平台上发布的学习任务；在“教育云”——“活动广场”平台中开辟“值周值班”“慧眼识隐患”“楼梯口防踩踏值岗巡查”“应急疏散演练我能行”“保安在行动”专栏，要求教师将随时发现的安全隐患发布到平台，学校安全处会立即处理。同时充分发挥学校“电子眼”的作用，使教育教学有序开展。

“三平台”——筑牢安全篱笆。在安全教育中，十八小充分利用“教育云”平台资源，组织师生学习“中小学生安全教育平台”“青少年禁毒预防教育平台”“宁夏校园安全隐患排查治理平台”的内容，认真开展安全教育活动。通过广大师生的积极参与，筑牢安全教育的篱笆。

四、“教育云”让管理“更高效”

搭乘教育信息化的快车，原州十八小在教育教学管理中实施无纸化办公，利用“教育云”中的物品申领、公文流转、会议安排、教师考勤、教师请假等平台，实施网上办公。信息化平台使我们的教育更加高效。

《教育信息化 2.0 行动计划》中提出“提升师生信息技术应用能力向全面提升其信息素养转变”的目标。十八小将借助宁夏“教育云”平台，努力提升信息化应用水平和师生的信息素养。

“教育云”，给教育注入了新的活力。

小组合作中分层互助教学的策略探究

现如今，小组合作学习被大多数教师所接受，是当前小学教学的主要形式。但在实践中我们发现，虽然教师让学生以小组为单位坐在一起学习，但许多学生停留在独立学习的层次上，没有真正地参与讨论和合作，没有发挥学生间帮扶的优势；多数学生不知道怎样表达自己的想法，不知如何倾听他人观点，不会质疑，不会补充；好多教师忽视学生合作过程中的评价激励；如此等等，导致小组合作非常低效。基于以上的问题，我尝试在小组合作中分层互助教学。

一、组建合理的分层互助小组是前提

根据“组内异质，组组同质”的原则，我具体按照班级学生的知识 、能力、性格、性别、心理素质等差异把学生分 A、B、C 三个层次，编成了学号 1、2、3、4、5、6，组成“六人学习小组”，尽可能地使各组学生性格内向与外向均衡、性别均衡，达到合理的互补（见图 1）。

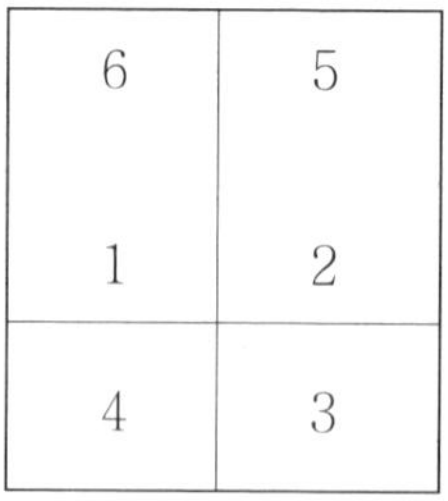

图 1

1 号坐在本组中间一边，6 号在 1 号旁边靠近黑板，形成一个帮扶对学；2 号坐在 1 号对面，形成一个思维碰撞对学；5 号在 2 号旁边靠近黑板，形成一个帮扶对学；4 号靠近 1 号并与 3 号坐同桌，形成互动对学。

对每个组员设置管理角色，明确小组管理职责。由 A 类学生（1、2 号）担任小组正副组长，组长是一个组的关键人员，最好是学习能力、组织能力和品德兼顾的学生，如果二者无法集于一身时，选定组织能力更强，品德更优良的学生担任组长。组长的职责是要组织本组的成员进入学习状态，并监督和帮助成员完成学习任务（重点帮扶 5、6 号同学），围绕教师出示的导学案，组织组内讨论，达成小组共识 ，定人分配汇报展示任务，准备发言展示。B 类（3、4 号）学生担任小组记录员，记录员的职责是要将小组内各成员的意见在“小组汇报”小黑板上记录下来，形成小组讨论的书面意见，反馈本小组的学习情况。C 类学生担任小组监督员。

这样的分工，每个学生都是小组的主人，人人责任在身，小组的每个角色都要明确自己的职责，做到各司其职，通力协作，形成和谐融洽的学习小组，从而发挥小组的力量。教师需要抓住各种时机，建立学生对小组的归属感和责任感。明确小组“团结、互助、友善、监督”的原则。变单一的师生交流为师生、生生之间全方位、立体式的交流，让智能水平不同的小组成员在小组合作、组间竞比中相互启发、相互补充、相互帮助，共同发展和提高。

二、“独学—合学互助—汇报展示”是分层互助的基本模型

开展小组合作中分层互助教学，我认为独学是基础，是开展合作的必要条件，千万不能省略，要提前让学生预习，课堂上要给学生充足的时间自学，当学生学不会时，要组织学生合作学习，相互帮助。

学完后，要组织展示，通过全班补充、订正，达到学会的目的。

（一）适时互助，生成问题

学生分层互助遵循独学出现困难时进行组内对学，对学解决不了时进行组内群学；组内交流无法解决时，做好记录由全班共同讨论解决。

例如，在执教《四边形内角和》一课时，我发现，将四边形转化成三角形进行推导的方法，有的小组能够通过1、2号的帮助达到全组理解，而有的小组则没有总结出现推导的方法，所以推导这种方法的理解和掌握就需要全班交流，进行组间的帮助。我及时让会推导的小组派代表通过全班交流，帮助不会推导的小组掌握这种方法。

（二）多样互助，解决问题

1.层次化组内对学。根据小组内层次水平形成1、6号，2、5号，3、4号为组内两人帮扶对学；1号兼顾4、6号；2号兼顾3、5号为组内帮扶；1、2号为组内思维碰撞对学，当出现有难度的探究性问题时，1、2号可成优优组合，相互探讨交流，提升思维层次。通过实践发现1、2号能在组内最先完成任务，进行思维碰撞交流。当6号或5号任务完成或者遇到困难时，1号帮助6号，2号帮助5号检查或者讲解，3、4号相互交流，如有问题请教1、2号帮助。

例如，在《轴对称图形》一课的拓展练习时，我让学生谈论已经学过的平面图形是不是轴对称图形？课件出现长方形、三角形、圆形、五角形、平行四边形。并出现了相应的自学提示：（1）判断下面的图形是不是轴对称图形。（2）折出对称图形的对称轴，看看有几条。（3）提出你们组的疑问或困惑，教师提出学习任务，学生进入第一环节学生独学，大约用时2分钟，此环节要求学生根据学习任务自己独立思考，把不明白的问题进行圈画，把好的见解、方法和生成的问题批注，在此基础上进入第二环节两人对学，对学的方式是1号帮6号、2号帮5号、3号4号互帮进行，学生完成自学提纲后，对子之间互考互问，实现“兵教兵”，尽可能地让每个层次的学生都参与到教学活动中。第三环节对学群学：小组交流解答本组疑难，解决不了的问题小组长写在学习单上，可在展示阶段，提出疑问，全班解决。

2.层次化组内交流。为保证小组成员能够充分交流，教师制定规则，并要求组内成员遵守。交流顺序为5、6号优先交流，3、4号质疑补充，1、2号进行再补充，并将本组成果归纳梳理，安排展讲任务。此环节学生必须人人发言，组长要根据问题的难易程度（问题的难易程度教师在学习单上已经标注），组织差生优先发言，中等生补充，优等生提升、总结。

例如，《四边形内角和》一课的全班展示环节，“牛顿”小组由1号组长带领，进行汇报展讲。首先由6号简单介绍“量算”的验证方法，5号简单介绍“撕拼”的验证方法，4号对这两种方法进行评价，3号介绍“推导”方法，2号对“推导”方法进行评价，最后由1号进行所有方法的梳理和总结。汇报展讲环节很好地体现了小组内交流时的层次化，每个组员都得到了不同程度的提升。

三、教师适时介入、指导是分层互助的必要保障

（一）教师适时给予学习方法的指导

教师适当的引导示范，给予学生学习方法的指导，能够促使小组合作中分层互助顺利进行。

例如，在《轴对称图形》一课中，探究什么是轴对称图形时，我针对低年级学生，探究能力弱，先进行方法的指导，通过问题：“你

用什么办法验证这些图形是不是轴对称图形？”把皮球抛给学生，让学生示范方法，此时我及时给予方法的指导：折一折（动手对折）—比一比（观察图形两边是否重合）—说一说（两边重合就是对称图形）；这时学生采用小组合作分层互助的方法，按照以上总结的方法，指导帮扶对象对其他 4 个图形进行验证，合作速度快效果好。

（二）教师适时给予合作技能的指导

学生小组合作分层互助学习是否有效，教师的参与指导很重要。组内交流的环节中，教师参与到每个小组中，倾听学生的声音，对小组合作的情况做到心中有数。与此同时，教师还针对学生合作出现的问题进行及时有效的指导，帮助学生提高合作技巧，顺利完成学习任务。例如，在有些小组在探究学过的平面图形是不是轴对称图形时，只是口头评判，不能动手验证，教师在巡视时，立马给予方法上的暗示，“我看到第六小组边判断边动手验证，这个方法真不错。”这样对偏离主题或者遇到困难的小组提供帮助点拨，使小组帮扶活动顺利进行。

（三）教师适时梳理、突出重点、突破难点

学生自学过程中，能够根据已有知识及经验基础获得知识上的收获，但大多数是停留在“知其然”的层面，为通过教学使学生对知识“知其所以然”就需要教师的知识指导。

例如，《四边形内角和》一课中，学生自主探究验证方法时，大部分学生能想到将四边形分成两个三角形来推导。凭借已有知识和抽象能力能够感受到是 180° +180° =360° ，但具体是如何相加的？为什么被分的两个三角形内角和加起来就是四边形内角和的 360° ？学生凭借已有的想象能力和抽象思维理解其原因有困难，此时就需要

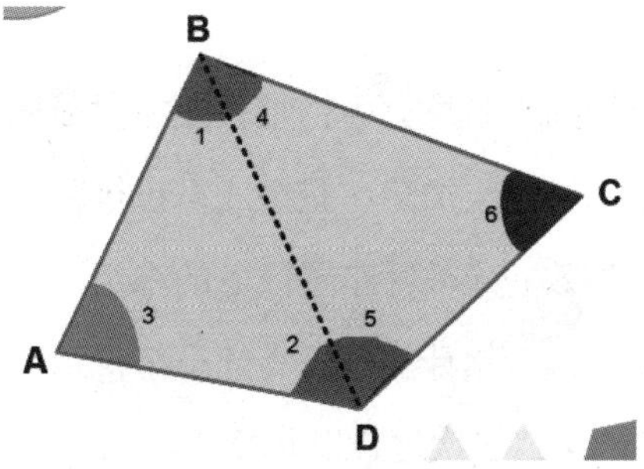

图 2

教师进行帮扶，学生在屏幕上展示分法讲解思路后，利用课件进一步对如何相加进行提升，帮助学生理解∠1＋∠4＝∠B，∠2＋∠5＝∠D，三角形的内角合在一起是四边形的内角，因此两个三角形内角和相加就是四边形内角和，突破转化过程中的难点（见图 2）。

四、多元评价是分层互助教学的“指挥棒”

传统一刀切的评价方式，无法对每个学生形成就个体自身纵向评价的公平，因而传统评价无法持续地对大部分学生形成有效的促进作用，因此学生分层互助教学模式中，我采取分层评价的方式，贯彻教学始终，不断激励学生积极参与课堂教学活动。

结合原州十八小“6＋N＋3”的评价模式，我尝试通过个人评价、同层评价、小组评价三个方面，形成多元评价方式。

个人评价中每回答一次问题加 1 分，对同伴的回答进行正确补充加 2 分，针对教学内容提出有价值问题加 3 分。每个自学任务有难度星级，另外设有附加星级，鼓励学生在完成本层次的任务基础上，主动积极地完成上一层次的任务者，附加 1 颗星。

同层评价时每个小组的同号选手是竞争对手。如提出的问题，我让 6 号来作答，分值是 2 分，如不完整，其他组的 6 号进行补充或质疑，如果挑战成功就记 2 分。小组合作探究活动最多 3 颗星，一个小组展讲时出现不完整的情况，得 1~2 颗星。其他正确补充的小组得另外 1 颗星。

小组评价时，小组成员得分累加到小组总分中；组长能在课前检查组员预习及家庭作业，批改订正的给小组加星；整组成员积极踊跃参与课堂活动的小组加星；课上能高效完成教师布置任务的小组，进行小组加星。小组评分榜每周总结 1 次，累计加分最高的小组得到特权，可以优先选择下周本组的座位，第二名次之，以此类推。

总之，在尝试小组合作中分层互助教学的过程中，我明显感觉到学生敢说、敢想、会质疑、能补充，与同伴的相处更加主动、包容！

《小学数学教学中培养学生动手操作能力的研究》课题总结

一、课题研究的背景

（一）课题的提出

《国家基础教育课程改革纲要（试行）》里明确指出：“改变课程实施过于强调接受学习、死记硬背、机械训练的现状，倡导学生主动参与、勤于动手的学习方式。”新课标指出：“数学学习活动中，动手实践、自主探索与合作交流是学习数学的重要形式。”

在长期的教学实践中，我们深知小学生数学学习与具体实践活动是密不可分的，重视学生的动手操作，是培养学生创新精神、实践应用能力的最有效途径之一。学生通过动手操作、自主探究获取知识和能力，要比依靠教师的讲解和灌输更为高效。有序的动手操作有利于学生形成清晰流畅的思路，发展学生的思维。学生在动手操作活动中，经过分析、综合、抽象、概括的思维活动，思维的条理性就可得到提高。

但是，当前数学课堂中学生的动手操作存在很多问题，主要有：第一，学生动手操作活动杂乱无章，费时、费力，教学效果不明显。第二，教师充当“指挥官”，使用很多指令性的语句，一味要求学生模仿，限制了学生的创造性思维，使学生失去了学习兴趣。第三，活动内容与学生生活实际联系不紧密，缺乏合作性，学生参与兴致不高。第四，操作形式机械单一，范围不够广，参与的学生多为几个学习优秀的学生，很多孩子处于观望状态。第五，学生的动手操作仅仅停留在表面，没有上升到数学知识、数学思想、数学方法的层面。

为了更系统、更有效地研究如何在动手操作过程中，更好地培养学生的动手操作能力，学校六年级数学组确立了“小学数学教学中培养学生动手操作能力的探究”这个课题开展行动研究。

（二）理论依据

1.《新数学课程标准》指出：“要通过直观教学和实际操作来培养学生初步的逻辑思维能力。”“有效的数学学习活动不能单纯依靠模仿和记忆，动手实践、自主探索、合作交流是学生学习数学的重要方式。”

2.心理学研究认为，在数学教学中，让儿童动手操作，是符合儿童思维认知过程的，即从形象思维向抽象思维逐步过渡的发展过程。心理学家皮亚杰认为：“智慧从动作开始，学生的多种感官参与认知活动，可以使信息不断地刺激细胞，促进思维活跃，便于储存和提取信息，同时易于激发学生的好奇心和求知欲，产生学习的内驱力。”因此，我们的教学应该重视操作活动，用操作活动启迪思维，使思维在操作中得到发展。

3.教育家苏霍姆林斯基曾说过：“儿童的智慧在他的手指尖上。”教育学研究认为，在数学教学中，让儿童动手操作学具或通过画一画、量一量、折一折、拼一拼等实践活动，使教学过程生活化，可以帮助儿童获得感性认识，再经过手脑并用，便可以建立起清晰的表象，进而培养儿童抽象思维能力和空间观念。

4.中国学生发展核心素养里说，学会学习，实践创新非常明晰地指向动手操作实践的能力素质，培养学生动手实践能力迫在眉睫。

二、主要做法及措施

从2016年9月至2017年7月，我们六年级数学组全体成员，在马琴校长的带领下，认真开展课题研究，我们自身已从过去只注重基本知识的传授转变到了对探究过程的重视。新课堂有了改变，学生的学习主动性更强，创新思维的能力得到了提升，探究意识得到了进一步发展。具体做法及措施有：

（一）规范操作程序，保障有效操作

小学生天性好动，课堂上只要一操作就非常热闹，有时候教师都控制不了局面。所以，教师要规范操作程序，保障操作的效果。

1.学具的选取要直观、常见、实用。直观、常见、实用的学具是进行操作活动的必备条件，在日常教学操作活动中，学具越是方便易行，越能受到师生的青睐。如，谢飞老师在教学《图形的旋转》时，设计了拨到钟表时针的活动，引导学生探究旋转的三要素。学生专注、主动，思维活跃，效果非常好。细想原因，主要是钟表这个学具选取极为得当。钟表是学生常见的，钟表的时针旋转刚好能印证旋转的三要素。

在课例研究过程中，我们有一位教师在教学正方体的特征时，准备了魔方，结果在操作过程中，学生们竞相比赛玩魔方，直接影响了探究实效。

2.学具的整理。小学生取出、放回学具很费时间。所以，培养整

理学具的习惯很重要。学具要提前准备；操作开始要让学生明确操作要求及操作任务；操作中老师要巡视，及时提醒；操作完，要把学具推向一边，待课后收拾等。

3.规范操作常规。为保障操作的有效，规范操作常规非常必要。学校通过研究，提出了如下的操作要求：

（1）上课前提前准备好学具。

（2）明确操作任务和要求后，先独立操作探究；个人不能独立完成操作时，和同桌商量；同桌解决不了，小组讨论探究。

（3）不玩学具，积极探究。

（4）操作完成后，放好学具，汇报展示操作成果。

（二）利用操作，找出数学规律，发展学生逻辑思维，让数学核心素养在数学课堂中得到充分体现

1.操作活动设计要围绕重难点展开，既要有适切性，又要有挑战性。设计动手操作活动，教师应在把握教材和学生实际基础上，遵循适度困难原则，使学生跳一跳，够得着。具体策略如下：

（1）由旧引新，激活相关的知识。如刘艳老师执教的《四边形的内角和》中，引入新课时教师从三角形内角和是 180° 这个学生已有的知识出发，符合学生认知规律，效果好。

（2）分解难点。引导学生通过一个个问题的解决，构建相应的认知结构，以便进入对中心问题的探究。如刘艳老师执教的《四边形的内角和》中，她先引导学生探究长方形、正方形的内角和，再到一般四边形的内角和探究，最后又延伸探究多边形的内角和；一步一步分解难点，通过一个个问题的解决，学生学会了探究多边形的内角和的方法。

（3）操作活动设计要临近学生的认知最近发展区。儿童的认知分现有水平和即将到达的发展水平两种。两者之间存在着差异，这种差异就是儿童认知的最近发展区，是认知的生长处。教学中，教师要找准这个生长点，设计活动促进学生认知上一个新台阶。

例如，单桂花老师在上“圆锥的体积”一课时，没有按照传统的教法各准备一个等底等高的圆柱和圆锥，通过把圆柱里的沙子往圆锥里倒，发现圆锥和圆柱的关系，推导出圆锥的体积公式。而是设计以下方案：

(1) 课前先让学生准备两个圆锥形和一个圆柱形的量杯，其中一个圆锥和圆柱等底等高，另一个随意。

(2) 同桌合作：分别用两个圆锥装满沙子往圆柱里倒，观察会产生什么现象。

(3) 学生讨论：圆锥的体积与圆柱的体积有什么关系？这个关系成立的条件是什么？

(4) 推导出圆锥的体积公式。这样的设计在比较中更能强化圆锥、圆柱体积与底面积和高之间的关系。

(5) 要把握好操作的“度”。不需要操作就能解决的问题不必操作；一堂课设计操作最好是 1~2 次，不要太多。

2.巧妙设计，激发探究欲望。兴趣是学生探究学习的原动力。数学教学时，要根据小学生好奇、好动的心理特点，设计巧妙的操作活动，吸引学生主动参与学习过程。

如罗进军老师在引导学生学习《分数的意义》时，他设计了一个分糖果的操作活动：“同学们，想吃糖吗？老师这里有一袋糖果，你能拿出它的 1/2 吗？它的 1/2 是几个？”学生的兴趣和思维一下子被激活，学生纷纷上台去分糖果，在这个过程中明白了因为“单位 1”

的不同，即使都表示“单位 1”的 1/2，数量却不相同。在这个活动中学生的探究欲望被激发，思维能力得到了锻炼和提升。

3. 放手与指导并举，提高学习能力。教学中，应该多采用观察、操作和合作等方式，给学生提供自主探究学习的时空条件，让他们在探索过程中自己“发现”和“创造”知识，实现“操作活动的内化”，并在发现的过程中提高探究知识的能力。

例如，刘艳老师教学《四边形的内角和》课例中，当探究四边形内角和是多少时，她设计了测量计算四个内角、剪拼四边形、作辅助线分割四边形三个操作活动。学生积极思维，积极动手探索，有的学生发现：将四边形 4 个内角的和加起来刚好是 360°；有的学生发现:将四边形的 4 个内角剪拼成了 1 个周角，探究出了四边形内角和为什么是 360°；有的学生发现：各四边形对角相连，正好将四边形分成了 2 个三角形，因为三角形的内角和是 180°，所以四边形的内角和自然是 180°×2=360°。在这个过程中，学生亲历出了测量、剪拼、分割的学习过程，体会了数学方法，知道测量的误差、分割法的科学推理性等，学生的测量、计算水平进一步发展，折、剪、拼的能力进一步加强，猜想、验证等思维能力和探究能力得到了培养和提升。

如果学生在操作中有困难，教师要由幕后走到台前，适时给予指导。或降低难度，或启发引导，帮助学生展开探究活动。

4.交流与点拨结合，发展学生的思维。动手操作可以促进学生思维发展，如果能将内隐在学生思维里的认知必须充分表达出来，学生的思维能力会得到发展。要能完整、清楚地描述操作的过程和结果，表达自己的想法和认识。可采取以下策略：

(1) 指名发言、同桌对讲、小组交流等不同方式结合起来，使学生都有口头表达的机会。

(2) 通过倾听学生的表达，发现学生操作、思维过程中的闪光点与存在的问题，给予肯定或纠正。同时，注意组织学生认真听取同学的叙述，参与评价其操作、思维过程正确、合理与否。

(3) 要有意识地鼓励、帮助学习有困难的学生发言，促进和推动他们积极思维，逐步提高语言表达能力。

例如，李亚红老师在执教《三角形的分类》时，特别注意学生的语言交流。她准备了多个带编号的三角形彩色卡纸，学生按小组合作的方式，利用老师提供的三角形，使用量角器、直尺等工具，分工合作，把这几个三角形分类。这个活动学生充分经历看一看、比一比、量一量的亲身体验，巧妙地抓住“角”的特征，完成对同类三角形的认识。

接下来，教师组织学生进行数直角、锐角、钝角、量边长的活动，学生同桌合作边操作边完成表格。最后指名代表到台上述说三角形按角分成几种类型，按边分又分成几种三角形。

通过操作和讲说的结合，使学生对三角形的认识进一步提升，同时锻炼了他们的口语表达能力。

总之，教师要有意识地鼓励、指导学生发言，促进和推动他们积极思维，逐步提高语言表达能力，才能使动手操作达到质的飞跃。

(三) 充分应用信息技术手段辅助教学，让现代教学技术成为学生的认知工具，使学生借助现代教育媒体去探索并发现规律，发挥学生主体性，培养学生的创新意识与实践能力

随着现代信息技术的发展，在课堂上教师们整合教学资源和教学内容，充分应用交互式电子白板辅助教学，让现代教学技术成为学生的认知工具，借助媒体教学使抽象知识变为具体化，既调动了学生的积极性，也使课堂更加地生动、丰富多彩，在以上几位教师的课例中都充分体现这一点。

三、课题研究取得实效及反思

（一）取得的实效

1.学生层面。学生的动手操作能力逐步提高，合作交流意识不断增强，数学学习兴趣日渐高涨（写数学日记，办数学手抄报，收集教学材料，数学来源于生活的意识加强）。

2.教师层面。从课堂教学实践中不断总结，注重动手操作过程中的细节，能把适度指导与放手探究结合起来，注重操作方法与实效，避免了操作的形式化。形成了师生、生生互动，教师以学习伙伴的身份投入到课堂之中，极大地提高了课堂教学效率。

（二）后续反思

1.培养小学生的动手操作能力，对提高课堂教学效率和发展学生思维有很大的促进作用，但它并不是全部，并不是发展学生思维的唯一做法，于是，怎样进一步提高小学生的数学思维能力还有待于进一步研究。

2.学生的操作与思维的切入点衔接不够紧密，如何把直观操作形成的表象有效过渡到抽象的数学概念法则、公式中，达到由直观感知到理性认识还有待于解决。

3.在结题时把实践上升到理论分析，感到有困难，有做得多但总结得少的情况，期望今后在这方面能得到资深专家的引领。

原州区 2017—2018 学年度第一学期期末学业水平监测三年级数学试卷分析

根据原教发〔2017〕393 号文件精神，2018 年 1 月 8 日，教育局组织对全区中小学学业水平进行监测。为了诊断原州区三年级数学教学中学生的学习水平、学习能力现状和教师的教学效果，分析存在的问题，总结经验，改进教学，以提高教学质量，我们抽样了部分好、中、差试卷简要分析如下：

一、基本情况

全原州区三年级共有 6995 人参加考试，平均分是 76.2 分，及格率为 80.86%。其中城区学校成绩前六名是：原州十一小、原州二小、原州五小、原州七小、原州六小、原州十八小；乡镇学校成绩前六名是：彭堡学校、黄铎堡学校、三营镇、寨科乡、官厅镇、杨郎学校。

从试卷整体答题情况来看，绝大多数学生字迹工整、书写规范。这说明学生学习习惯好，学习态度端正，也反映出广大教师平时教学中注重学生良好习惯的养成教育。学生的数学基础知识和基本技能掌握得比较扎实，数学思维得到较好的培养，计算能力、观察能力、动手实践能力比较强。填空题、计算题和操作题得分率较高充分地说明了这一点，尤其是第四题“计算”和第五题“操作”，失分率很低。这是我们落实《义务教育数学课程标准（2011 年版）》（以下简称《教学课程标准》）要求，重视“双基”，重视计算能力的培养和重视动手操作实践的必然结果。但是，答卷中也暴露出学生梳理和处理数学信息的能力、综合运用知识解决生活问题的能力较差，这就为我们今后的教学提出了新的课题，很有价值，需要广大教师在以后的教学中研究并加以解决。

二、试卷评析

本次监测试卷以《课标》目标要求为依据，紧扣教材，设计了填空、判断、选择、计算、操作、解决问题六大题型，内容全面，重点突出，涵盖了三年级上册“万以内的加法和减法”“多位数乘一位数”“分数的初步认识”“倍数的认识”“测量”“时、分、秒”“长方形和正方形”“数字编码”等教学内容。难易适中，题量适当，贴近学生实际生活，既体现了知识技能的基础性，又适当地有所拓展，重视学生思维能力、分析和解决问题能力的考查。

三、成绩统计与分析

平均分和及格率从平均分、及格率看，全区整体成绩较低，城乡之间、校级之间差距较大，城乡教育发展不均衡，差生多。今后在城乡联动教学、教研方面要加强，“补差”工作刻不容缓。

表1　原州区2017—2018年（上）三年级数学抽样试卷6个类型题目失分率统计表

题型	填空	判断	选择	计算	操作	解决问题
分值	20	5	10	33	9	23
失分率	19%	12%	49%	7.2%	11%	46%

从失分率情况看，学生在选择题和应用题中失分多，究其原因，主要因为这两个题目考查面综合性、实践性、应用性强，个别问题具有开放性。下面，我们来选取具有共性的错题具体分析一下。

四、存在的问题

（一）估算教学重视不够

比如填空题：6.一套衣服298元，买8套这样的衣服大约需要（ ）元钱。这道题错误率高，绝大多数同学进行了精确计算，估算意识还没有形成。又如判断题：5.估算598×6时，把598看作500，结果是3000。（ ）这道题失分多，学生不知道凑整估算时要找接近数。这两道题的出错，反映出我们的平时教学中还没有把估算摆在一个重要的位置。《教学课程标准》明确指出："估算在日常生活与数学学习中有着十分广泛的应用，培养学生的估算意识，发展学生的估算能力，让学生拥有良好的数感，具有重要的价值。"因此，今后我们的估算教学不能走过场，一定要在生活情境中提供估算的机会，多练习。

（二）不能用合适的单位表示生活中的量

比如填空题：4.在括号里填上合适的单位名称：跑100米用13（ ），数学书厚7（ ）。判断题：3.一包盐重250千克。（ ）这三道题得分率很低，学生对单位的理解不够深刻，还没有建立1秒、1厘米、1千克的表象、观念。《课标》要求："在具体的生活情境中帮助学生建立长度的表象以及时间观念和质量观念。”如果我们在平时的教学中能研读《课标》，借助身边的物品（1 枚硬币厚约 1 毫米，1 本小学语文书厚约 1 厘米，1 袋食盐重 500 克，2 袋食盐重 1 千克）帮助学生建立长度单位和质量单位观念，能让学生亲身参与实践体验，让他们亲自到操场上参加 100 米赛跑，帮助学生建立秒的时间观念，我想做对这几道题不难。

（三）基本概念理解不深

比如选择题：2.在计算 368×4 时，4×3 表示的是 12 个（ ）。A.一 B.十 C.一百 D.一千 。这道题错误率高，学生对百位上的 3 表示 3 个一百没有理解，导致失分。再比如填空题：2.把一根绳子平均分成 5 份，每份是绳长的（ ），3 份是绳长的（ ）。学生失分率高，一方面是因为三年级学生初次认识分数，分数和整数差异很大，理解分数的含义本身很困难；另一方面也说明教师在“分数的初步认识”这一章节的教学中让学生经历观察、操作、归纳等学习数学的过程目标落实不到位，不能将操作和理解、表达三者结合起来，致使学生对“几分之一”“几分之几”的具体含义理解不深。

（四）探究能力培养不够

比如选择第 5 题：330623198202188419 是三年级同学小明家人的身份证号码，你知道这可能是（ ）。A.小明的爷爷 B.小明的爸爸 C.小明。 这道题做对的学生很少，几乎全军覆没。难道这道题超纲了吗？没有！这个考题是教材第 77 页“数字编码”中的内容。那是什么原因导致学生失分这么严重？我们细细分析一下。原来这是一节“综合与实践”课，平时我们的教师对这样的课程教学研究性不够，目标定位不准，对这节课过程与方法目标——通过观察、比较、猜测等探索身份证号码中蕴含的一些基本信息和编码的含义，情感态度与价值观目标——培养学生的探索精神和实践能力”落实不到位。这也为今后我们的教研提供了思路，以后我们的数学教研要向综合实践类课程延展。

（五）粗心大意，审题意识不强

表现在:计算题目中有些学生竖式算完后给横等式上不写得数，要求验算的题目不验算；操作题第1题有3个小题目，由于排版印刷时将第（3）小题：用阴影涂出其中一个图形的放在了另一版面，好多学生没有做这一题，只完成了前两道题目，导致失分。解决问题第1题有两问，有些学生没有做第二问。解决问题第2题：一个长方形广场，长500米，宽300米，小敏沿广场跑了2圈，共跑了多少米？相当一部分学生审题不清，忽视了2圈，只计算了1个长方形的周长，导致错误，直接丢掉了5分。

（六）学生综合能力的培养欠缺

试卷中的几道综合性题目学生失分多，错误率极高。比如填空题：9.三年级同学参加少年宫社团活动，其中参加“七巧科技”社团的有18人，参加“美术”社团的有15人，两项都参加的有5人，三年级共有（　）人参加了少年宫的这两项活动。这道题兼具综合性和灵活性，多数学生对“重叠部分不能重复计算”没有理解，因此计算人数时没有减去5，反而加上5，出现错误。又如应用题：5.剧场一共有870个座位，票价8元，第一场演出票都卖完了，第二场演出卖出835张票，请你根据以上信息提出一个数学问题并解答。这是个开放性题目，主要考查学生在阅读中梳理信息、选择相关信息、提出问题、解决问题的能力和方法。学生失分多，一是不会提问题，所提问题与题目无关；二是区分不开票数和票价，提出的问题自己不能正确解答。这充分说明学生综合运用知识分析、解决问题的能力不够。

五、教学建议

在分析本次试卷的过程中，我发现试题内容趋向培养学生的数学思想、数学方法和综合能力，这就给我们的教学提出了挑战，要求我们教师必须认真学习《教学课程标准》，研究教材，改变旧的学习方式，倡导自主学习、合作学习、探究学习，密切联系生活实际，引导学生动手操作体验，提高学生的数学素养，建议做好以下几点：

（一）研读《教学课程标准》，钻研教材

试卷中反映出部分教师还不能正确把握教学内容的重难点、生长点和延伸点。建议教师在教学中要认真钻研教材，认真学习《教学课程标准》，特别是要钻研《教师用书》，扎实备课，真正落实课程教学三维目标。

（二）重视基本概念的教学

教学中要加强概念的过程性教学，理解概念的内涵和外延，抓住概念本质，注意减少机械、重复性的训练。

（三）加强良好学习习惯的培养

从某种意义上来说，小学生良好习惯的培养比知识的传授更重要，平时教学中千万不能忽视。要教给学生一些方法，如读题、审题、验算、画线段图分析问题等，更要坚持不懈，持久地抓习惯的养成。

（四）强化应用意识，培养学生解决问题的能力

本次试卷学生在“解决问题”这一块失分严重，反映出学生解决问题能力的严重不足。所以我们要按照《教学课程标准》要求：“数

学教学要紧密联系学生的生活实际，从学生的生活经验和已有知识出发，创设生动有趣的情景，引导学生开展自主探索，动手实践，合作交流等活动，激发学生学习数学的兴趣和学好数学的愿望。”在教学中，我们要多挖掘生活素材，引导学生经历将实际问题抽象成数学模型的过程，学会搜集信息和处理信息，学会发现问题和提出问题，学会分析数量关系，解决身边的数学问题，切实培养学生的应用意识和解决问题的能力。

（五）加大对学困生的辅导

在今后的教学中，我们教师一要制订切实的学困生辅导计划；二要多与他们沟通，消除他们的畏学、厌学情绪，帮助他们形成良好的学习习惯；三要研究他们的心理状态，对症下药；四要多给他们开小灶，查漏补缺，及时进行辅导；五要经常进行家访，取得家长的支持和理解，齐抓共管，使他们的成绩得到提高。

立足校本培训，促进教师专业发展

——原州区第十八小学教师队伍建设案例

原州区第十八小学成立于 2017 年 9 月，是为了化解城市大班额而专门建设的一所教学设施齐全，设备先进，教师队伍年轻化的完全小学。学校建设规模 48 个教学班，现有 13 个教学班，612 名学生，45 名教师。一年来，学校秉持“爱育幸福”的办学理念，把“做最更好的自己”作为校训，立足校本培训，塑造专业化的教师队伍。

一、立足课堂，通过磨课、研课，在教学中提高教师专业水平和能力

一年来，十八小以课堂教学研究为切入点，加强教师队伍建设和课堂教学改革，取得了很大成效。开学初，学校制订了《原州十八小教师专业发展规划》，提出了形成课堂教学艺术特色，实施有效教学的教学思想。我们坚持开展常规汇报课、示范课、研讨课活动，通过组内集体备课，个人上课、教研组磨课、集体听评课等形式，在备课、做课、听评课过程中提高教师的教育教学水平、能力。从而提高教师自身的专业素养；提高教师个人的课堂教学艺术；练好教师的教学基本功（备课、科研、教研等基本功）。通过两个学期不间断的听

评课活动，在2017—2018学年的一师一优课活动中，学校的冯利琴、杨桦老师的课程被推荐参加市优课评选；丁小花、杨文彩老师被推荐参加起始年级优秀课例展示。

二、学习 + 反思 + 写作，快速提高教师的专业能力水平

一个教师要尽快发展起来，最大的捷径就是学习 + 反思 + 写作。学校围绕这三个途径，认真开展读书交流、课后反思评比、教育叙事和案例写作竞赛等活动，让教师在任务中发展自己、提高自己。养成随时写作的好习惯。

（一）阅读是教师专业发展的重要途径

教育家朱永新说，一个人的阅读史就是他的精神发育史。教师只有对阅读有持续的热情，才不会停下自己业务思考的脚步。为激励教师读书学习，学校让每位教师自主选定一本书，还购买了多本教育理论书，征订多种报纸杂志，为教师的阅读提供了帮助。同时，学校仿照央视百家讲坛的形式，积极开展教师读书交流活动，教师们的交流十分精彩。杨世梅老师的《今天你幸福吗?》，有温度，有故事，感人至深。

（二）教后反思是教师自我提升的必要手段

教师成长 = 经验 + 反思，美国心理学家波斯纳提出的这个公式充分说明了教学发生对于教师专业成长的作用。原州十八小以教师日记、教育教学案例、课后反思、教学随笔等为载体指导教师开展反思教学活动。通过写教育日记，记录了教师成长的心路历程；通过撰写案例和分析交流，发现问题，提升思想，增长智慧；随手、随心的教学随笔，诉说了教师教学实践过程中的亲身经历和内心体验，再现了

情感的升华，闪烁着思维的火花。2018 年 7 月的班主任工作交流中，李瑞琴老师的交流平实、感人。她述说自己接手二（1）班担任班主任的酸甜苦辣，从矫正学生的学习态度到班级文化墙的布置，再到与家长的交流，每个细节都是他随时记录，认真反思的成果。

（三）撰写小随笔是教师专业快速提升的最大法门

名师成长的经历中从来都伴随着笔耕不辍的写作。对我们教师来说，教学写作可以提升教师阅读的品质，可以提高教师思维的品质，可以凝聚教师人生的价值，可以扩大教师的专业影响力，能帮助教师深化对教材的认识。而且，将一个个教学案例收集起来，就是教师无穷的财富。2018 年 5 月，马耀峰老师将一个学期的反思收集起来，撰写的案例分析《赵家明为什么不交作业?》获固原市五个百论文评比一等奖。

（四）落实“九个一”活动，提升教师专业素养

“九个一”即：每周做一件优质教学课件，每月听一节名师的课、写一篇有深度的教学反思，每学期讲授一节有创意的公开课、写一篇教育叙事、编制一套有质量的试卷，每学年精读一本教育教学专著、写一篇教育教学论文、有一样才艺展示。从学校成立、教师进校，学校就提出了教师专业发展的“九个一”计划，并认真付诸实施，开展评优考核与评估。为此，学校专门建立了教师成长记录袋，将教师每一次的获奖论文和获奖证书收集起来，记录教师成长的历程。

（五）建立师徒制，使青年教师尽快成长起来

为了使年轻的教师尽快成长起来，学校根据教师的任课情况，安排分管学科的骨干教师与年轻老师结对子，发挥骨干教师的传帮带作用，让青年教师在骨干教师的帮助下学会分析教材、把握课标。2018

年 3 月，学校举行了“一杯茶、一世情”师徒结对仪式，马小花等 14 名青年教师与安秀弘等 7 名导师结对，随后的日子，他们共同成长在课堂上，成长在教研活动中。

（六）开展小课题研究，促进教师由“经验型”向“专家型”发展

教师的专业化成长离不开课题研究。教师的研究不在于要取得多高的理论成果，主要在于解决实际工作中的问题，为自己的教育教学服务，提高教育教学水平。学校要求每位年轻的教师要有“从问题中来，到问题中去”的研究意识，积极开展课题研究。每一位教师都要有自己的微型课题，更要积极主动参与承担学校开展的课题研究，不断提高教育科研水平。2018 年 5 月，学校教师高芳玲等的课题《培养一年级学生倾听习惯的策略研究》、丁力英等的课题《小学阶段孝文化教育的实践研究》、夏雪等的课题《如何激发我校学生学习英语的兴趣》获原州区教研室立项。

教师队伍建设带动了全校整体工作的进步，教师素养得到提升，课堂效果显著，全都有赖于扎实的校本培训。今后，我们还要进一步深化此项活动，更要走出去学习名校名师经验理论。

聚焦课后服务需求，呵护学生快乐成长

——原州区第十二小学课后服务汇报材料

为了着力解决学生“接送难”“托管难”“服务难”等民生痛点、堵点问题，促进学生全面健康发展。近年来，在各级党委、政府，上级教育主管部门以及原州区总工会的大力支持下，原州区第十二小学紧紧围绕学生多样化成长需求，守正创新、多元育人。2019年春季开学，学校率先在全区实施“四点半课堂”。2021年秋季，学校在“四点半课堂4+1模式”基础上拓展实施“5+2”课后服务。

一、具体做法及成效

（一）统筹规划，健全工作机制

首先，学校依据教育部《关于做好中小学生课后服务工作的指导意见》《原州区中小学课后服务工作实施方案》，制订了《原州区第十二小学课后服务5+2模式实施方案》。其次，学校广泛开展课后服务学生意向网络问卷调查，掌握需求；召开家长、教师座谈会，征求意见。再次，学校采取家长自愿申请、班级审核、学校统一实施的规范化流程。最后，上下联动，成立学科组、社团组、后勤保障组、督查评价组4个工作组，确保课后作服务工作稳步有序推进。

（二）创新模式，供给多元套餐

“五育”并举，全面发展。根据学段差异，个体不同，针对“偏于智”“疏于德”“少于美”“弱于体”“缺于劳”等短板，学校创新服务内容和方式，设置五大模块，提供学生自主选择的“课后服务套餐”。

1.答疑解惑模块——让学生写起来、问起来。以辅导学生课后作业为主，专人照管学生进行作业复习、预习。教师提供作业个别辅导答疑，对学有困难的学生进行帮扶，对学有余力的学生给予指导，提高作业效率和学习效果，力求做到作业不出校门。

2.素质拓展模块——让学生做起来、趣起来。以兴趣培养、技能训练为主，学校组织学生进行戏剧、舞蹈、乐器、书法、绘画、剪纸、劳动教育等活动，拓展兴趣小组和社团活动的内容和规模，丰富学生课外生活，传承中国传统文化，培养人文情怀，提升学生综合素质。

3.科技创新模块——让学生乐起来、能起来。以培育和发展学生的思维品质为主，组织学生参加创客兴趣小组，开展电脑制作、少儿编程、无人机展示、手工制作、综合实践等活动，在活动中激发潜能、张扬个性，培养学生创新思维，提高实践能力。

4.阅读铸魂模块——让学生读起来、讲起来。以课外阅读为主，学校开发图书室、阅览室，设立阅读角、阅读吧，让学生品味经典，吟诵诗歌，阅读名人传记，撰写读后感，让阅读点亮人生。

5.强身健体模块——让学生跑起来、动起来。以开展体育锻炼和体育运动为主，学生走出教室，积极参加阳光体育运动，掌握体育锻炼技能，强健体魄，磨炼意志，预防近视，提升学生体质健康水平。

（三）规范管理，保障服务质量

对于课后服务而言，管理上的细节尤为重要。学校把课后服务工作纳入考评体系，严格落实“三严禁”（严禁以课后服务名义乱收费，严禁以任何方式强制或变相强制学生参与，严禁将课后服务变相为集体教学或集体补课），注重过程评价。学校把课后服务工作纳入考评体系，对课后服务开展情况进行过程巡查和等级评价，评价结果作为发放补助和阶段评优的依据。每学期举办 3~4 次阶段性成果展示和社团观摩活动，查找不足，总结完善，创新方法，共同提升；规范活动时间。实行“5+2”课后服务模式，即每周五天（寒暑假和法定节假日除外），每天至少 2 小时，原则上为上学日下午放学后进行，每学年按 40 周安排；丰富活动形式。每周一、三、五进行学科作业指导；每周二、四开展社团活动，满足学生发展的不同需求，促进学生全面健康发展。

二、取得的成绩

通过两年半的不懈努力，原州十二小课后服务工作得到社会各界的一致好评。2019 年 5 月，自治区党委组织部、关工委等 40 余人来校观摩，自治区关工委主任黄超雄对十二小课后服务给予高度评价，强调十二小是全自治区开展的最好的课后服务。2019 年 11 月 4 日，在自治区关工委举办的“四点半课堂”经验交流大会上，校长郭璧代表学校对十二小“四点半课堂”取得的成绩做了交流分享，得到自治区关工委各位领导的高度赞扬和参会人员的一致好评。

“星光不问赶路人，时光不负有心人。”近几年学校取得的成绩有目共睹，硕果累累。2019 年 5 月，学校被中国象棋协会授予“全国象棋特色学校会员单位”“全国青少年象棋冬夏令营优秀单位”，特别是象棋社团在全国象棋特色学校比赛中屡屡获奖，多名象棋选手在固原市、自治区、全国业余棋王赛比赛中屡获“棋王”称号；2019 年 9 月，被共青团宁夏回族自治区委员会、宁夏回族自治区教育厅、少先队宁夏回族自治区工作委员会评为“全区优秀少先队中队”；2020 年，被共青团中央、教育部、全国少工委授予“优秀少先队集体”；2021 年，学校又被固原市文明委评为“文明校园”。在固原市、原州区书画比赛中，学校教师均获得一等奖，学生也获得好成绩。课后服务的开展也促进了学校教育质量、艺术教育、体育活动的全面提升，十二小已跻身为原州区质量强校行列。

三、存在的问题

一是教师的课后服务费至今拖欠，影响教师课后服务工作的积极性。二是音体美信息技术专业教师短缺，阻碍社团活动向纵深发展。三是课后服务质量有待提高，学生、家长满意度不高。

四、今后努力的方向

充分挖掘学校资源潜力，按照“基础 + 特色”的思路，突出特色；注重学生个体差异和兴趣培养，进一步建构形式多样、内容丰富的课后服务内容；组建多样化的课后服务队伍。与少年宫、科技馆、博物馆等单位开展合作；鼓励家长、各类志愿者为课后指导提供公益服务；提高管理水平，提高课后服务质量，建构课后服务课程体系。

站在“十四五”新的起点，聚焦学生核心素养发展，深化教育改革，我们将积极创新模式，拓展内容，活化方式，不断提高课后服务的质量，办政府放心、家长安心、学生欢心、学校舒心的课后服务。

固原市原州区第十八小学教育集团第二十三小校区
宗耀花

第五辑
遇见教育，一生秉烛

教育是影响人的艺术，是有生命的教育，是教育出有生命力的人。教育不是管束人，而是发展人；教育不是灌输知识，而是学会创造。作为一名教育管理者，行而不辍，不断创新实践，培育有理想、有本领、有担当的时代新人是毕生的追求。

围绕教学抓党建，创先争优促发展

——参加自治区党委创先争优活动交流材料

原州区第五小学党支部坚持“围绕教学抓党建，创先争优促发展”的工作思路；以争创先进基层党组织和高素质的党员队伍为目标；以构建和谐校园，实施素质教育为重点，紧紧抓住队伍建设和教育教学工作的关键，充分发挥了党组织的政治核心作用和党员的先锋模范作用，着力推动学校各项工作的顺利开展。

一、加强班子建设，发挥表率作用

学校班子成员积极推行“走进班级、走进教师、走进学生”的管理策略，做到“四个一”，即蹲点一个年级组，管好一个责任区，参与一个教研组活动，带好一门学科课，深入年级组，参与集体备课，深入课堂听课指导。班子成员工作积极负责，有热情，有干劲，有创新，形成了良好的工作氛围，为全体教师做出了表率。

二、创新活动载体，发挥党员先锋模范作用

学校党支部以“创先争优当先锋，立足岗位做贡献”——“四比三优两满意”主题实践活动为载体，通过“讲党性，重品行，做表

率”党性教育活动、“我为党旗添光彩”庆祝建党90周年系列活动、“廉洁从教，服务学生”廉政教育活动以及“党员大练兵”活动，通过公开课、示范课和教学技能比赛活动，让党员在教学岗位三展形象。建立党员责任区，设立“共产党员示范岗”，开展“三亮三比三评”“连心工程”“教师结对”“帮学促学”等一系列富有特色的活动，为党员搭建各种平台，激发了党员创先争优的活力。每名党员在各自的工作岗位上，树形象，强素质，做表率，不断涌现出品德高尚、爱岗敬业的优秀党员，为学校发展做出了突出贡献。

三、坚持“七个围绕”推进创先争优

（一）围绕谋划学校科学发展，推进创先争优

注重将践行科学发展观、创先争优活动与强化学校内涵发展相结合，认真研究学校发展规划，确立了学校“512345”的工作思路，着力“实施八大工程，打造八大校园”，确保学校科学发展。

（二）围绕构建“学习型党组织”，推进创先争优

在学习形式上，坚持把集中学习、业务培训、辅导讲座、讨论交流与个人自学结合起来。在教育载体上，由枯燥单调的说教型转为寓教于乐的多样型。在学习内容上，由单纯政治型转为政治与业务相结合的实用型，提高学习实效性。在教育方法上，由带强制性的灌输型转为有针对性的疏导型。使教师的思想观念、工作目标紧跟时代步伐。

（三）围绕师德师风建设，推进创先争优

通过建制度、开展学习教育法律法规和相关文件以及师德标兵、爱生模范的先进事迹，实行师德承诺，开展师德大讨论、师德征文、师德演讲、师德师风教育学习测试，组织开展“三爱三评”“七查七

看”活动、师德师风民主测评等形式，有效地约束教师的行为规范，树立起良好的师德师风水平，不断涌现出一批品德高尚、爱岗敬业的先进教师，受到家长和社会的广泛赞誉。

（四）围绕提高教学质量，推进创先争优

原州五小创先争优活动紧紧围绕教育教学中心工作，坚持以校本教研为突破口，坚持在课堂教学中教研、在教学过程中教研、在具体问题中教研，广泛开展教师教学大练兵活动，通过开展集体备课，主题教研，反思交流、小课题研究，进行教研课、示范课、讲评课，优质课评比、合作教学、实践教学等活动，积极营造“学习—实践—研究”的工作氛围，使教师在实践中学习，在反思中成长，在研究中提高，教师在交流中不断丰富教育方法，在创新中不断提高了教育教学质量。

（五）围绕校园文化建设，推进创先争优

通过对师生进行爱校教育，中华传统美德教育，培养学生的人文精神，内化学生的思想道德；开展廉政文化建设进校园、手拉手献爱心等活动，把社会主义荣辱观教育和廉政文化教育活动贯穿于校园文化建设的各个环节，充分利用各种节日、纪念日开展丰富多彩的活动，每月开展主题教育活动，达到在活动中锻炼人、在活动中塑造人的目的；开展“书香校园”读书活动，组织“经典诵读”、“红歌传唱”和征文比赛等活动，增强了广大师生热爱国家、热爱家乡的热情。组织学生参加公益劳动、家务劳动、军训活动和各项社会实践活动，使学生了解国情、认识社会，树立崇高的社会责任感和历史使命感。

（六）围绕德育塑校，推进创先争优

大力开展校园德育系列活动。利用升旗仪式，国旗下讲话，校园广播、板报、宣传栏、优秀电影，培养学生爱国情感及集体荣誉感；抓好日常行为规范的教育，对学生进行文明礼仪、遵纪守法、知恩感恩、关爱他人等方面的教育。通过运动会、歌咏比赛、校园文化节等重大校内活动，丰富师生的精神文化生活，陶冶美好情操；通过组建器乐、舞蹈、合唱、绘画、书法、写作、摄影、篮球等各种艺术社团活动，丰富学生课余生活，培养特长，形成团队协作精神和健全的人格；通过开展每月主题安全教育活动，预防重大安全事故发生，创建平安、和谐校园，同时，学校还开展优秀评选活动，为孩子品德形成奠定了良好的人生基石。

（七）围绕城乡联动，推进创先争优

通过加强原州区三营一小、甘沟小学校所结对校之间的教学研讨、课题研究、管理交流，开展“同上一节课”、“同备一节课”、“教学质量分析”、“小专题”研究等活动，达到相互学习、相互促进、共同提高、共助双赢的工作效果。

在以后的工作中，原州区五小党支部将继续以“为民服务创先争优”活动为统领，以“基层组织建设年”活动为重点，紧扣中心狠抓教育教学，在工作上“争先”，在方法上“创新”，用更强的师德修养，更新的教育理念，更高的教育质量，更好的教育教学品牌，努力办好人民满意的教育，以优异的成绩迎接党的十八大胜利召开。

浅谈“互联网＋教育”给班级教学管理带来的变化

信息化技术已经渗透到社会的各个方面。教育领域中，一场信息化的颠覆性变革正悄悄地发生着。在现代信息社会，互联网具有高效、快捷、方便传播的特点，在中小学生们的学习和生活中发挥着不可替代的作用，并成为中小学生们学习的好帮手。这不但有利于提高中小学生上网学习和交流的能力，帮助孩子增长知识、开阔视野、启迪智慧，而且还能更有效地刺激孩子们的求知欲和好奇心，更能有效地养成学生独立思考、勇于探索的良好行为习惯。当然，它也在教师教学和班级管理工作中发挥了显著的神奇作用。

自从走上教育教学岗位以来，和互联网的接触也是与日俱增，由浅入深，优质的教育教学资源向我敞开了大门，为我所用，为我的日常教育教学节省了时间，也补充了山区现有教育资源的匮乏，更大大弥补了我在教学能力上的不足，借助优质教育资源，使我的教育教学能力迅速提高的同时，也使我所任班级的教学质量得到了明显提高。

这样一来，给我节省出了不少时间，而这节省出来的时间对我来说是非常宝贵的，我喜欢看着每个孩子能在我的影响下取得进步的样子，就像农民看着庄稼在自己的精心照料下丰收时一样，所以我总爱利用闲暇时间在电脑上捣鼓——学习充电，在互联网上学习和借鉴别人的先进经验。在这一过程中，我发现了“云校家”“班级优化大师”这样一些网络学习和评价工具，它们就像魔法师一样神奇，可以为教学和班级管理带来春风化雨的神奇作用。我最喜欢“云校家”里的“悦读会”和“习惯养成”，它们给学生带来的变化是立竿见影的。班里有一部分学生性格内向，不敢在课堂上回答问题，不管怎样沟通和鼓励都无济于事；还有一些孩子没有良好的书写习惯和生活习惯……于是我针对这些问题，以作业的形式要求学生每天在家利用“悦读会”和“习惯养成”打卡朗读或练字，或做家务，并提交作品。

同时在“学生点评”功能里专门设置了“悦读会打卡”“习惯养成”积分评价项目，与学校开展的“六星少年”评比活动挂钩，鼓励学生坚持每天在“悦读会”和“习惯养成”里完成打卡任务，尤其是“悦读会”功能的使用，效果是最显著的，孩子们在这里朗读自己喜欢的文章，可以是课本上的课文，也可以是自己在课外书上读到的好文章，诗歌、散文，甚至可以是自己写的作文，这样很大程度地调动了学生的兴趣，也帮助孩子养成了阅读的习惯，提高了学生学习的积极性，尤其是对内向的孩子来说，给他们搭建了一个可以表现自己的平台，短短几个月下来，好几个孩子在这项活动中逐渐克服了胆怯心理，也养成了大声朗读的好习惯，最明显的是班上的马维泽同学，一改往日沉默的状态，现在成了课堂上发言最积极的同学，她还在日记中写道：“我不再沉默不语，我不再是课堂上的‘吃瓜群众’，我感谢‘悦读会’，更感谢我的语文老师！”

同样取得改变的同学还有梁田和马新婷同学，以前的她们做什么事都不自信，在班里也是默默无闻，自从参加了“悦读会”活动以后，胆量逐渐增加了，语文学习成绩也逐步提高了，在“悦读会”里还有了小粉丝，这也使得她们的自信心明显提高。上学期班里召开主题队会，我有意让梁田同学参加诗朗诵的节目，她不但没有退缩，反而表现出色，顺利完成了任务；无独有偶，马新婷同学也在本周国旗下演讲活动中大胆上台演讲，迈出了成功的第一步， 牛沛然等同学的朗读充满了感染力……

孩子们在“悦读会”里互相点赞、互相学习、互相交流，取长补短，共同学习，共同进步，养成了良好的阅读习惯。看着孩子们的变化，我很欣慰，也感谢“云校家”，因为它为我的教学和班级管理提供了很大的助力，弥补了人工教学的缺陷，我不再为了让孩子们积极发言而苦口婆心了，“悦读会”发挥了“随风潜入夜，润物细无声”的神奇功效。

另外，“班级优化大师”在我的班级管理中也发挥不可磨灭的作用，不仅可以针对班级和学生具体情况制定相应的评价标准，而且它有一个强大的功能，可以让我们这些辛苦的班主任变得十分轻松，那就是它可以根据教师平时的点评自动生成期末报告，而且针对每位同学做出科学而有个性的期末评语，给我们的工作带来极大的便利。

随着“互联网 + 教育”计划的实施，借助现代科技手段，不仅实现了优质教育资源的共享，更让孩子的自尊心、自信心和竞争力增强，充分调动了孩子学习的积极性、自觉性和主动性，他们互相交流学习和方法，真正让网络为我们的孩子所用，也为我们老师所用，借力互联网，优化班级管理，提高学习质量和效果，我被这个信息化的时代带来的变化所折服，所以我会更加深入地投入“互联网 + 教育”的实施中，探索它更多的功能，为我的教育教学和班级管理寻求更多的助力。

浅谈对新课程实施中几个问题的认识

新课程带来了新气象，教师的教育观念、教学方式以及学生的学习方式都在发生着可喜的变化。但是，随着新课程的进一步实施，一些问题也随之出现。现就将出现的问题加以分析浅谈自己的看法。

一、满堂问答不等于主动参与

我们在听课的过程中，发现不少教师在课堂上采用简单的问答式，一问一答，课堂气氛很热闹，表面上看是师生互动，实际上是教师以提问的方式“灌”，学生很少提出自己的见解，思维仍在一个水平上重复，师生之间、生生之间没有真正地动起来。

产生以上的原因，教师没有把握住自主学习主动参与要领和实质。我认为，学生站起来发言是一种行为的参与，关键要看学生的思维是否参与，每个学生的发言是否会引起其他学生的思考，是不是主动积极、独立地思考。

我认为，一要让学生主动参与，教师应在激活思维方面做文章，调动学生的“思维参与”应当创设情景，巧妙地提出问题，同时，教师要引导学生思考、讨论、质疑、交流，围绕某一个问题展开辩论，尽可能多地给学生充分表现自己思维的机会。二要让学生自己提出问题。每课应该是越教越引发学生提出问题越多，从习惯于把问题抛给学生，要求学生回答，转向让学生自己提出问题、解决问题。如果学生在学习过程中真正能够提出问题，分析问题和解决问题，自主、探究、合作学习的价值才能体现出来。

二、小组讨论不等于合作学习

我们走进课堂，发现无论什么样的课，教师大都采用分组的方式让学生讨论。进行所谓的合作学习。过一会讨论一次。讨论时学生各说各的，有的学生不善于独立思考，不善于互相配合。讨论后，教师依次让学生发言，发言完毕活动便宣告结束。从表面上看，课堂气氛比较活跃，但从实际的教学效果看，许多内容选择得不够恰当，讨论时间的分配不够合理，多数问题的讨论不深不透。

分析以上现象，原因主要是教师将合作学习片面理解为小组讨论，多数教师只知道新课改倡导合作学习，但没能真正理解合理学习的含义，认为分若干个小组，让学生讨论就是合作学习。教师们对合作学习的操作普遍感到困惑，比如，如何处理班级教学、个人学习与合作学习的关系？如何让每一位学生参加到讨论之中？低年级能不能进行合作学习？等等。

我认为，真正达到合作学习得目的，教师要正确解合作学习的内涵。合作学习是新课程倡导的学习方式，是小组或团队为了完成共同的任务，有明确的责任分工的，互助性学习。在教学过程中，教师应当根据教学的实际需要，选择有利于产生争论的、有价值的，而且学生个人难以完成的内容，让学生在独立思考的基础交换意见。教师关键还要看提出的问题是不是值得讲讨论的问题，有没有合作学习的必要。如果提出的问题过于简单，就没有必要讨论，不必进行合作学习。如，学习对某一问题的思考出现困难，意见不统一时，才进行合作学习。不是所有的内容都适合讨论，也不是每节课都要搞小组合作学习。要掌握合作学习的要领。前提是要有分工，要有一个适合于探讨的问题，而且所有的学生都要参与进来，都要独立思考。在合作学习过程中，要培养学生“三会”：一是学会倾听，不随便打断别人的发言，努力掌握别人发言的要点，对别人的发言作出评价。二是要学会质疑，听不懂时，请求对方进一步解释。三是学会组织、主持小组学习，能根据他人的观点，做总结性发言，使学生在交流中不断完善自己的认识，不断产生新的想法。

合作学习离不开教师的指导。合作学习强调学生自主探究，不等于让学生自己学习，教师可撒手不管。学生讨论时，教师应该以听、看为主，把注意力集中在了解上，并思考下一步教学的调整，哪些问题需要全班讨论，哪些问题需教师讲解。

三、多元化教学目标不等于要淡化“双基”

在听课中，我们发现，有的教师在课堂上不敢讲知识点，对学生提出的问题不了了之，有的课堂变为“学生自学，互相讨论，教师总结”，学生学得好不好，好像不重要。例如，一节语文课上，教师几乎没让学生接触到基本的字词及训练要点，虽然重视了学生的学习兴趣、学习态度及学习方法，但“双基”目标却没有落实。

分析以上现象产生的原因，是因为有些教师认为新课程不重视“双基”了。将基础扎实简化为仅仅是知识数量的堆积。新课程不是不重视“双基”，而是以一种全新的理念去审视“双基”，哪些要保留的，哪些要删除的，哪些是增加的，哪些知识是必须学的。

我认为，既要纠正过去以往过于偏重“双基”的做法，又要防止走向另一个极端。过去的问题是过去注重基础知识，而且主要以灌输的方式要求学生死记硬背，导致学生负担过重、兴趣丧失。真正抓好基础，应该是将该学科中最基本的、最有目的内容讲深讲透，并且能举一反三，灵活运用，培养学生搜集信息和处理信息的能力，获取新知识的能力，分析和解决问题的能力，也是应当打好基础。这比传统的打基础更为重要，我们要重点确定的是为学生打什么样的基础，用什么样的方法打好基础，而不是不要基础。情感、态度、价值观的形成和发展离不开基础知识和技能的学习过程，它是在学习基础知识的活动中获得的，两者是一个密切联系的有机整体。

四、教学评价不等于只评价教师的教

我们听完公开课、研究课后，组织学科组进行评课，每位教师都发了言，但无一例外都谈的是这位教师的如何如何，很少有教师关注学生学的情况，教师们教学评价的关注点仍在教师的教上。

由此，我认为，教师的教育观念和教学实践不同步，当教师们谈到新课改理念时，都能说出许多，比如：学生的主体地位，一切为了学生，为了学生的一切，等等。但把这些理念转化为教学实践，需要一个转变过程，这个过程的长短由教师的素质决定。这是新课改的一大难题。

以教师为中心的教学结构根深蒂固，教师思想上不可能是以学生为中心，但在教学过程中仍表现出极强的控制欲，学生在学生活动中的被动地位并没有根本性地改变。

教学评价关注的重点应该从教师的教转到学生的学习上来，学生是学习的主人，教师的教是为了学生的学，教学评价要看新理念能否体现在教学过程中，能不能转化成为师生具体的活动方式，要看多少学生在多大程度上实现有效学习，要看教师重点讨论、重点讲话的问题在多大程度上符合学生的学习需要，有助于帮助学生自解难点，要看学生与教师提问、讨论、作业活动表现出的精神状态。总之，“看课”应把重点从教师怎么教转到学生怎么学上。“看”的重点是学生在教师组织下的学习活动的过程，只有把学生的活动与教师的活动联系起来评价，教学评价才有意义。

“走进新课程，实践新课程”任重道远，我们一定要通过岗位实践，纠正理念与行为上的偏差，将新理念付诸教学行为，和新课程同成长、共进步。

人教版四年级上册数学《一亿有多大》教学案例

一、背景分析

《义务教育数学课程标准（2022年版）》指出，学生的学习是一个主动的、真实的过程，独立思考、动手实践、合作交流等是学习数学的重要方式。同时，学习活动中操作方面的表现也是教学评价的一项主要内容。另外，通过组织、开展或安排一些如动手量一量、动笔算一算、动脑想一想、动口说一说等实践探究的数学活动，以满足学生的个性化需求，增强学生的动手操作能力，也是让“双减”走实走心的具体举措。

《一亿有多大》是人教版四年级上册第一单元《大数的认识》当中的最后一部分内容，是一节数学实践活动课。本单元的内容有“亿以内数的认识”和“亿以上数的认识”两个部分。本单元的学习基础是学生已经理解、掌握了万以内的数。不管是在生产中，还是在生活中，“大数”都普遍存在，对学生而言，认识大数不但是对万以内数读写的进一步巩固与扩展，而且是必须掌握的最基础的数学知识之一。可是，因为1亿这个数确实太大，与亿相关的事例在生活和学习中又不常见、不常用，学生在学习时，由于很难结合具体的量和具体的体验去获得直观的感受，往往会出现这样或那样的错误或误判。

基于此，组织并安排这次数学活动，是为了使学生通过动手探究，经历猜测、实验、推理等数学过程，然后结合并运用相关素材想象、感受 1 亿这个大数。启发和引导学生感知、体验相对具体的数量，进而理解数的意义并建立数感。

二、教学过程

在课堂一开始，教师以图片的形式出示一粒大米，引导学生观察，接着出示一碗大米，然后出示一堆大米。老师一边展示，一边引导学生观察、猜测和思考，使学生感知由 1 粒大米变为很多很多粒大米的过程。紧接着，老师提出问题："请同学们结合自己的生活经历和已有知识，说说对 1 亿的感知。"学生独立思考，然后小组内交流讨论，最后教师指名在全班交流，并予以评价。

接下来教师又抛出一个问题，如果验证 1 亿粒大米有多少呢？会不会装满我们的教室？会不会像山那样高？会不会永远也吃不完……其实，这些都是我们的猜测和想象，至于 1 亿粒大米到底有多少，需要我们动手去探究。接着这个话题，老师又引导学生思考研究 1 亿粒大米的方案。比如采用"化繁为简"的方法，先观察 100 粒、1000 粒大米的多少，测量其重量，再推理计算 10000 粒、1 亿粒大米的重量（多少）。

然后，教师以验证 1 亿粒大米为话题，启发学生以小组合作量出 100 张纸的厚度，然后推算 1000 张纸的厚度，继而推算 1 亿张的厚度。经过讨论交流，学生还找到了其他感受 1 亿有多少（多大）的方案，如选择 1 亿枚 1 元硬币堆起来有多高、眨 1 亿下眼睛要多久、1

亿支笔连起来有多长等。当各学习小组选择好方案之后，老师组织、引导他们进行探究、总结汇报、得出结论。

三、教学反思

（一）体验式、探究式学习让深度学习真实发生

学习不是简简单单的“告诉”，而是学习者真实客观的“体验”。如果教师把1亿粒米有多重、1亿张纸有多厚、1亿枚1元硬币有多高等“问题”的结论和答案以课件的形式直接呈现给学生，让学生去读、去记，尽管从表面上看老师教得轻松、学生学得轻松，可是试想一下这节课的课堂氛围，是活跃开放，还是枯燥呆板？再试想一下学生的收获，他们是否学到了有价值的数学，是否提高和发展了自己的数学素养，是否能运用本课当中的数学方法解决生活中的问题？显然每个疑问的答案都是否定的。这既不符合“双减”政策的精神，也不符合《义务教育数学课程标准（2022年版）》的理念。在本次数学活动中，教师让学生经历了一系列的创新问题解决和学习方法的内化，学生提升了自身深度学习的能力，激发了深度学习的意识，让深度学习真实发生。

（二）数学源于生活，服务于生活

数学和生活不可分割，生活离不开数学，数学离不开生活，生活中有数学，数学中有生活。数学源于生活，又回归于生活，服务于生活。但是，因为数学是一种逻辑思维体系，所以一定程度上数学高于生活。所以教学数学，最重要的一点是让学生感受到数学的价值，数学的魅力，因此要多联系生活实际、多联系身边的数学，让数学回到实践中去，回到生活中去，回到生产建设中去。

（三）坚持不懈，持之以恒，就能遇见美好的自己

在本次数学活动中，教师组织、引导学生在已有的认知水平上，通过身边大量熟悉的事物从不同的角度猜想、推算、感受、估计“1亿有多大”。既注重了实践，又关注了合作，带领学生在活动中增强体验，在活动中感受数学。每个学生不但亲历实验过程，而且在小组合作探究、讨论交流、展示汇报中学会了质疑思辨、认真倾听和与人沟通。

本次实践活动在让学生们对数学知识有了更深刻的认识理解的同时，也让学生切实体会到了珍惜的重要性，懂得了以后要爱惜每一滴水、每一粒粮食，要珍惜每一分钟、每一秒钟。1 滴水虽少，1 粒米虽小，1 分钱虽少，1 秒钟虽短……但积少成多，聚沙成塔，它们的价值不可小视，它们的力量不可低估。而我们的进步和成长，哪怕每天只是一点点，如果坚持不懈、持之以恒，就能遇见美好的自己。

《小学中段数学学科的思政教学研究》研究报告

一、问题的提出

2020 年 6 月 1 日，教育部印发了关于《高等学校课程思政建设指导纲要》的通知，明确了全面推进课程思政建设是落实立德树人根本任务的战略举措，是全面提高人才培养质量的重要任务。随着对高校课程思政建设研究的深入，大中小课程思政一体化建设也越来越受重视。2021 年 1 月 19 日教育部印发了关于《革命传统进中小学课程教材指南》《中华优秀传统文化进中小学课程教材指南》的通知，要求中小学在课程教材、课堂教学中认真贯彻落实，并提出了不同学科不同程度侧重，全学科覆盖模式，为小学阶段课程思政的开展提供了政策指导。小学数学作为基础教育阶段的重要学科之一，理应积极响应号召，与思想政治理论课同向同行，形成协同效应。因此，对小学数学课堂教学中融入思政元素开展研究，具有重要的现实意义。

《义务教育数学课程标准（2011 年版）》（以下简称《数学课程标准》）强调："数学是促进学生全面发展教育的重要组成部分，数学课程不仅可以使学生掌握必备的基础知识和基本技能，还能促进学生在情感、态度与价值观等方面的全面发展。"可见，在促进学生的全面发展中，数学教育发挥着重要作用。同时，《教学课程标准》提出："数学课程内容要反映社会需要。"因此，数学教学也应与时俱进，立足《教学课程标准》要求，顺应社会需要，充分发挥学科育人作用，引领学生全心全意跟党走，树立正确的思想观念，以达到培养德智体美劳全面发展的社会主义建设者和接班人的目标。小学阶段是学生快速成长的阶段，在这阶段里学生心智发展比较快，具有较大的可塑性，是养成良好习惯、发展良好人格、形成优良道德品质的关键期，是树立良好的世界观、人生观、价值观的重要阶段，要帮助他们打好基础，"扣好人生的第一粒扣子"，因此，开展小学数学课程思政对于学生发展具有重要意义。同时小学数学知识中蕴含着丰富的数学史、数学文化、中华优秀传统文化、少数民族文化等元素，都是在小学数学教学中融入思想政治教育的良好切入点。基于此，研究小学数学课程思政，是《教学课程标准》对培养学生全面发展需要的重要体现。

在新时代的大背景之下，基于《数学课程标准》的需要，不难看出研究小学数学课程思政既是新时代的大势所趋，又是"立德树人"在小学数学教学中的重要体现。而目前对于小学数学课程思政的研究还处于起步阶段，小学数学教学中融入思政元素的现状不明晰，且已有研究多为理论层面，缺少完整案例。因此，本研究聚焦于小学数学课程思政，通过行动研究法主要研究以下三个问题：

一是小学数学教学中融入思政元素的现状是什么？

二是如何将思政元素有效融入小学数学课堂教学中，并开发相关的教学案？

三是在小学数学教学中融入思政元素，会对学生产生什么影响？

二、课题研究的主要目标与内容

（一）本课题研究的主要目标

教育和引导学生热爱中国共产党，热爱祖国，热爱人民，学习传承中国优秀传统文化。在数学课程中加强对学生科学精神、科学方法、科学态度、科学探究能力和逻辑思维能力的培养，促进学生树立勇于创新、求真求实的思想品质，成为有爱心、有责任心、有良好个人习惯和个性品质的人。

（二）本课题研究的主要内容

本研究的研究对象为小学教师和学生，研究内容主要有三个方面：一是小学数学教学中融入思政元素的现状，二是思政元素有效融入小学数学课堂教学中的方式，三是在小学数学教学中融入思政元素对学生产生的影响。

三、课题研究方法

（一）文献研究法

文献研究法就是对文献进行查阅、分析、整理，从而找出所研究问题本质属性的一种研究方法。通过对已有研究的查阅、分析与整理，首先，了解目前课程思政研究现状，聚焦研究方向为小学数学课程思政。其次，进行资料收集，设计调查问卷、访谈提纲。进而梳理小学数学教学以及课程思政的相关文献，撰写将思政元素融入小学数学教学的教学设计。

（二）行动研究法

行动研究的定义是多种的，不同的人有不同的定义。对行动研究的不同认识，归纳起来大致有三种：一是行动者用科学的方法对自己的行动进行研究。二是行动者为解决自己实践中的问题进行研究。三是行动者对自己的实践进行批判性思考，以“理论的批判”“意识的启蒙”来引领和改进行动。实践者的参与以及实践者行动与研究过程相结合是行动研究的重要特征。本研究将在实践中进行，开发小学数学教学中融入思政元素的案例并自己付诸实践，通过“行动—修改—反思—再行动—再修改—再反思”，最终形成研究成果。

（三）调查研究法

调查研究主要包括问卷调查法和访谈法。通过对一线教师和学生发放问卷，初步了解目前小学数学课程思政现状，并通过个别访谈，深入了解在教师视角下目前小学数学课程思政存在的问题及困难。同时，在每一次的教学实践后，对授课班级的学生发放问卷，收集数据进行反馈分析，检验教学效果，进而总结反思。

（四）课堂观察法

课堂观察法可以在实践发生的同时就进行记录，不但可以获得现场的一手资料，而且还可以使研究者记录下那些只可能在现场产生的、与研究主题相关的感想和体会。课堂观察法分为量的课堂观察和质的课堂观察。本研究以质的课堂观察，通过课堂的录像和书面语言记录课堂实录，查看课堂实录，并针对课堂教学中存在的问题和不足，对小学数学中融入思政元素的教学设计再次进行修改。

四、课题研究过程与操作

本课题研究研究过程与操作如下：

其中第一阶段为制订计划。通过文献的梳理确定研究课题，确定为小学数学教学中融入思政元素的行动研究。通过整体规划，决定先对现状进行调查，进而进行教学设计。

第二阶段为实施计划。根据第一阶段编制的问卷进行现状调查，分析调查结果后，初步撰写小学数学教学中融入思政元素的教学设计，通过三轮的教学实践并在小学数学一线教师指导下不断修改，最终形成具有参考性的小学数学课程思政案例。

第三阶段为分析反馈。主要分三部分进行，第一部分对上课的录像进行回顾与分析，第二部分对课后学生问卷结果进行梳理，第三部分对课后学生访谈结果进行梳理。

第四阶段为总结与反思。总结小学数学教学中融入思政元素的现状以及思政元素融入小学教学后对学生的影响，结合教学实践提出相应的教学建议，最后反思研究存在的不足并提出展望。

五、课题研究结果与政策建议

（一）研究结果与分析

基于教师视角和学生视角，对小学数学教学中融入思政元素的现状进行调查，通过分析教师与学生的调查问卷数据，得出以下结论：

基于教师层面的三个调查维度，结果显示，首先，教师对小学数学课程思政教育理念的认识还存在不全面的情况，并且部分教师认为在教学中融入思政元素，会加重教师的教学任务，一定程度上影响了学生知识的学习。其次，在对思政元素的处理方式上，大部分教师会在教学中融入思政元素，但频率较低，说明在实际操作中存在困难；同时大部分教师会尝试多元的途径挖掘思政元素，但以个人挖掘为主，缺少团队合作；在选择融入教学的思政元素时，教师们更倾向于与知识点结合较为紧密的思政元素；在教学方法的选择和运用中，大部分教师们会选择不同的教学方法进行渗透思政教育，但选取上比较传统，还有一部分教师不会选择多元的教学方法渗透思政元素。进而，在对影响因素的调查上，总结发现教学内容的选择、学生的年级、教师的教学理念、教学方式的选择、思政元素的挖掘、缺少可参考性的案例等都影响了目前小学数学课程思政的效果，可见基于教师层面目前小学数学课程思政开展存在较多困难。

基于学生层面的三个调查维度，结果显示，首先，学生对于常见的思政元素有一定的了解，日常学习中部分教师会在教学中融入思政元素。其次，学生对于思政元素的接受度高甚至大部分学生表示非常感兴趣，同时大部分学生认为在教学中融入思政元素能够提高学习兴趣。最后，学生更渴望了解与生活联系紧密的思政元素。

综上所述，从教师视角来看，在影响当前小学数学课程思政开展的因素中，除了教学内容、学生年龄、教师自身的教学理念以外，教学方法的选择、思政元素的挖掘以及缺少可参考性的小学数学课程思政案例导致了教师在小学数学教学中融入思政元素时“心有余而力不足”或效果不好；从学生视角来看，学生对在小学数学教学中融入思政元素有积极态度，并且他们对小学数学课程思政有一定的了解，有利于教学实施。故由此入手，通过设计并实施，开发具有可参考性的小学数学课程思政案例。

（二）本课题研究的建议

将小学数学与思政教育结合起来，对于引导学生坚定跟党走，树立正确的思想观发挥着重要作用。通过四节课例的实施，结果是可喜的，学生们通过这样的课不仅促进了对知识的掌握，更是加强了思想教育，这都说明在小学数学教学中渗透思政元素是可行的，具有巨大价值，值得大家深入探索与思考。从本次研究中，基于教师视角和教学视角探索出几点对于小学数学课程思政教学的建议，希望能为一线教师提供参考。

1.基于教师角度。

(1) 加强品德修养，树立思政意识。师者，传道授业解惑者也。通过传道授业解惑，教师既影响着学生的知识建构，也影响着学生的价值选择。开展小学数学课程思政，首先教师要锤炼自身的品德修养，充分树立小学数学学科的思政育人意识。这需要教师主动学习思想政治教育理论，才能拥有理论基础。其次，教师要提高自己的小学数学课程思政教学素养。掌握相关的理论知识相较容易一些，但要将理论与实践相结合，在课堂教学中切实运用起来是比较困难的。这也需要教师多借鉴一些优秀案例，提升自己在小学数学教学中融入思政元素的能力，主动担当小学数学课程思政的责任。

(2) 探索多种途径，挖掘思政元素。目前小学数学教师在挖掘和处理思政元素上途径是比较单一的。实施小学数学课程思政，需要教师具有善于观察、发现的眼睛，充分挖掘思政元素。首先，教师可以从时事热点中挖掘思政元素。结合线上、线下的方式从身边的时事热点内容或国家出台的政策等，联系教学内容挖掘思政元素。其次，教师可以从数学文化、数学史中挖掘思政元素。中国具有上下五千年的灿烂文明，也拥有很多伟大的数学家，从中挖掘思政元素并融入教学中，学生不仅可以对学科知识有更深入的了解，更能学习到数学家身上的优秀品质，感受到中国文化的灿烂多彩。

(3) 构建育人合力，开发教学案例。当前世界正在飞速发展，信息资源日新月异。通过教学实践后发现，小学数学教师既要保证小学数学教学任务，又要充分挖掘课程包含的思政元素并有效结合教学内容加以融入，是比较困难的。因此，可以形成团队合作，构建大学、小学、小学数学一线教师研究共同体，与高校教师合作，合力开发课程思政案例；或者形成校内教师合作、工作室合作等，探索多种挖掘课程思政资源途径，合理有效地将课程思政资源融入课堂教学中。进而开发具有可参考性的课程思政案例并进行推广，构建育人合力，以促进小学数学课程思政发展，加强学生思政教育。

2.基于教学角度。

（1）立足知识内容，选择思政资源。通过现状调查和教学实践发现，小学数学教学中融入思政元素的效果会受到教学内容上的影响。小学数学教材是一个学科类的教学文本，它以数学知识为“明线”，以数学核心素养的培养为“暗线”来串联数学知识，并且不是每一个数学知识点都具有鲜明的、良好的思政元素切入点。因此，在教学中，教师需要对教学内容具有充分的认识，根据知识点背后体现的内涵，分析选择合适的课程思政资源进行加工融入，这样不仅能加强学生的思想政治教育，更能够促进学生对学科知识的学习。

（2）利用多种途径，融入思政元素。从教学实践中可以看出，思政元素融入小学数学教学是有多种途径的。首先，可以在创设的情境中融入思政元素，不仅可以在导入情境中融入思政元素，也可以在习题中创设融入思政元素的情境，这样不仅不耽误教学进度，也对学生的思政教育具有潜移默化的作用。其次，抓住教学中的总结环节，总结环节是对一节课知识的总结与拓展，在其中渗透思政元素，不仅让学生对本节课所学的知识有了总体的回顾与梳理，更是在对拓展延伸中发现数学知识与国家发展之间的联系，激发学习的兴趣与动力。同时，还可以在数学教学活动的过程中融入思政元素，调查显示，在教学活动中融入思政元素能够让学生有更深刻的印象，更有利于学生在数学课堂真正感受到思政教育。

(3) 选择合适方法，加强思政教育。在教学中，要因材施教，灵活运用各种教学方法来加强学生的思想政治教育。在教学中，教师常用讲授法生硬地向学生讲授数学知识中蕴含的思想政治知识，这样不利于学生的理解，并且容易浪费教学时间。因此，除了传统的讲授法，还可以运用多种教学方法在小学数学教学中融入思政元素，如讨论法、自主学习法等，充分调动学生的积极性和主动性，将思政教育贯穿于教学始终，潜移默化地对学生产生质的影响。

自治区培育性示范县（区）
培训项目发言材料

9月，在浓浓的秋意之中，我们来到古城西安，怀着深深的思索，相约国培，共同学习，一起成长，深感激动。能成为学员代表在此发言，我备感荣幸。首先，请允许我代表全体学员向搭建这次学习平台的全国中小学教师继续教育网的工作人员表示崇高的敬意，向给予我们这次学习机会的各位领导们表示衷心的感谢，向即将给我们授课的专家们表示热烈的欢迎和致意！

此刻，我们每一位学员心中都充满了期待，期待着聆听大师们给我们思想的洗礼，期待着专家们的深度引领，期待着与在座的同仁们的真诚交流。让我们知道 这次“国培计划”暨宁夏回族自治区乡村教师网络研修与校本研修整合培训的实施要求、目标任务、课程内容、培训流程等，掌握网络平台的操作使用，明确各角色的工作职责，制订整合研修培训参训学员的线上和线下校本研修的研修规划，确保整合项目的顺利实施。

在此，我们作为这次国培的校级管理员，面对这样的使命，接受这样的培训，我们不敢有丝毫的懈怠，一定会珍惜机会，静心学习，深度思考，潜心研究。我们将努力做到以下几点：

一、热情参与，真情研修

“学高为师，身正为范。”做了很长时间的老师，再回到学生的身份上来，是我们的幸运，我们每一位学员将以敏而好学、求真务实的精神面对这次培训，在不同风格的讲座、不同风味的现场对话中碰撞思想的火花，用专家们先进的理念、独到的思想指引我。在培训中，我们要认真聆听专家讲座，做好每份学习笔记，认真撰写研修日记和制订研修计划，积极参与小组研讨和经验交流，保证圆满完成各项任务。

二、相互交流，取长补短

古人云：“独学而无友，则孤陋寡闻。”“三人行，必有我师焉。”因此，在培训期，我们学员之间、学员与专家之间要加强交流，通过交流，升华思想，转变观念，促进提高，增进友谊，广交朋友，形成互帮互助，团结协作的浓厚学习氛围。

三、严于律己，为人师表

我们应该一如既往，为人师表，率先垂范，强化纪律观念，严格遵守培训的各项规定和学习生活纪律，服从各项安排，保证圆满完成各项培训任务，真正做到学有所思、思有所得、得有所成，成长为一名优秀的网络研修与校本研修整合培训的校级管理员，展示我们教育人的学习精神，合作精神和良好形象。

四、学有所获，学有所用

培训结束后，我们要不负领导的期望，不负同事的重托，满怀希望而来，满载收获而归；而且我们有信心、有决心，以这次培训为力量，借力起飞，把所学的知识与工作实际结合起来，扎实工作，让网络研修与校本研修整合培训项目，在宁夏教育的这块沃土上结出累累硕果。

固原市原州区第十二小学
辛耐帮

第六辑
爱心·真诚·专业

教育是一场修行，从培养学生学习习惯开始，从点滴做起，用爱心去塑造，用真诚去感召，用人格去熏陶，用专业去引领，用行动去实践，沿途领略做人的真谛，品尝知识的甘露，师生在共同学习共同成长中最终到达理想的彼岸。

求学路，教育梦，话辉煌

——回顾我的上学与从教之路

35 年前，我背着妈妈用各色布角缝制的书包奔向破窑洞去上学的情景还时常在脑海隐隐浮现。这些年一路走来，教育日新月异，学校建成了乡镇和城市最亮丽的风景线，学校里孩子们吃上了免费的早餐和营养午餐，这里面包含了我这个从大山深处成长起来的普普通通的人民教师的很多经历，让我从 80 年代宁夏固原的一个偏僻小乡镇说起吧。

三条腿课桌伴小学

这里是一个大山深处不为人知的偏僻小山村，当怀揣着对美好校园生活的憧憬跑进学校的大门时，第一眼看到的是两个破窑洞，其中一个连门都没有。走进“教室”，我被安排坐到一条用土墩撑起薄木板的“凳子”上，面前摆着一张只有三条腿的破桌子，桌面上伤痕累累，就这几张破烂不堪的桌凳，我们也视为珍宝——怕丢失，每当放学时我们都要搬到有门的那个教室，每天来校后再搬过来。

学习场景一：教师用很不标准的普通话在领读了几遍生字和课文以后对同学们说：“现在拿着书到院子里用墨棒或木棍写生字去，写会以后再背诵课文。”

学习场景二：“同学们，今天考中期试，把本子拿出来撕两张纸，写上自己的名字，然后抄题。紧接着老师拿着一本破旧的什么书在黑板上开始抄写考试题，由于黑板不黑，看字很吃力。”

初中喝口生水都困难

1989 年 9 月，我以优异的成绩考入中学上学，心里充满了无限的期待，但等待我的却是艰辛的读书之旅。早晨 5 点就赶快起床，带上几个煮熟的土豆和一块不黑不白的饼子作为早餐和午餐，步行 12 里路去上学，下午放学回到家时已掌上灯了。尤其到了冬天，每天早晚离家、回家两头不见太阳。因为学校住宿紧张，家距学校 15 里以外的孩子才能住校，我只能走读，中午吃土豆、啃干馍。开水是专门为住校生准备的，走读生喝凉水还得瞅机会。因为学校只有一口十几丈深的水井，为了安全，井口通常都是加盖紧锁着，我们只有趁食堂师傅打水时，给自带的瓶子里灌点水喝。

学习场景一：考试不再抄题了，有了蜡版雕刻的油印试卷，我觉着太神奇了，这到底是怎么造出来的呢？成为我心中的谜团。由于我学习好，字也写得好，有一天中午数学老师叫我帮他干一件事情，原来是让我帮他在蜡版上刻练习题，这份工作对我来说简直就是一份殊荣，后来我都成了“刻题专家”。

学习场景二：竟然还有体育课、唱歌课等，真是另一个天地。

初为人师话艰辛

1994 年 10 月，我有幸考入了宁夏固原民族师范。当时在家乡能考上中专学校实属光宗耀祖之事，经过在固原民族师范三年的深造学习，我满怀憧憬怀抱造福家乡的豪情壮志走出了师范的大门，我被教育局分配到自己的家乡任教，又持学区的分配文件来到了距乡镇较远的一所村级完全小学，走进学校大门映入眼帘的只有两栋破烂不堪的土坯教室和两间集体办公用的旧房子。全校共 6 名教师，其他 5 位教师都是本村的，学校没有宿舍，校长最后联系村委会解决我的住宿问题，把我安排到附近农户家借宿。学校用水靠学生在 1.5 公里路以外抬水，翻沟爬坡，往返将近 2 小时左右。平时教室地上很少洒水，尘土很厚，人一走动，尘土飞扬，呛得人直咳嗽。学校师生仅有的一件娱乐工具就是一副破旧的象棋，课余教师们无聊时，互相下棋寻乐。

教学场景一：学生的课桌凳比我上小学时稍微好了一些，黑板用墨汁还算刷得黑亮。学校里能看到一个篮球，我负责给全校学生上体育大课，只要上基本就是一个下午。

教学场景二：冬天教室里都能安上火炉，每个班每周限一桶子煤。

一架脚踏琴伴欢歌

由于这个小学距离我家 30 里开外，一年之后，在我的强烈申请下，我被调回本村的学校任教，看到虽然是土木结构的校舍，但显得干净整洁，我心里产生了几分快慰。

教学场景：学校不知靠什么项目争取到一架脚踏风琴，全体师生视为瑰宝，我这个琴技不高的“演奏家”为全校师生带来了乐趣。孩子们每到周二下午，全校近百名学生齐聚一堂，企盼我为他们上音乐课。我的出现，会使孩子们欢呼雀跃，因为我可以弹琴教孩子们唱歌，他们的唱歌兴趣特浓，一唱就是一个下午。高亢的歌声打破校园的宁静，为学校增添了几分活力。

教育梦想在这里放飞

一年以后，由于工作的需要，我又被调到公路沿线的一所小学任教。当我来到这所交通便利的学校时，我的眼前一亮：清一色新建的砖混结构架子房分排挺立，红砖砌成的围墙犹如给学校镶上了花边。说实话，从走出师范大门的第一天起，我一直没有找到这种惬意的感觉，我觉得这里才是我理想中的沃土。在这里我看到了适龄儿童的入学率逐年提高，学校从硬件建设和软件建设逐年得到改善，经历了普及九年义务教育各级政府部门的整体验收工作，更加大快人心的是惠泽固原市 20 多万贫困学生的农村义务教育经费保障机制——“两免一补”扶持政策，从 2005 年春季新学期开始，在固原各县区整体实施，河川乡黄河小学师生自然得到了恩惠，村民们的脸上也露出了灿烂的笑容。

教学场景：“两种模式”教学——光盘播放教学和卫星接收资源教学逐校开展，我感觉到了教育的步伐似乎迈入教育的春天，从此，基层一部分年轻教师也有机会走了出去，参加了应用卫星接收资源等信息技术手段教学和新课程改革等的相关培训。

第一幢教学楼展愿景

在这所小学一干就是 8 年，我从教师最后被任命为校长，学校的教学质量和综合管理考核连续三年全乡第一。2008 年我被调入乡镇中心小学，这所学校 2006 年新建的一幢 3 层砖混教学楼鹤立鸡群，成为全乡的标志性建筑和亮丽风景线，宽敞明亮的现代化教学楼里远远就传出琅琅的读书声。

教学场景一：学校有了 1 个微机教室，孩子们上电脑课成为现实，素质教育从娃娃抓起在这里得到全面落实，孩子们玩中学，学中乐。学校自然科学仪器、图书、音体美教学器材应有尽有。

教学场景二：学校组织教师搞起了听评课，有了教研交流活动，有的老师开始撰写论文向宁夏电教馆投稿。

营养改善计划惠民生

随着党和国家对教育投入的不断加大，2009 年秋季，一幢崭新的三层框架寄宿大楼拔地而起，孩子们用上了暖气，每天都能喝上学校提供的开水。2010 年秋季，党的教育惠民政策的和风又一次吹向祖国大地，固原市 23 万多名小学生和初中生从开学的第一天起，每人每天早晨都能吃上一个煮熟的热鸡蛋，孩子们的内心再一次增添了几分暖意。

时隔仅一年，为贯彻落实《国家中长期教育改革和发展规划纲要(2010—2020 年)》，进一步改善农村学生营养状况，提高农村学生健康水平，加快农村教育发展，促进教育公平，中国国务院于 2011 年秋季全面启动实施农村义务教育学生营养改善计划，孩子们每天中午又吃上了热气腾腾的牛肉面。用村民们的话说：“如今党的政策真个好啊!”

教师招聘让我进了城

城镇化进程的加快，让大批农民工拥向城市，所以改扩建、新建的学校逐年增多。2011 年秋季，城区 X 小学改扩建而成，面向农村 45 岁以下在职教师公开选聘师资队伍，我也加入了应聘大军，没想到天遂人愿，顺利过关。来到这所小学，高大上的校门，崭新的现代化教学楼，48 个教学班的建制等，我的人生好像经历了复活，来到一个全新的世界。

教学场景一：专业的体育老师在绿草如茵的塑胶操场上给孩子们上足球课。

教学场景二：48 个教学班电子白板班班通，教师不再为抢多功能教室而犯难，学生上课集声音和图像于一体，教学实效明显增强。

教学场景三:机器人教学和 3D 打印教学走进学生的课堂，让全体师生耳目一新。录播教室多维立体，让教师录课实现了远程直播。

教学场景四:创新素养教育应运而生，智慧黑板又替代了电子白板，智慧教室替代了普通教室，“互联网 +”教育正在走向纵深……

“政惠‘三农’，教育强国成大道；恩泽万户，经济转型奔小康”。30 年一路见证，我国的教育已走向辉煌，如今的孩子们生逢盛世，而作为一名普普通通的党员教师，我既深感欣慰，又备感责任重大，自己除了用毕生的精力为实现教育的辉煌梦不懈努力外，还有什么可言呢?

原州区第十一小学教师专业发展现状调查报告

一、调查背景

原州区第十一小学于 2018 年 11 月申报了自治区级课题：《不同学历背景下小学教师专业发展比较研究》。从原州区第十一小教师的现状来看，来源主要是中师生教师和近几年毕业的免费师范生以及特岗教师，把原州十一小作为本课题调查对象具有一定的代表意义。同时，基础教育新课程改革的深入实施，对教师的专业发展提出了内在的要求，对教师的教育观念和教育行为提出了全面而深刻的挑战。面对学生独立个性的张扬、全面素质的提升、主体能力的增强、创新潜能的开发，它要求教师反思、完善甚至转变许多习以为常的教学方式、教学行为及潜伏在其后的教育观念，要求教师成为新课程的研究者、实施者和创造者。如何促进教师的专业发展，已成为课程改革持续发展亟待解决的问题。基于以上原因以原州区第十一小学教师为样本，进行了问卷调查。

二、调查方法

（一）问卷调查法

为保证调查的覆盖面和可信度，调查分析的全面性和科学性，调查对象以全体教师为主，对调查范围采用了匿名调查的方法，调查问卷发放和统计的时间为 2008 年 11 月，本次调查共发放问卷 112 份，回收了问卷 112 份，有效问卷 112 份。

（二）问卷的处理与分析

先用问卷星登记问卷资料，再用问“卷星”进行统计分析。

三、调查结果

（一）教师专业精神良好，教书育人的使命感很强

从职业情感方面来看，当有人无端指责教师群体时，92%的中师毕业生觉得自己受到了侮辱，81%的人对教师职业充满热爱和敬畏之情；在做自我介绍时，55%的教师非常乐意向别人介绍自己的职业，20%的人不太愿意。而不太愿意介绍自己职业的教师中，男教师的比例占到 98%。

针对职业认知的调查显示，97%的人觉得自己肩负着“教书育人”的伟大使命。88%的人在教学中能够保持积极的心态。80%的人对教师目前工作感觉非常满意，17%的觉得一般，只有 2.5%的中师生对目前工作感到不满意。57%的中师生认为教师职业能够带来幸福感和满足感。总体来看，中师生的职业状态较好，虽然有 38%的人感受不到教师职业带来的幸福感，但几乎所有的教师都能够以良好积极的精神状态开展教学工作。

从职业承诺来看，针对重新选择职业的调查显示，68%的教师还

会坚决选择教师职业，32%的教师表示如果有机会重新选择将不会再选择教师职业。

（二）教师专业知识丰富，对新课程改革认同度高

在课程知识方面，92%的教师对于基础教育课程改革的理念非常认同，认为新课程改革非常符合现代人才的培养需求，89%的教师对自己所教学科教材的内容及编写意图非常熟悉，90%的教师对自己所教学科“课程标准”的内容和框架非常熟悉。数据表明，中师学历起点教师在职后专业发展中，对于课程知识的学习和掌握较好，在教育教学过程中能够紧跟时代的步伐与改革的节奏。

在学科教学知识方面，93%的教师对自己所教学科的基础知识、基本概念和逻辑框架等非常熟悉；92%的教师能够将新课改倡导的“自主合作探究”的教学方式很好地落实在课堂教学中，在教学过程中能够很好地调动学生学习的主动性和积极性；94%的教师能够将难懂的学科知识转化为易于学生理解和接受的知识进行教学。

在教育理念方面，84%的教师认为教学的逻辑起点和本质是学生的学习，但是16%的教师认为教学的本质是教师的讲授；97%的教师认为课堂教学中师生之间应该是平等对话关系；34%的教师认为学校教育的根本目的是提高学生的考试成绩，但64%的教师对此持反对意见，认为学校教育的根本目的是培养全面发展的人。

（三）教师专业能力较强，能够将教育理念很好转化为教学行为

针对中师学历起点教师教学能力调查显示，84%的教师认为自己的口语表达、三笔字、板书设计等能力比较扎实，只有16%的教师认为自己教学基本功一般； 97%的中师学历起点教师能够通过有效的教学设计完成教学目标；97%的教师能够有效激发学生的兴趣，调动学

生学习的主动性和积极性；95%的教师能够经常引导学生进行自主思考和合作探究学习；93%的教师能灵活运用多种方式灵活地评价学生的学习效果；89%的教师能够将新课改的理念很好落实在日常的教育教学过程中。

针对中师学历起点教师教学反思的调查显示，97%的教师能够经常对自己的教学进行反思，但只有 86%的教师会根据课堂教学情况及时修改自己的教案。针对中师学历起点教师教学创新的调查显示，93%的教师能够根据实际情况，不断创新教学方法；92%的教师能够创设教学情景，激发学生学习的兴趣。针对中师学历起点自我发展的调查显示，90%的教师能够为自己制定明确的专业发展目标，95%的教师觉得应该具备终身学习的能力与品格，但是只有 70%的教师能够抽出时间阅读教育教学方面的书籍，且只有 45%的教师能够独立开展课题研究工作。

针对中师学历起点教师班级管理的调查显示，95%的教师能够关注学生的身心发展；97%的教师能够将思想品德教育、法律法规教育等渗透在教育教学工作中，引导学生成长成才。

四、结论与建议

（一）中师学历背景教师专业发展状况较好

从调查数据来看，个案学校中师学历背景教师专业发展水平较高。20 世纪八九十年代的中师毕业生，从教时间长，对教师职业认同度高，专业情感与专业信念深厚。他们通过自学考试，有效弥补了职前教育专业知识的欠缺，目前拥有丰富的专业知识，知识结构良好，对新的教育理念掌握较好。在专业能力方面，中师学历背景教师能够将新的教育理念转化成教学行为，在教学设计、教学反思、教学创新、教学评价、育人管理等方面都有较高的能力水平。王一亭通过调查浙皖两省中师学历背景教师的专业发展现状后发现，浙皖两省中师学历背景教师普遍比较重视专业发展，有较好的专业发展态度，对专业发展的认知水平较高。可见，尽管中师毕业生学历起点较低，但在教育教学实践中，他们通过自我学习和自我成长，积累了丰富的实践性知识，教师专业发展水平整体较高。

（二）中师学历起点教师科学研究能力急需提高

在专业能力方面，与教学设计、教育评价、教学反思等能力相比，中师学历背景教师在教学研究方面明显不足。20 世纪八九十年代的中师课程忽视科研能力训练，导致学生科研素养不足。在以后的职业生涯中，他们的学历虽得以提升，但科研能力依然缺乏。在新课程改革的浪潮中，这可能会成为制约教师持续发展的绊脚石。因此，提高中师学历起点教师的教学研究能力，培养问题意识，提高教师发现问题、分析问题和解决问题的能力，是核心素养背景下推动基础教育课程改革和提升教师专业发展的有效路径。

（三）建构适合中师学历教师专业学习的校本培训模式

目前，中师学历起点的教师是我国基础教育的中坚力量。在基础教育课程改革的浪潮中，为了使他们能够更好地推动课程改革，提高基础教育教学质量，学校和教育行政部门应该联合推动建构分类培训模式，有针对性地对不同学历、不同地区的教师实施分类培训，促进教师专业可持续发展。调查发现，中师学历起点教师在教育教学过程中缺乏探索和创新的精神，对知识的掌握更多地停留在“是什么”的层面，对“为什么”的原因研究得较少，对“怎么办”的逻辑思维思考得较少。因此，学校应该立足中师学历起点教师的专业背景，建构适合中师学历教师专业学习的校本培训模式，更进一步提升中师学历起点教师的专业水平，使他们在新课改的浪潮中为我国基础教育贡献更大的力量。

通过预期的研究和实施过程发现，本研究的覆盖面还较小，不同学历背景下小学教师专业发展比较研究在区域内地区之间还存在差距，城乡之间也存在差距，而且中师学历起点的教师正在趋向老龄化。今后，要重点研究不同区域新入职本科学历起点教师的专业发展差异，寻求更多研究成果。

不同学历背景小学教师专业发展比较分析

——以固原市城区个案小学为例

一、问题的提出

教师的专业成长是影响一所学校教育教学质量的重要因素之一，随着新课程改革的逐步深入，国家和社会以及家长对广大教师整体素质要求的不断提高，教师在当前课改步入深水区的背景下如何实现自身的专业发展，关系到基础教育水平的整体提升。

目前以个案学校为代表的固原市原州区城区学校的教师构成，主要是原中师生起点教师和近几年高等院校毕业的本科学历起点免费师范生和招聘进入的三年以上教龄的转正特岗教师。对于不同学历层次背景的教师构成，如何有效地做好这些学校教师的专业成长，是目前摆在当地教育主管部门和相应学校面前的主要议题。

二、研究方法

（一）文献法

查阅资料，了解国内外教师专业发展的相关理论和发展概况。

（二）问卷调查法

对固原市城区个案小学进行问卷调查，分析了个案学校教师当前的专业发展现状。内容涉及教师的专业精神、专业知识和专业能力三方面。个案学校共有教师 113 人，本科起点教师 15 人，专科起点教师 16 人，中师起点教师 82 人，首次学历为本科起点和首次学历为中师起点的教师分别占学校教师总数的 13.3%和 72.5%。

（三）跟踪对比研究法

通过选取个案学校原中师起点教师和新进高等院校毕业本科学历起点教师各 5 名，通过访谈，课堂跟踪等对比调查，形成了客观的第一手对比资料。

三、调查结果

（一）总体情况

1.当前教师的专业精神整体较好，教书育人的使命感较强。从对教师职业的情感调查看出，81.5%的老师对教师职业还是比较满意；在向别人介绍自己时，57%的教师非常愿意介绍自己的教师身份，22%的人不愿意暴露教师身份。当有人侮辱教师群体时，90%的老师觉得自己受到了欺侮。

从对教师职业的认知调查看出，86.5%的教师认为教师职业给自己带来了幸福与满足，在工作中能够保持积极的工作状态；82%的人对教师目前的工作环境及待遇比较满意，96.8%的人责任感较强，为承担着“教书育人”的崇高使命而感到光荣。

根据是否会重新选择教师职业的调查表明，68%的教师还会再次选择教师职业，而且愿意让子女也从事教师职业，32%的教师表明将不再选择教师职业。

2.当前教师的综合专业知识水平高，参与新课程改革的劲头十足。从教育理念及学科教学知识等方面的调查表明，92%的教师认为新课改举措符合未来创新人才的培养需求；95%的教师认为当前学校教育的最终落脚点是培养全面发展的人，师生在教学中应该是平等的互助关系，只有倡导自主、合作与探究的学习方法，才能很好地调动学生学习的积极性和主动性；87%的教师对自己所教学科课程标准的内容和框架、对教材的内容及编写意图都比较熟悉。

3.当前教师的专业能力发展较好，并能很好地应用于教学实践中。对教师的教学能力、教学创新等调查表明，86%的教师认为自己的教学基本功比较扎实，能够将思想品德教育、传统文化教育等渗透在教育教学工作中，注重育人工作，关注学生的身心发展。在教学中能够根据班级实际情况，适时创设教学情景，努力创新教学方法，激发学生学习的兴趣，能灵活运用多种方式激励评价学生，并能经常对自己的教学工作进行反思改进。

（二）对比分析

1.高等院校毕业的新进教师的教学优势。

（1）工作积极性高。新入职教师对教学工作的态度都很认真，能一丝不苟地完成每一项教学任务。对于教学过程中存在的不足，他们能做到向老教师谦虚请教。以个案学校免费师范生周老师为例，他自己的课每周 14 节，旁听资深优秀教师的课 7 节。旁听期间对比反思他自己的不足，学习其他教师的课上的闪光点，不断充实自己。另外，每周请教研组长来自己的课堂上听一次课，虚心请教，努力改正。虽然她缺乏经验，但对工作充满热情，在备课，批改作业等环节扎实认真。

（2）师生关系融洽。新入职教师与学生在年龄上差距较小，思想上容易产生共鸣，能较好地形成和谐的师生关系，课堂气氛就更加和谐，学生愿意多听、多想、敢问、敢辩。以个案学校特岗教师刘老师为例，学生在生活和情感上出现问题，因为比较了解他们这个年龄阶段的想法，加上在很多方面有共同话题，学生愿意与教师分享，这样教师渐渐熟悉了每个学生的个性，有助于因材施教。

（3）可塑性较强。新入职教师具有更高的文化层次，教育理论基础深厚，对新概念和新技能的接受能力较强，他们在工作中善于创新方法，只要学校搭建好专业成长平台，通过钻研学习，专业成长的步伐较快。以个案学校特岗教师王老师为例，她在现代教育技术的整合上比中师生起点教师具有明显的优势，备课经常通过宁夏教育资源公共服务平台，先学习全国各地优秀教师的“一师一优课”，再利用教学助手去上课等等。

2.高等院校毕业的新进教师的教学劣势。

（1）教学经验欠缺。新入职教师最大的劣势就是教学经验欠缺，这个呈现在他们的教学常规与方法、班级管理、教研能力等方面，对此他们不仅要不断丰富自己的教学理论知识，还要拜师学艺，常听取原中师起点毕业教师的课，努力提升自己的教学实战能力。

（2）对教师的角色定位还不够准确。新入职教师对教师角色理解还不到位，给自己的定位不准，喜好做学生的知心朋友，降低了做教师的尊严，往往缺乏威信。另外，还有些新入职老师对学生的生活、情感等漠不关心，会造成学生的反感。为此，新入职教师一定要树立崇高的理想，要有高尚的师德，端庄的教师仪表、淳朴的生活和工作作风等，要积极学习，反思总结，才能得到学生的尊重、同仁的赞许。

3.中师生起点教师的教学优势。中师生工作踏实，有苦干精神，在工作上能够积极完成学校布置的各项任务，具有强烈的事业心和责任心。他们尽管学历起点较低，但从教时间长，随着教师社会地位的逐步提升，中师起点教师对职业的认同度也逐步提高，在长期的教育教学实践中，他们通过自学函授考试等途径，自我学习成长，提升了自身的理论知识水平，专业发展水平整体较好，在教学中积累了丰富的实践经验，对新的教育理念理解到位，并能很好地转化成教学行为，在育人管理、教学设计、创新教学、学生评价、教学反思等方面能力水平较高。中师教师可以说是目前固原市城区学校的业务骨干，部分已成为学校或当地的名师，形成独到的教学风格，为学校教育做出了显著贡献。

4.中师生起点教师的教学劣势。部分中师生教师已年龄相对偏大，由于长期迫于教学压力，已初步形成职业倦怠思想倾向，在教学中缺少创新，教学策略有照搬照抄现象，具体表现在：

(1) 对教材的处理，缺乏自我创新、自我风格，更多地停留在复制自己或照搬别人的教学模式。

(2) 教学中存在夜郎自大的现象。他们仅仅依靠多年的教学经验，不认真备课，对教材深度挖掘不够，往往在教学中对知识点存在疏漏，教学效果不佳。

(3) 对学生的教育已缺乏耐心和宽容之心。一直秉承“严师出高徒”的理念，但是在具体的教学工作中“严”的度往往把握不好。

(4) 虽然通过自学函授等方式拿到了本科学历，但含金量不高，大部分中师起点教师的知识理论层次还是比较浅薄的，仅仅围绕学科教学，课外阅读充电不足，教育教学理论不深，不具备大教学理念。

四、研究结论

通过对个案学校原中师生起点教师和新入职高等院校毕业的本科学历起点教师的对比调查研究发现，在当地教育主管部门和学校现行的管理体制下，以个案学校为代表的固原市原州区城区小学的教师的专业发展水平，跟自身的学历起点层次关系并不大，主要与教师自身对教育职业的认同和敬业精神有关系，更重要的是与当地教育主管部门和学校建立的教师考评和专业成长激励机制关系密切。

五、策略建议

一是广大教师的教育科研能力还需进一步提升。在当前新课程改革的背景下，广大教师的教学研究能力成为制约教师可持续发展的绊脚石。因此，培养广大教师在教学中的问题意识，提高教师的教育科研能力，是当前“互联网 + 创新素养”教育背景下推动基础教育工作整体水平和提升教师专业发展水平的有效策略。

二是需要加大教师培训强度和广度，建构适合教师专业发展的多级模式。在当前基础教育改革的大背景下，为了使广大教师能够有效落实新课改的理念与措施，整体提高基础教育教学质量，需要学校建立与教育主管部门相适应的教师专业成长平台，建构从省级、市级、县区级到校级的多级培训模式，重点加强教师校本研修培训，定期举办校内班主任沙龙、学科教学经验讲座等主题活动，让自己做专家、向身边学经验。并采取“请进来，走出去”的办法，把教师外出培训当作对优秀教师或有上进表现教师的福利，并建立教师外出学习汇报制度，让学习产生实效，有效地促进教师专业可持续发展。

三是需要教育主管部门和学校上下联动，改革建立相应的教师专业成长激励机制。如在市级以上论文评比、优质课大赛、技能大赛中能荣获一二等奖，研究课题在自治区能结题获奖，撰写的论文能在《宁夏教育》等刊物上发表达到规定篇目等等，这些成果如都能跟教师职称晋升挂钩，就能充分调动广大教师专业成长的积极性。尤其是要打破论资排辈的职称晋升制度，建议实行论资排辈和激励成长两条线并行的职称晋升制度，才能从根本上改变目前部分教师安于现状的专业发展局面。

四是学校要建立客观、公正的教师发展性评价体系，力求做到评价主体多元化和评价标准多元化。

五是学校要督促教师制订个人中长期发展规划，并分阶段进行对照检查。

六是在年级组教师的配置上，应该老中青搭配，形成优势互补环境，有利于教师向身边同伴学习，有效地促进教师的专业成长。

固原市原州区第十八小学教育集团二十三小校区
白晓斌

第七辑

唯有热爱，可抵岁月漫长

热爱，是我们在世界上对抗平庸、无聊、空虚、无意义、漫无目的的一个存在形式。唯有热爱教育，方能经得住春夏秋冬，跨过漫长岁月，让教育变得有温度、有情怀。唯有热爱教育，才能创造积极的教学环境，才能教学相长，让教育变得有智慧、有底蕴。

“互联网 + 教育”，你准备好了吗？

“互联网 + 教育”的钟声已敲响，教育信息化 2.0 行动的大幕已拉开，我校积极号召广大师生家长，响应新时代教育的发展，依托宁夏教育云平台的优势，分享教育政策改革的红利，积极探索“互联网 + 教育”模式的应用，努力实现向数字化、智慧化校园奋进。

一、指导思想

为推进新时代教育信息化发展，充分发挥“互联网 +”对教育改革发展和教育现代化的积极推动作用，积极稳妥推进“互联网 + 教育”示范区建设，努力实现公平而有质量的教育，办好人民满意的教育，根据《教育部关于印发〈教育信息化 2.0 行动计划〉的通知》(教技〔2018〕6 号) 要求，积极认真领会宁夏回族自治区、固原市人民政府提出“互联网 +”教育的政策精神，贯彻落实各项发展目标，提升我校教育教学质量。

二、工作目标

到 2020 年实现学校智慧教育网络化，充分发挥“互联网 + 教育”在推进教育教学创新、教育教学管理和学生网络学习的积极作用。建设完善的教育信息应用化环境，建设学校教育管理的信息化体系，实现学校管理信息化应用，学校智慧教育现代化水平不断提升，教育教学水平不断提升。

三、重点工作及部署

（一）加强网络环境建设

继续加强网络环境建设，不断更新信息设备，建设网络数字化校园，实现有线、无线全覆盖，终端系统配备到位，网络安全在技术和制度上得到保障，使用便捷、满足需求。办出特色校园网，为学校开展教育教学活动及师生优质资源共享提供良好的服务平台。

（二）加强维护，提供保障

学校所有教室配置了多媒体触控一体机设备，实现了全校一体机设备的覆盖到位，为学校开展现代化教育提供了有力的保障。因此，学校网信办、总务处需按时对设备进行必要的检查、维护和保养，保证设备的正常使用。

（三）“互联网＋办公电子化”

学校利用互联网（宁夏教育资源公共服务平台）实现文件通知、信息宣传、会议考勤、校务公开、办公用品申领、实验室、录播教室等信息化管理。

（四）“互联网＋资源建设”

利用互联网，学校将普及日常网上集体备课，渗透各个学科。加快各学科教学设计、课件、教学反思等资源素材库的建设，要求教师将教学资源上传宁夏教育资源公共服务平台，以此丰富教学资源。

（五）“互联网＋课堂教学”

积极打造精品智慧课堂，保证智慧教室、录播教室的使用率，达到天天有精品课，教师人人会用系统，学生人人享受优质资源。提高学生课堂学习的参与性和主动性，使得学习效率和质量得到提高，以此推动“互联网＋教育”与各学科的融合。

（六）“互联网＋课题研究”

学校准备申请并立项固原市课题“智慧教室环境下小学数学课堂互动的实践研究”，并参与自治区课题研究“智慧教室环境下小学数学互动课堂的实践研究”和“‘互联网＋创新素养’教育背景下，小学语文课内外阅读的有效衔接”，通过课题研究，推动智慧课堂真正服务于教学，激发学生学习的兴趣，落实学生的学习的主体性，提升学生学习的参与面。

（七）“互联网＋师资队伍建设”

学校将有计划地开展全体教师的信息技术培训，提高信息技术与各科课程的整合水平，并结合各级活动开展互联网研讨课、空间比赛、教学设计比赛等活动。

（八）“互联网＋校园安全”

以“校安系统”为基础，构建覆盖全校的校园安全工作应急反应系统、学生日常行为监管系统、网络信息安全系统和校园监控系统。

（九）“互联网＋学生成长”

利用云校家平台，各任课教师布置作业，做到及时反馈、检查，一方面提高教师工作效率，另一方面提高学生学习的积极性。将每周或每月德育主题活动在人人通的个人空间、班级空间分享，推动班级“互联网＋教育”工作建设。

（十）“互联网＋学生素养”

学校每周二至周五下午的“四点半课堂”，利用互联网手段和资源，让学生在网上选课、利用互联网进行兴趣培养；学校积极筹备资金建设完善创客教室和机器人教室，进行电脑制作、电子制作、机器人竞赛、3D 打印、VR 空间等创新实践活动，努力培养学生的实践能力和创新素养。

四、成立“互联网＋教育”领导小组

创建“互联网＋教育”是一项系统工程，涉及教学、德育、校园安全、总务等学校管理的各个方面，学校在校委会的统一部署下，指导制订出台建设“互联网＋教育”工作实施领导小组，进行合理分工，保障相应的人、财、物配套落实措施，建立教师培养和评价考核制度，把互联网应用水平作为评价教师的一项指标，组织实施“互联网＋教育”工作。

五、考核方法

学校层层考核“互联网＋教育工作”的开展与落实，校长每月考核各部门，中层领导考核教师，将每月考核与绩效工资相结合；对开展的各项“互联网＋教育”的评比、研讨活动，学校进行奖励。

六、发展现状

学校制订《原州区第十二小学“互联网＋教育”工作方案》，成立了“互联网＋教育”推进机构领导小组，制定了原州十二小教育信息化管理工作考核办法，建立教师培养和评价制度，并利用“宁夏教育资源公共服务平台”等互联网手段和资源形成新的教学模式。

学校建成网络数字化校园，实现有线无线全覆盖，利用宁夏教育资源公共服务平台和数字化资源，合并实现共享，成立相关制度，由网络信息办公室提供网络安全技术支持。教师初步建成自己的学科教学个性化资源并覆盖部分章节内容，能够实现网络授课。学校“四点半课堂”利用互联网手段和资源，围绕学生兴趣爱好，组建电子板报社团，有计划地对学生进行电脑制作和绘画设计教学，学生的创新实践能力得到一定提高。

学校依托“人人通”、“教学助手”、“云校家”ＡＰＰ、网络平台进行全面管理，学校办学质量有一定提升，家长、社区和社会对学校满意度有明显提高。学校利用企业微信、“云校家”实现公文流转，其中“设备报修”“教师考勤”“场馆申请”“课程表”“工资条”“物品申领”等方面管理模式实现智慧化。其中实验室、阅览室以及云教室、录播教室、智慧教室通过“云校家”进行场馆预约申请使用。学校通过“互动课堂”“问卷星”等多种平台实现学生综合素质评价，学生互评、家长评价、教师评价、班主任评价也实现信息化管理。

学校现已建成远程“互动课堂”，与彭堡镇撒门小学进行教学交流，打破距离的壁垒，实现两校课堂实时互动，推动城乡教育资源的共享。通过“录播教室”各项功能，实现了校园“直播课堂”与校园简易电视台，实时观看录播教室课堂动态，实现远程听评课。校园各项文化艺术活动使用直播方式，通过二维码识别，实现家长和社会各界人士远程观看各项活动的开展情况。

学校积极定期开展“互联网＋优课”——促质量提升主题研讨交

流活动，携手原州区教体局教研室，旨在全面提升学校师生信息技术应用能力，努力构建“互联网＋教育”课堂模式。通过“互联网＋优课”的活动，不仅提升了学校教师的信息素养和信息技术运用能力，也为学校今后依托信息技术教学起到引领作用，促进教学理念、教学模式和教学内容改革，推进“互联网＋教育”模式在日常教学中的深入和广泛应用奠定了坚实的基础。

教师通过“教学助手”平台实现网络备课、上课、课堂检测以及课前导学、课后练习等。通过网络备课，大部分教师形成个性化教学法，教师个人业务能力和教育教学质量得到一定的提升。学校建成录播教室，方便教师创课和录课，教师人人注册参与教育部“一师一优课、一课一名师”活动，学校多名教师获得教育厅“一师一优课活动”一、二、三等奖。

学生能利用“人人通”、“云校家”APP进行个性化学习并实现自我检测和反馈，学生的问题意识和利用互联网解决问题的能力得到增强；学生能进行初步的电脑制作、绘画设计，学生作品丰富，创新能力有明显提高。学生能够在“活动广场”、“悦读会”活动中进行广泛参与，并得到教育云平台的肯定。

七、进一步打算

一是不断加强教师信息技术运用能力的提升，加大校本培训力度和教科研能力，使每一位教职员工熟知、了解“互联网＋教育”模式的内涵，成功地探索出属于个人的现代化教学方式方法。

二是建立健全校本教材资源库，拓展吸收教学先进校的优质教学资源，实现资源的变通重复利用。

三是逐渐建立健全学校“互联网 + 教育”工作方案和考核细则，拓展思路，通过不断地应用和磨合，总结出属于学校特色的“互联网 + 教育”教学模式，服务社会，服务每一位学生。

四是利用家长会、微信公众号、主题班队会，加大对学生家长的宣传力度，鼓励孩子用“云校家”APP、教学云平台的资源进行辅助学习。

浅谈在线课堂在中小学教学中的应用策略

2020 年是不同寻常的一年，新冠疫情肆虐，给各行各业造成了不可避免的经济损失。作为一名教师，不能在抗疫一线做出贡献，但是为了祖国明天的教育事业，应积极进取，开拓和掌握信息化教学，努力学习在线教学，贡献出一份属于自己的力量。

在当前特殊时期，有不少原本不熟悉在线教学的教师要迅速开展在线教学工作。那应该如何认识线上课堂和以往线下课堂的区别？如何利用现有的手段保障在线学习质量？如何从种类繁多的新技术挑选适应自己的技术？通过观看聆听几位已成功实施多年在线教学的教师，把他们的建议整理如下，供新开展在线教学的教师参考。

一、关于课程教学设计

明确在线授课知识类型，依据课程内容纲要，设计知识要点的覆盖面，重在体现在线互动。优先将基础知识点讲解或演示，将深度不能演示或讲解的知识点归纳梳理，待面授时进行讲解。

在线课堂要有专属的教学设计和教学流程，不能直接将传统课堂模式复制或照搬。首先要保证当前课程所需要的教学素材、备课资料都在讲授电脑或者手机终端上。其次，要提前做好上课提问问题的预演。最后，要确定是否需要教学平台对学生进行问题抢答或者随机提问或者是实时发放选择题、判断题等直观性题目。

如果选择课程录制播放或微课，用多媒体课件就可以完成视频制作。使用多媒体课件录课其实很简单，主要看多媒体课件的质量和知识结构构思水准如何。但是，录播看不到学生的反应和学习情况，需要通过其他手段了解，比如设立讨论区或讨论群。按照正常的在线授课来看，3—10 分钟的录制课程或者微课恰好满足了学生对于知识学习的最佳感受时间。要积极组建班级在线课程小组模式，由小组长进行督促和监督，维护在线学习成本和质量。

二、关于技术条件

软件使用越简单越好，教师操作越容易上手越好，网络顺畅度越清晰越好，学生学习越便捷越好。

一个平台能用得顺手即可，直播露脸与否根据个人爱好选择，尽管师生互见有利于亲切感，但语言的魅力最为硬核，课首先是听的，而不是肢体语言的丰富多彩。

强烈建议慎重使用直播，尤其是平时对计算机操作不熟练的老师。直播中出现意外状况就很难弥补。要把直播软件要求、参与方式、上课时间等提前以微信、QQ 等方式通知到所有学生，提醒学生课前 10 分钟做好准备。

如果选择直播，一定要有备用方案：由于直播教学故障率很大，卡顿、断线、无画面、无声、程序异常等异常突发。故障很可能发生在教师的设备和网络，也可能是服务器，教师无能为力。应尽量提升网络、熟知使用软件的可靠性，提前做好备选软件和网络。

三、关于学习模式

要求学生严格遵守在线课程时间观念，明确学习进度和学习节奏，最好教师制定在线课程表，详细标明课程题目、时间等，为学生提供清晰的学习任务计划。

为提高学生在线学习的兴趣和持续参与度，可以把课程内容的阶段性划分更为细化，把原先课堂上较长时限的作业和任务分解成更短时间的小任务，并设置相应的时间节点，要及时反馈，可以结合在线平台的数据统计分析功能，通过公布平均的学习进展情况等方式达到提醒的目的。

建议采用传统的讨论区（如微信群、QQ 群等）接收学生反馈和自我表达，当然云校家也挺好。选择的基本原则是，全部留言能够长时间保存，以免在恢复正常授课后，在期末将学生的在线参与计算成平时成绩时、教师面对学校的教学检查时产生不一致的理解。对教师和学生来说，都是一种自证。

强调有指导的学生自学，由于学生有足够的自学能力，但大部分缺乏自学动力和自我监督能力，应增加自学比重和休息次数，弥补学生之间的水平差异。如何实施呢？第一，重新规划梳理课程内容，筛选出适合自学的部分。第二，对这部分内容（PPT 页面）重新排版、修订文字，保存为独立文件分发，并根据内容做好相应的小测试，如选择题、简答题或计算题，直播讲到此处时，限时自学，教师也可稍休整。第三，给题目时，可在开始自学时（提升课堂教学内容目的）或限时结束时（观察当前授课效果），直播工具中便于做选择题，其他要靠学生点名上台来完成（随机抽取学生回答）。

四、关于成绩评估

课程的成绩评定方法应当保持一定的灵活性，特别是过程考核比例大的课程。在线教学平台往往有多种方便方式开展过程考核，诸如抢答、选择、出勤等都可以计入最终成绩。但教师一定要事先了解班内学生是否都能按时上线听课，成绩评估一定要量化考评，确保学生学习的差异性能够被教师及时掌控。

五、关于教学效果

教师最好选择自己最熟悉的方式，并提前和学生做好交流和沟通，学生都会理解教师不熟悉线上教学的难处，如有教学效果不佳的情况，可以使用网络教学微课、教学视频等流媒体进行在线重播，弥补教师不熟悉线上教学的短板。

开展在线教学与居家学习方法的探究

一、依托“在线课堂”，发现问题

自2020年2月17日以来，宁夏回族自治区积极响应教育部发布“停课不停学”的通知要求，积极筹备“空中课堂”，以宁夏教育电视台、宁夏少儿频道为传播载体，全科目、全天候地进行空中课堂教学。各地市积极组建“在线课堂”，以宁夏资源公共服务平台为依托，进行在线直播和在线回放进行教学。但是，突如其来的教育变革，让每一位老师、学生以及家长都要去面对“互联网+”带来的新任务以及新挑战。由于“在线教学”的新模式尚未普及，广大受众群体难免会不知所措，效率低下，引发了不少的争议和无奈。为了让学生“上好学、学好课”，进一步改进居家学习方法，是一个值得我们深度思考的问题。疫情最大的影响莫过于教师由在校授课转变为在线授课、学生由在校学习转变为居家学习，家庭作为特殊的课堂与教室，家长的作用不可忽视。所以要想保障在线学习的质量，教师、家长、学生三者缺一不可，环环相扣。因此，本文从教师、学生、家长三方面进行阐述如何提升在线教学质量的方式方法。

二、家校共育，提升在线教学质量

疫情期间，由于“空中课堂”“在线课堂”的开展无法保障学生学习的互动以及监管，单纯的作业布置无法掌握学生学习知识的程度，学生到底学了多少，掌握了多少，有哪些疑问，都无法进行定性的考评。因此，作为教师及时地跟进补课、在线辅助的作用就凸显得极为重要。下面就以在线教学直接参与的三类人物目标如何去做进行阐述。

（一）教师层面

科任教师作为学生传道授课解惑者，在“空中课堂”和“在线课堂”（以下简称“空中、在线课堂”）中起到承上启下、相互链接的作用，作为直接监督或间接监督的责任人，应从课前、课中、课后三个阶段进行指导或讲解，只有这样去组织实施，方可达到事半功倍的效果。

课前：科任教师提前将本学科“空中、在线课堂”教学课表、授课时间、授课内容以醒目的电子表格形式分发给学生。并将班级学生划分为若干个小组，指定小组组长，建立微信学习小组群，每组 6~8 人，进行分组教学，积极组织学生小组内探讨，同时便于学生习题指导。其次，要求学生居家学习应规范，提前 15 分钟打开电视机或电脑平板设备，调整房间亮度，学习桌面整洁，准备课本、练习本、草稿纸、笔等教学常规用品，调整个人学习坐姿（切勿爬、趴）。再次，教师应提前分发课时内容预习表单和“空中、在线课堂”学习任务表单。最后，联系家长做好课前现场监督和学习资料准备。

课中：在“空中、在线课堂”开始后，教师协同跟进，书写随课记录，填写学习任务表单，利用微信群或者 QQ 群对学生应注意的事项进行提醒，鼓励学习积极跟进课堂互动，切实地掌握课程内容的难重点，督促学生完成各项任务表单。

课后：首先，在“空中课堂”“在线课堂”课程结束后，科任教师通过“云校家”、微信群等实时在线工具对学生的任务表单进行核对批改，同时布置相对应的课后作业，学生做完后上传至云校家对应的课时里，便于教师批改。其次，在批改完学生的课前预习单、课中任务表单和随堂作业后，对作业错误率较高的、难度较大的题目，通过微信小组视频，视不同学习小组情况，一对一或者一对多地进行在线辅导讲解。最后，每天抽出时间对全班学生进行在线视频辅导，视学生完成作业情况而定（时间不宜太长，精讲精练），可以利用钉钉、企业微信视频、希沃直播等媒介对学生进行巩固加深辅导。

（二）学生层面

学生作为“空中课堂”“在线课堂”的直接受益群体，由在校学习转变为居家学习，难免心理上和行为上与在学校的氛围不同。因此，学生要与老师、家长积极沟通，调整好状态，配合老师和家长，自觉地、主动地去学习文化知识。第一，积极完成科任教师布置的课前注意事项和课前预习任务。第二，课程中要认真听讲，积极完成课中学习任务表单，遇到不懂的问题要时刻记录下来，待课后与老师积极沟通询问。第三，认真完成课后作业，并积极上传至指定位置，便于教师批改作业。第四，保持通信网络畅通，每天在微信小组群内进行沟通交流，便于教师分析判断，进行针对性指导。第五，制订自主学习计划，有任务地完成各科教学内容（小学段学生可以由教师或家长协同拟定）。

（三）家长层面

家长作为教师和学生之间的传导者，要积极配合教师的任何学习任务，同时积极督促学生进行自主学习。首先，家长要在心理上积极鼓励孩子，不能因为孩子的一些坏习惯而批评孩子。其次，家长要在课程开始前协助孩子做好课前准备，课中给孩子轻松愉悦的学习氛围，课后要监督孩子是否完成每日课程任务清单，观看学生日常作业，将孩子难以理解的问题积极与科任教师沟通，监督学生日常生活习惯，以开学时间进行要求。最后，每日在学习的同时，做好疫情防控和宣传，保障学生学习日常网络状态及通信畅通，合理安排学生日常饮食以及运动娱乐时间，倡导绿色、健康、科学的学习和生活习惯。

三、在线监测，提升巩固

“空中、在线课堂”随着疫情的发展因而得到继续，“停课不停学”是学生首要的任务，为了更好地掌握学生的学习效果，教师和家长都很迫切，只有通过阶段性单元在线测试评价，才能发现学生学习的各种问题和知识漏洞。首先，课任老师在学校的统一安排部署下，精选试题，在在线考试平台上布置考试上传任务窗口。其次，科任教师积极沟通家长，安排制定考试时间和科目，要求家长提前准备好手机和考试用具。最后，在家长的监督下，完成考试，交由科任教师进行在线批改。当这一阶段完成后，教师对在线试题进行卷面分析，得出学生学习效果和知识结构漏洞，进行针对性、个别性、全面性的在线辅导，以此来提升学生居家学习的效果。

四、结语

疫情当前，只有我们众志成城、万众一心、遵纪守法方可给社会提供属于个人的一份力量。作为一名教育工作者，应在特殊时期，转变个人思维模式，由面授教学转变为线上教学，隔空来引导学生自主学习，这何尝不是我们教育的一种初衷，让学生学转变为学生会学、会自学。作为一名引路人，应该积极探索线上教育教学方法和规律，根据每一位孩子的特点，分类、分组教学，因人施策，协同家长家校共育，方可培养出新时代德智体美劳全面发展的新型人才。

“线上教学”不缺位，学生成长不延期

——原州区第十二小学师生网络教学应用案例

一边是残酷无情的战“疫”前线，一边是每个人都需要做好自己的后方；一边是疫情实时数据的不断上升，一边是全国上下万众一心、众志成城；一边是冬天的尽头，一边是春天的起点；疫情终将会结束，桃李依然花万里。在这特殊的日子里，原州区第十二小学全体教师不忘教育初心，牢记育人使命，用自己的方式加入抗疫的战斗中，学生们也积极地参与到居家在线学习中。本案例拟以学校、教师、学生三方面来介绍原州区第十二小学精准实施在线教学，提升学生居家学习效果的途径和方法。

一、学校篇

自新冠疫情发生以来，原州十二小积极响应党和国家的号召，贯彻落实教育部、教育厅“离校不离教，停课不停学”的工作要求。依据十二小实际情况制订了《原州区第十二小学线上教育教学工作总方案》《原州区第十二小学在线教学教研工作方案》《原州区第十二小学教师在线辅导评价工作方案》《原州区第十二小学线上德育工作方案》《原州区第十二小学线上巡课工作方案》《原州区第十二小学疫情期间线上教学和学生心理辅导工作方案》，以“五位一体”在线教育教学监督评价工作方案机制为抓手，最大限度地降低疫情对教育教学质量和学习效果的影响，且积极推动着学校“互联网＋教育”工作向创新化、精准化前进，积极推动着学校各个学科与信息技术的深度融合。通过此次“在线教学”的实施，不仅提升了学校教师的信息技术能力水平，革新了现代教育教学方法，而且培养了学校教师良好的信息素养和隔空不隔爱的无私精神。通过此次“在线学习”的开展，不仅培养了学生的自我学习能力，而且增强了学生居家学习心理耐受度，同时也培养了学生的信息素养和规范了“在线学习”的行为。

二、教师篇

恩格斯曾经说过：“没有哪一次巨大的历史灾难不是以历史的巨大进步为补偿的。”在疫情严峻之时，作为极力打造“互联网＋教育”内涵品牌学校的原州十二小，时刻着力利用互联网为学校学生提供“线上教学”的便利。“借问瘟君欲何往，纸船明烛照天烧。”作为一名教育工作者，甘当作为明烛，线上线下齐努力，无论白天还是傍晚，时刻关注着居家学习的每一名学生。

（一）日常辅导

7:00整，伴随着清晨的阳光拉开帷幕，原州十二小高段年级语文教师、英语教师按照学校在线教学安排，通过企业微信直播和钉钉直播，对班级学生进行清晨早读，监督检查学生日常文章背诵情况和前一天作业完成情况，对没有上线和没有起床的学生进行电话沟通，督促和保证每一位学生能够完成早读。

8:00后，通过短暂的休息和早餐后，各科科任教师通过微信群，根据“空中课堂”的安排，提前告知学生做好课前准备，准备迎接一天的在线学习，将有问题的知识点和不懂的地方记录下来，待课表空档期进行直播再讲解。与此同时，各科科任教师课堂随听，做好课程记录、教学反思、二次备课，进行同步学习找差异求提升。

待“空中课堂”结束后，科任教师通过“云校家”APP布置当天的作业，限时提交，随堂跟进，待学生完成后，及时批改及时发现问题，最后通过直播平台对当天学生掌握知识的易错点和薄弱环节进行加强训练和讲解，完成当日教学目标天天清。

（二）差异化辅导

伴随着“空中课堂”的深入开展，依照学校“在线教学”工作安排部署，每月进行一次质量在线检测，通过手机摄像头的监督，完成学生的线上考试。对考试成绩比较不理想的学生进行在线特别指导和帮助。抓两头促中间，聚力促使每一位学生得到教师的关爱和指导。

（三）网络教研

每一次的课堂随听让每一位教师对于知识的传授有了新的见解。通过二次备课以后，使得自己的教学案例得到更好地完善和补充。通过年级组分学科网络教研，大家各抒已见，从作业布置、督促检查、作业批改、差异化教学、在线教学辅导心得等方便进行探讨和交流。每一次网络教研都是质的飞跃，年轻教师向老教师学教育教学方法，老教师向年轻教师学信息化教学技术，互补互助，积极推动着教学效果的提升。

（四）网络培训

疫情期间，十二小利用“国培计划——网络培训”和“校本在线培训”相结合的方式对全体教师进行信息技术能力、师生心理干预、安全防疫指导、创新素养教育、智慧教室应用等方面进行全方位、立体化线上培训，意在提升教师创新教育教学方法的同时，提升信息技术能力水平和疫情期间心理的差异。

三、学生篇

疫情终将会结束，桃李依然花万里。作为祖国未来的花朵，十二小坚持以“求真、向善、尚美”的创新理念进行培养每一位莘莘学子。自 2 月 17 日“空中课堂”及“在线课堂”实施以来，学校精准施策，提前制订学校学生“在线教学”工作方案，以日常教学安排、“在线德育”、“心理辅导干预”等方面对学生进行创新素养教育和法制道德教育，尽可能地将疫情给教育教学带来的损失降到最低。

（一）日常学习

一年之计在于春，一天之计在于晨。按照学校疫情期间“在线教学”安排，学校高段学生利用早读机会，尽情地、广泛地去阅读背诵，提升语文、英语水平。同时自觉培养爱学习、好学习的良好习惯。按照学校和各科任教师的要求，学生们积极认真听课，完成“云校家”作业，及时反馈学困难点，通过微信群和小组群的线上交流，达到每日知识的消化和吸收。认真做好居家学习和月考，实事求是地完成各项学习任务。

（二）在线德育活动

十二小贯彻原州区教育体育局关于疫情防控专题会议的精神，组织开展了一系列“在线德育活动”，比如“开学第一课”，着重就新冠肺炎防护知识进行在线直播，培养学生的卫生健康素养，强化感恩意识和城市主人翁精神。以“学习雷锋日”为契机，开展“学雷锋，敬英雄，战疫情”的线上主题活动，培养学生助力疫情防控、弘扬雷锋精神。以每周一“线上升旗仪式”为契机，面对庄严的升旗仪式，培养学生爱国情怀和为国加油动力，努力学习，不负韶华。以“线上读书日”为契机，学生广泛参与“云校家”“悦读会”，增强课外文化知识，提升个人文化素养。

（三）日常生活

疫情期间，学生不能随意外出，长时间的学习和居家生活势必会给学生身心带来一些影响，十二小积极组织开展引导学生开展居家生活养习惯、居家文明传家风、居家学习铸文化、居家锻炼强体魄、居家文娱学特长、居家劳动练技能等宣传活动，引导同学们做到。同时告知学生居家文明既是公德也是家风，无论何时何地，都要心存责任。国家责任、社会责任、家庭责任，这将是一个民族最为文明的体现。积极鼓励学生争取做一名无论在家中还是在学校、社会中，都是一名德智体美劳全面发展的合格小学生。

原州区第十二小学“互联网 + 教育”工作总结

原州区第十二小学（以下简称“原州十二小”）始终以教学为中心，以育人为目的。紧紧围绕一手抓疫情，落实“层顶层、人盯人、底子清、目标明”，一手抓教学落实“六个规范”；以“互联网 + 教育”为载体，“转理念，变模式，改方法，提站位”，“优质备课，高效上课，教研功课，督查评课”，使学校各项工作向现代化、信息化、多元化迈进，合力打造“互联网 + 教育”示范校。

一、以“互联网 + 学校管理”，提升校园管理智能化

（一）运用“互联网 + 教育管理”推进学校教育管理一体化

原州十二小积极完善校园网络建设，实现学校校园网络全覆盖。学校完善了教学管理系统、教师教育教学管理系统、智慧课堂教学支持系统及其他教育服务校务电子平台基础建设，为学校“互联网 +”推进工作奠定了基础。

（二）运用“互联网 + 教育资源”推进学校教育资源一体化

1.学校教务处、教科室积极引导教师完善教师个人教学资源库，教研组、备课组按照学科、知识点把全校各项测试、每周进行的限时

训练试题逐一归类，形成并完善了学校教育资源共享体系。

2.完善并建设学校课堂教学视频素材库、微课及“录播课”、“一师一优课”课堂资源库。学校现有“录播课”76 节，“一师一优课”课 20 节，各类县、市、区、国家级优质课共计 35 节。

3.大力开发校本课程，探索校本课程的运用模式。顺应“双减”政策趋势，应势而为，查找空白点，积极开发指导学生适应新形式的校本课程，尤其是指导学生“五育”并举的校本课程。力争国家课程校本化，校本课程特色化，引导学校各学科教师依据学科特色、专业能力、教学实际开发校本课程，并积极为教师解决如资金支持、劳资分配、策划管理、课程内容的开发研究等实际困难，保证人力、物力、财力的到位。目前，已完成校本教材 3 本。

（三）运用“互联网＋教育服务”推进学校教育服务一体化

学校完善了校园教学管理系统借助“宁教云”及“希沃易课堂”完善了教育质量监控与评估系统的建设、完善了考试智能批阅系统。进一步提升了学校教学过程高效管理，各项教学数据分析精准。

（四）运用“互联网＋后勤管理”推动学校后勤管理一体化

牢固树立服务意识，人尽其能，财尽所管，物尽所用，杜绝浪费，精细管理，改变工作作风，树立先进的服务理念。强化服务意识，进一步优化工作作风，做到“心中想事，眼中有活，勤于动手，服务到位”。后勤人员坚持岗位责任制，保障教育教学工作的需要。严治铺张浪费。及时做好水、暖、电、教室的课桌凳、实验室仪器等的维修工作，同时严格过程管理，保证教育教学工作正常开展。严肃财务工作，使资金支出收取合理合法。认真做好晨午检，加强疾病预防和传染病（水痘、手足口病、结核病、艾滋病等）防控工作。加强工程监督，确保工程进度和质量。加强全校绿化、美化工作。

二、以“互联网 + 教育”促进学校教育教学变革和提升

（一）以“互联网 + 创新教师培养机制”，打造优秀教师团队

为保证学校教育事业可持续发展，我们必须将青年教师打造成为一支思想水平高、师德修养好、教育教学业务能力强教师队伍。学校努力营造一个“宽松、积极、浓厚”的教育教学氛围，根据教师专长，提供各类教育活动展示平台和脱颖而出的比赛机会。学校开创青年教师培养以赛代培制，组织 35 岁以下教师开展以下比赛：教学片段比赛、讲题比赛、解题比赛、现场说课比赛、教学基本功大赛、主题班会优质课比赛、同课异构。骨干教师面向全校上样板课，没带过毕业班的教师上汇报课。

（二）“互联网 + 教学改进”提升学校教师课堂教学质量

学校充分发挥多元交互式课堂观察平台的优势，引导教师利用手机、平板电脑与计算机等移动终端相结合，积极开展诊断课堂教学活动，及时矫正偏差性教学行为，全方位改进课堂教学过程与效果。以“教材资源、课前导学、同步备课、互动课堂、在线检测、课后作业”为一体，为学校提供贯穿课前、课中、课后全流程常态化和个性化的一站式云智慧教学服务。

（三）“互联网 + 课堂”推动课堂教学形式多样化

在学校积极开展“互联网 + 课堂”的教学创新实践，推动学校教学从知识传授向能力提升转型，大力倡导问题导学、小组互学、探究引学、技术助学、线上线下混合学等多种教学方式，促进师生互动、生生互动、人机互动、家校互动，打造智能高效的课堂教学，使学生

学会自主建构知识，达成能力、素质、知识并重的人才培养目标。

三、以“互联网＋教研”提升课堂教学质量

备课组要始终贯穿“精选资源—集体备课研讨（课前导学、课中互动探究、在线检测、课后作业）—二次个性修改—课后反思”这一完整流程，具体做法如下：

备课组长凝聚备课组成员，以章节或单元为单位开展集体备课研讨，在深入研究教材和学情、深入研究课程标准和考试说明的前提条件下，共同商讨周教学计划，合理规划课时，分层设计教学重难点和练习，集体备课完毕后由备课组长签字，针对学习均分优班、良班、普通班三个层次因材施教，共享共用。

精讲讲练，高效上课。本学期严格督查落实“优班讲三练七”、良班“讲四练六”、普通班“讲五练五”。备课组成员按照考点分布，分工合作精选、精编在线检测、课后作业，全组同一层次班级统一使用，切实做到“三同一案”工作落实的高效性，教科室会同教务处定期督查，确保集中备课成果高效落实。

组建以学科骨干教师为中心的月考骨干教研团队，全面解读《新课程标准》和2021年考试说明，将近三年的期末考试题按照考点逐一梳理，深入研究二轮复习专题核心考点的落实和训练，为学校2021期末考后期复习号准脉、把稳舵。

四、以运用“互联网＋在线课堂”实现优质教学资源共享

学校建立一个高标准的“在线课堂”的技术优势，突破了学校教学时间和空间的限制，让师生在任何时间、任何地点，足不出户就能

进行实时而又快捷的课堂交互。实现了强班与弱班、强势学科与薄弱学科点对点互联互通，将本班课堂、网络教研等实时进行互联网传输，让更多的优质资源惠及薄弱环节。

每位教师每周上一节在线精品课（录播教室），在实践中深入钻研课堂教学与信息技术如何深度融合。教科室主任组织成员利用课程社区“观课评课”模块，以教务处新的《原州区第十二小学“互联网+教研”课堂教学评价标准》为依据，进行线上评课，人人参与深入研讨，互相学习。

五、以运用“互联网+名师工作室+课程社区”提高教师专业素养

加强教育教学理论学习。教科室要组织教师深入学习“纲要”（课堂标准、固原市“推进课堂变革”五项核心指标），使得课前有“纲”、课中用“纲”课后思“纲”，切实提高课堂的效率，切实做到“我的学生我做主，课堂紧盯考试纲”，题题有考点，节节出精点。本学期末，教研室会同教导处在全校开展一次按学科“研读考纲，吃透教材”的专业考试，成绩公示，计入考核，本学期全校上下要掀起一股“吃透教材，吃透考纲，提高效率”的研学风气，彻底改变以资料代替课本的做法和作风。

学校打造网络名师工作室2个，分别由骨干教师张淑懿、耿思雨等担任主持人，建设了一批具有名师鲜明特色的优质数字教育资源，带动学科教师专业成长；培养一批未来的学科名师，并依托网络充分发挥其在骨干教师培养、教学改革研究和学科建设方面的示范引领和辐射带动作用；构建信息技术环境下名师资源共享及师资

培养新机制。

六、运用“互联网 + 党建平台”创新“智慧党建”载体

“互联网 + 党建示范”开展“我是党员我先锋”活动。开展优秀党员风采网上展示活动，示范带动全体党员发挥先锋模范作用。持续开展“我是党员我先锋”活动，增强廉洁从政从教的自觉性，定次数、定时间、定地点、定内容、定任务，将党建工作作为常规重点工作分步骤落实。开展“一岗双责”，明确学校党政领导和各部门负责人既是学校工作的第一责任人，又是党风廉政建设的第一责任人。形成学校主要领导负总责，职能部门各负其责，既要抓好廉政建设格局，又要抓好学校管理工作，以党风廉政建设带动学校各项管理工作。完善学校党风廉政建设教育制度、考核制度、重大事项议事制度、党员干部廉洁从政从教准则。坚持按制度和原则实施党风廉政建设和学校党政管理。

“互联网 + 党建联动”建强网上战斗堡垒。完善学校党组织体系建设，搭建学校党组织的联学联动桥梁，增强党组织的政治领导力、思想引领力、群众组织力、社会号召力，利用智能技术开展网上“三会一课”，组织生活会、民主评议党员、主题党日、谈心谈话等党内政治生活，全程纪实党建组织建设情况，实时进行智能分析评价，促进抓党建责任落实。

“互联网 + 党建服务”打造网上“党员之家”。加强网上党员学习教育培训体系建设，建设网上移动党校，面向全体党员开设网络必须党课，为党员提供个性化学习教育服务：推进“两学一做”学习教育常态化制度化，开展“不忘初心、牢记使命”主题教育：对党员在线

学习、志愿活动、思想汇报、心得体会等实行网上积分管理，督促党员履行义务：推动实现教师，等流动党员的档案、党费交纳、党组织关系转接等实现网络化管理；开展优秀党员风采网上展示活动，示范带动全体党员发挥先锋模范作用。

七、运用“互联网 + 创新素养教育”提升德育活动的时效性

开展“互联网 + 德育”使学校德育教育系列化，心理健康多元化。实施“文明行为习惯养成教育月”活动，继续加强对学生的养成教育。培养学生良好的文明素养，规范日常行为习惯，落实“文明行为习惯养成教育月”活动。结合“优秀学生”“美德少年”评选，规范学生安全习惯、学习习惯、卫生习惯、生活习惯、礼仪习惯，提高学生自我管理能力，使学生形成遵纪守法的良好品德。开展一年级的入学礼，并将这三者贯穿在学生六年的成长学习生活中的做法，将立德树人这一根本任务落实到日常教育中。德育教育内容呈系列化，时间贯穿整个高中。积极举办主题班会大赛，并将优秀的主题班会课推广到全校。

开展“互联网 + 校园文化活动”构建创新素养教育环境。学校开展一系列德育活动，通过活动完善和提升“六张名片”“六个展示”“社团活动”“艺体节活动”“研究性学习活动”等创新素养教育各环节与人工智能等新技术深度融合，建立健全学校互联网条件下的创新素养机制，实现创新素养教育的理念重塑、结构重组、流程再造，形成“可控制、可调整、可宣传、可记录”的新型活动生态，让学校创新素养活动通过互联网进行全面共享.

开展“互联网 + 主题教育活动”提升学校学生道德素养。学校积

极构建课主题教育活动与互联网技术密切关联，将学校的德育教育、安全教育、法制教育、研学活动、新生第一堂课、德育考核等等德育工作从经验评价走向科学数据分析，实现德育评测多元化、精准化，极大地提升学生的德育发展，从而构建网络以网络空间为支撑的多终端、自主性、个性化的新型德育模式。

开展“互联网 + 电子阅读”优化书香校园教育环境。用心将学校建设成为书香校园，充分发挥“互联网 + 电子阅读”的优势，基于大数据多视角多维度为学生提供个性化推荐读物，为师生提供全面的阅读资源、测评资源、大数据统计报告等；动员全校师生进行线上阅读，开展线上读书交流活动，培养师生阅读兴趣、学科兴趣、阅读习惯，从而优化书香校园教育环境。

“互联网 + 学生评价”完善教学评价体系。学校政教处、少先队大队部、学生会开展行之有效的社团活动，学校已成立各类学生社团 39 个，形成学生学习全过程的动态监测数据，开展智能学习诊断和多元学习评价，精准评估学习绩效，改善教学服务供给与学习需求的匹配度。利用信息化建立科学合理，操作性强的学生创新素养教育绩效评价体系和评估模型，实施教师、家长、学校、社会多方参与的绩效评价，实现评价主体多元化，评价结果科学化，并适时推动高中阶段招生考试改革。

举办线上“书画传情致敬英雄”书画作品展，通过在线互动课堂上好“健康从心开始”心理健康教育课，适时调理学生的不良情绪，缓解疫情给学生带来的心理困扰。

八、运用“互联网＋家长学校”，构建家校合一

充分利用“‘云校家’班级圈”功能，及时发布班级动态，学生个人动态，建立与家长的互动交流。

借助“云校家”建立“互联网家长学校”交流平台，通过举办心理讲座直播、优秀家长视频交流、促进家长互相学习，共同进步。

班级定期开展“网络家长会”让家庭教育随时进行，实现信息共享，促进家校合作向着“家校合一”转换。

邀请家长参与学校管理，加强家校合作常态化。邀请家长参与到学校的管理和监督中来，请家长督查晚自习，参与各种会议，参与宿舍督查与管理，参与违纪学生处理及管理工作；安排家长参与上学、放学时间校门交通疏导工作，观摩周一升旗仪式；安排教师就家长如何实施家庭教育进行培训，让家校合作教育落地生根，并促进其常态化。

九、运用“互联网＋大数据”建立学生成绩和知识数据库，动态监控学生成绩提升过程

各年级部、备课组、班主任、任课教师在落实“三同一案两平台”工作的同时，在日常教学中，充分挖掘“互联网＋教育云”平台的“教学助手”“课堂作业”“随堂检测”最实用最高效的功能，对学生的听课、日常学习、阶段考试进行汇总归纳汇总，建立数据库。

用好宁教云平台的大数据精准分析功能，建立学生成绩档案，为调整教学策略提供科学依据。

十、运用“互联网＋安全”，提升学校应急管理能力

认真上好新学期安全教育第一课，积极开展交通安全、食品安

全、消防安全、活动安全、交往安全、预防溺水等系列安全教育，教育全体同学自觉做好安全防范，提高自我保护能力。严格执行教师上课“点名查生制”，落实与班主任及缺勤学生家长的联系沟通工作，对缺勤学生，教师必须第一时间告知班主任及时与家长取得联系，消除一切因教师工作疏漏而造成的学生安全隐患及事故。认真落实各年级教学楼上下楼梯高峰时段立岗值守每日记录，确保师生人身安全和正常教育教学秩序。严格落实岗位责任制，各楼层宿管人员加强值班，严禁闲杂人员进入宿舍；召开住校生安全教育大会，督促学生提高安全防患意识，养成良好生活习惯；定期检查和不定期抽查相结合，狠抓生活秩序和安全管理。严格执行门卫保安人员工作制度，坚持 24 小时值班和巡逻排查，严禁校外人员进入校园，严禁学校门口摆摊设点，严格杜绝小商小贩向学生出售过期变质食品及危险物品，坚决制止校园周边干扰正常教育教学的活动。

及时合理解决网络舆情突发事件，及时、随时和学生、家长沟通，规范回帖内容。对于网络上出现的涉及学校教育方面的问题，通过发帖、跟帖、撰写评论文章、介绍事实真相等不同形式进行回复，积极释疑解惑，化解矛盾，消除影响，矫正视听，积极营造量化的舆论环境。

固原市原州区第十一小学
吴　亮

第八辑

以爱育爱，幸福成长

作为一名奋斗在教育一线的人民教师，我一直在思考这样两个问题：一是如何育人，二是育人的核心是什么。在 20 年的教育工作中，给我最大的感触就是一个字——爱！这个爱，不只是受教育者感受到的爱，更是教育者自身所拥有的爱，同时也是教育过程中不断生发出来不竭的爱。教育的真谛在于诠释生命，而诠释生命的教育就是要以爱育爱，促使孩子幸福成长。

发挥“网络教研”优势，提升数学教师队伍专业素养

数学，是小学教育阶段中重要的学科之一，数学教师的个人素养和教育能力，对数学教育质量有着关键的影响。在互联网发展时代下，给教师提出了更高的要求，教师除了需要掌握理论知识外，还需具备信息素养，不断拓展自身的教育能力和综合素质，才能够满足教育发展的需求。为促进数学教师专业素养发展，本文借助网络教研的优势，构建网络培训体系，希望能够通过网络教研，提高数学教师队伍的专业素养，为数学教师个人提升和专业发展带来帮助。

一、整合网络资源，建设网络学习空间

基于网络环境进行教师学习和培训时，需要进行合理组织和应用，借助现有的网络资源组织学习和培训。因此，学校需要建设完整的网络教育平台，为教师网络培训和学习奠定基础，让教师能够借助网络获得综合性学习，从而提高数学教师的专业素养。首先，学校需要结合校内的实际情况，建设校园的网络教研空间，并组织全校数学教师进行网络学习，充分发挥网络资源的优势，将丰富的教育资源整合到校园平台中，给数学教师提供更好的学习空间与机遇，助力教师

专业素养发展。其次，在建设校园网络学习空间时，需要让教师参与到建设中，结合教师的需求，不断进行网络空间优化，真正落实到每一位数学教师的真实问题，给教师的教学设计、学习提升、个人总结等行为提供帮助，让小学数学教师有更好的学习渠道，发挥网络教研的优势。

二、加大硬件投入，完善网络学习平台

为不断优化网络教研空间，学校需要加大对网络学习空间建设时的软硬件投入，为网络教研打好基础。

（一）建设完备硬件设备

为保障小学数学教师能够借助网络学习空间进行综合化学习，在建设了线上网络学习空间后，学校需要加大校园信息化硬件建设，通过完善的信息环境，给教师带来更好的学习支持，从而发挥网络教研的优势与价值。因此，学校需要建设完善的校园网络以及学习所需要使用的各种信息化硬件设备。学校要对校园内部的网络进行建设和维护，定期升级改造，确保网络能够更加通畅和快速，同时对校园的信息设备进行及时更新迭代，确保信息设备的正常运作。

（二）加强教师培训

想要更好地应用网络教研进行教师个人提升，就需要加强对教师信息素养的培养，让教师能够熟练地使用更多信息化设备和软件，真正地使用网络平台进行学习和成长，发挥网络教研优势。因此，学校在借助网络渠道进行教师队伍建设时，首先需要提高教师的网络信息素养，组织定期的线下计算机操作培训，让每一位小学数学教师都能够熟练地掌握学校的计算机设备和网络教研平台。同时，学校

需要配备专门的信息人员，壮大校园信息化团队，为校园信息化建设提供支持。

三、认真学习知识，强化教师交流互动

小学教育阶段，是学生发展的重要阶段，在这个时期小学教师具有重要的教育职责，需要对学生综合素质进行教育，为学生日后的学习发展奠定基础，因此数学教师需要不断的拓展和提升自我的综合能力与素养，才能满足小学教育发展需求。在借助网络渠道进行小学数学专业素养建设时，需要注重教师自主学习，同时引导教师之间进行交流互动，让教师在交流中，碰撞出更多火花，养成教师的学习意识和进取精神。

（一）需要引导教师基于网络渠道进行学习互动，助力教师个人发展

现阶段网络上有各种即时通信平台，如微信、微博等，学校需要引导教师借助网络渠道进行交流与互动，和其他学校其他地区的优秀教师保持联系，通过对其他教师的交流沟通，吸取更多宝贵的教学方法和经验，提高自身的教育能力。同时，可以在网络上分享自身的教育问题，让更多的优秀教师进行帮忙和解答。通过这样的方式，借助网络渠道实现教师之间的交流互动，促进教师共同发展和进步。

（二）开展教学协作，实现资源共享

基于网络渠道进行教师专业素养培养时，需要引导教师借助网络空间进行协助教学，共同解决教学问题，针对教学中的优秀资源进行同步共享。例如，教师课借助钉钉、慕课等平台，实时分享自身的教学案例、教育资源，实现与其他教师的资源共享。

四、加强网络管理，及时总结反思

进行网络教研，需要加大对网络空间的管理，这严重考验着学校管理人员的管理水平，特别是在网络渠道下，缺乏系统性的管理体系和思路，需要学校不断地专研和探索，建设符合学校的网络管理模式，才能够对校园网络空间进行科学有效的管理。为保证每一次网络学习的效果，管理人员需要结合学校的实际情况，对网络进行综合化管理，合理地规划和安排网络教育的次数、时间，组织学校教师依据所制定的体系进行学习。同时，管理人员需要结合教育需求，设计网络学习空间的功能和结构，不断更新迭代。在每一次网络学习结束之后，管理人员都需要组织总结反思环节，针对本次网络培训中教师对网络培训的收获和个人感受进行总结，反思网络学习空间需要优化和完善的内容，进行有针对性地网络空间建设，提高网络学习空间的价值和效益。除管理人员进行定期总结反思之外，参与网络教研培训的数学教师，也需要针对每次的网络学习内容和个人收获进行反思总结，撰写总结报告，以此促进个人提升。

综上所述，学校需要借助网络学习方式进行教师培养，让教师能够有更好的学习渠道，不断地提升，在学校统一组织安排的网络教研体系下，进行集中学习，掌握更多的优秀的教育方法与理念，提升教师的综合能力，对教师职业发展和个人提升带来帮助，以此辅助于数学教育改革，提高小学数学教育质量，满足数学教育发展要求。

推进教育数字化发展
助力“双减”落地
——探讨小学数学教学有效方法

数字化教育可以成为实现“双减”政策落地的重要助力，而“双减”政策则是实现数字化教育的实践可能。在小学数学教学课堂中，教师就可以把握数字化教育和“双减”政策的内核要义，将其作为两者之间相互转化和联系的可能，进而形成教育数字化发展过程中小学数学课堂的教学方向。

一、数字化教育与“双减”政策的相关性

数字化教育不仅意味着智能化与数字化，同时也对教学过程中的质量和精细化有一定的要求。在教育数字化战略的发展要求下，教师应当认识到智能化和数字化既是教学手段和方法，同时也是实现教学理念转变的起源。换言之，实现教学过程中的数字化和智能化，就是推动教育数字化战略的重要开端。而随着教学实践过程中数字化和智能化的逐步落实，教师就可以对数字化和智能化的核心功能进行把握，以此来落实课堂教学的质量提升和精细化管理。由此可见，教育数字化战略与“双减”政策理念是息息相关的。在“双减”政策理念

的要求下，教师一方面需要通过教学实践的调整，来缓解学生的学习压力；另一方面还应当兼顾课堂教学的质量优化。而教育数字化战略，正是通过数字化和智能化的教学手段，实现课堂教学的质量优化和内容轻量化，达到“双减”政策的教学要求。由此可见，在实际的教学实践中，教师就可以将高质量、数字化、个性化等教学要求作为课堂教学过程中数字化教育与“双减”政策的结合要点和教学落脚点。

二、数字化教育背景下小学数学课堂的“双减”教学路径

（一）以学生需求为中心，呈现个性化数学课堂

在数字化教育背景下，教师若是要想落实“双减”政策理念在小学数学教学课堂中的运用和发展，首先应当以学生的学习和发展需求为中心，呈现出个性化的小学数学教学课堂。这里的个性化不仅是指数学课堂中不同学生个体的差异化特点，同时也是指当前小学数学课堂与其他班级、学校、区域的不同之处。因此，教师可以采用数字化的教学手段，呈现出小学数学课堂中学生的群体和个体差异，并在“双减”政策的指引下，打造出个性化的小学数学教学课堂。以人教版小学数学一年级第一章节《准备课》为例，在这一节课程的教学中，教师应当将学习准备和幼小衔接作为该章节的教学重点，而在具体的教学实践中，教师则可以借助数字画像平台，进一步凸显和展现出现阶段不同学生个体的学习需求和能力水平。

（二）以教学设施为基础，创建高质量教学环境

对于小学数学教学课堂而言，推动教学数字化的战略进程，最关键的要素就在于课堂教学中所运用的教学设施。一方面，小学数学课堂中教师所能够运用的教学设施，往往决定了数学课堂的数字化教学

路径和方向；另一方面，小学数学课堂所具备的教学设施条件，也能够在一定程度上反映出教学管理者和教学工作者对于小学数学课堂数字化教学的重视程度。更重要的是，在数字化教育过程中，教师应当充分利用相应的教学设施，为学生创造出高质量的教学环境，以此来满足“双减”政策理念的教学要求。以人教版小学数学一年级上册第二章节《位置》为例，在这一单元的教学中，教师可以借助三维实景地图作为教学工具，选择学校周边区域作为课堂的教学素材，并引导学生认识和分析地图上不同建筑、地标的相对位置关系。显然，三维实景地图的运用，能够更加直观凸显出“位置”的概念与内涵。

（三）以多方合力为指引，奠定多元化教学局面

从某种程度上来说，数字化教育的实现，得益于不同社会领域的进步与发展。在这个发展过程中，教师、家长、教学管理者以及与数字技术相关的专业人员，都起到了不同程度和不同方向的推进作用。事实上，“双减”政策理念的落实亦是如此。首先，教师、家长和教学管理者作为学生成长道路上的指引者，就应当对自身在“双减”政策落实过程中的角色定位进行清晰认知。其次，在“双减”政策理念的要求下，不同的社会角色若是想要形成高质量的教育合作，就可以尝试借助同一种教学渠道，并在此基础上实现资源的共享共用。而数字化教育恰好能够为多方合作实现资源共享提供相应的发展渠道，以此来奠定小学数学课堂多元化的教学局面。譬如，在小学数学教学课堂中，教师可以选择一个用以记录和存储数据的平台，作为教师、学生和家长进行沟通交流和内容分享的空间。在这个互动空间中，家长可以提供教学建议，学生则能够表达学习诉求，而教师就可以为其提供具备针对性的解答。由此可见，教学互动平台的运用，能够实现教

师、家长和学生之间的高效沟通。

（四）以课堂特质为要点，形成创新性教学路径

在小学数学教学课堂中，不论是数字化教育战略，还是“双减”政策，最终都需要落实到小学数学课堂和数学学科的教学过程中。换言之，在小学数学课堂中，教师应当围绕着数学的学科特点和课堂特质，形成相应的教学思考，落实相应的教学发展。从教育数字化战略的角度来看，把握数学学科的特质，就是要求教师抓住数学课堂的教学场景，运用数字技术实现数学课堂的教学创新；而从“双减”政策的角度来看，围绕着小学数学课堂特质所展开的教学，不仅能够帮助教师快速找到课堂的教学重点，从而提高课堂的教学效率和教学质量，同时还能够以课堂教学的独特性和创新性，激发学生在数学课堂中的学习主动性和创造性。以人教版小学数学四年级上册第七章《条形统计图》为例，在以往的教学过程中，教师往往遵循从数据统计到条形图绘制的教学思路。而在教育数字化战略的推进和创新型教学发展的要求下，教师可以选择一组容量较大、维度较多的样本数据，并借助软件绘制出相应的条形统计图。而该单元的教学过程就可以从这个较为复杂的统计图入手，由教师引导学生进行统计图的剖析和解读，落实深入浅出的教学过程。

总而言之，在小学数学教学课堂中，教师应当将同一时期的教育政策理念和教学发展战略相互结合，最终形成小学数学课堂的有效教学方法。从某种程度上来说，现阶段教育政策理念和教学发展战略所包含的核心要义都是相通的。这也为小学数学课堂的教学发展提供了重要契机。

社会即学校，作文即生活

上学期在学校的习作教学研讨中，我上了一节活动作文课。为了解决作文素材的问题，我设计了一个成语竞猜游戏。由于游戏设计有趣，学生们参加活动的积极性很高。在活动过程中我指导学生观察活动场面，尤其注重了“点”和“面”的观察指导，边游戏，边不着痕迹地指导，一堂课 40 分钟下来，学生在愉快的游戏中解决了作文素材问题，还轻松写出了精彩纷呈的作文片段，如：

“‘哈哈哈……’这是哪儿传来的笑声呢？哈，就是从我们五（4）班传来的，因为我们正在举行成语竞赛活动呢！”

“首先，我们一个接一个说出自己的队名，我们班的队名五花八门，有的叫‘神秘队’，有的叫‘冲刺 100 分’，还有的叫‘江南 style 特工队’——真是八仙过海，各显神通啊！”

“接着‘冲刺 100 分’组的常力源和褚晓萌上场了，他们表演的是‘得意扬扬’。只见常力源假装拿着考了 100 分的试卷，哈哈大笑，可是褚晓萌没有猜出来，于是常力源又换了一个方法，拿着他的‘试卷’大声喊：‘老妈，我考了 100 分！’全班‘哗’的一声，又激起一阵欢笑。常力源演得也很生动，尤其是走过关浩宇身旁时，显得非常得意，简直就跟他真的考了 100 分一样！但是褚晓萌就是猜不出来，这可把常力源急坏了，豆大的汗珠从他的头上滚了下来，我们整个小组的人都帮常力源做动作，教室里气氛好不紧张。可褚晓萌急得面红耳赤半天却猜了一个‘得意忘形’，虽然已经很接近了，可是他们组的时间也已经到了，真是太可惜了！”

…………

读着这些生动的语言、精彩的叙述，就连平时半天“挤”不出作文的几个孩子也都有话可说，我心里充满了喜悦，每次艰难的作文批阅过程变成了一种享受，同时也使我想到了好多：在当下的语文教学中，老师觉得作文难教，学生觉得作文难写，究其原因，主要有两方面：首先，学生缺乏生活体验，没有习作素材，写作文成了无源之水，所以怕写作文。其次，教师对于学生的习作指导太过笼统，学生无从表达；或者教师的习作要求建立在刻板的模式和套路中，扼杀了学生习作的信心，学生不能自主表达，厌恶作文。为了解决学生习作难的问题，结合过去的教学经验，我想从以下几个方面谈谈自己的看法。

一、积极引导学生参加社会实践，体验丰富的社会生活

《义务教育语文课程标准（2022 年版）》（以下简称《语文课程标准》）提出：“要让学生在广阔的生活空间里学习语文。”课堂 40 分钟的习作，其实是对学生平时生活积累的反映，也是学生语言表达能力的体现。作文教学的外延与生活的外延是相等的。然而令人遗憾的是，激烈的社会竞争以及学业压力使现在的孩子参加社会实践的机会太少，学校、家庭、辅导班，三点一线的生活使很多孩子失去了体验丰富社会生活的机会。因此，教师要有意识地积极引导学生关注社会

生活，参与各种实践活动。比如，利用周末布置孩子和爸爸妈妈去市场买菜，去超市购物，还可以去爬山、去放风筝；利用节假日，可以有意识地引导孩子参与到社会活动中去，比如植树节、清明节、三八妇女节等，使孩子真正走进生活，感受到生活的火热和浓郁气息，作文才可能写得真实有趣。比如在2019年的清明节前夕，学校组织学生参加去烈士陵园的扫墓活动，为了让活动真正对学生起到教育作用，活动前一天晚上我让同学们查阅了固原市烈士陵园的相关资料，带着目的去参加活动。同学们通过活动仪式感受到了清明扫墓的意义，同时还写出了有真情实感的作文。

小学生的生活积累少，很多事情没有亲身经历，一些叙事的作文往往由于没有实践，不仅内容空洞，有些孩子还会生造出子虚乌有的事件来。班里有个孩子李浩写了一篇习作《第一次炒菜》，因为孩子没有真正炒过菜，所以“炒菜”的过程就成了照着菜谱编写的过程，看后我哑然失笑，于是给孩子布置了一个作业，要孩子回家请妈妈指导炒一次菜，并要全过程独立完成。孩子听了觉得很有趣，回家乐呵呵地请求妈妈要完成老师的作业，从择菜、洗菜、切菜到炒菜全过程，孩子全部参与了。第二天当我问起时，孩子显然胸有成竹，给我叙述了炒菜的苦乐过程，修改后的习作对炒菜过程的描写明显生动有趣多了。

二、注重课堂上的即兴练笔，并及时点评指导，给孩子以信心

语文课堂教学是工具性和人文性的统一，我认为语文课堂的读写训练是提高孩子习作能力的有效途径。尤其在许多课文的留白处，巧妙设计写作训练，不但提升孩子对课文的理解，更重要的是锻炼了孩

子即兴表达的习惯。如在教学《永生的眼睛》一文中，当读到琳达收到奥列根勇敢者角膜银行的一封信时，我对同学们说："此时琳达的心情怎样？请你们写一写。"在文章情绪的感染下，孩子们大胆想象，写出了合情合理的情节。在教学《秉笔直书》时，课文结尾处写到南史氏准备来接替太史季，我问学生："崔杼见此情形，他会怎么想怎么做？请你想一想写下来。"学生兴趣盎然，根据对文章的理解写出了生动幽默的片段，还不乏对课文的深入理解。

平时学习生活中的偶然事件，也可以成为习作材料。记得有一次已经上课了，教室里还闹哄哄的，进去准备上课的我见此情景，突然想到在教育学生的同时进行一次习作训练呢？于是我半天没吭声，只等到教室里彻底安静下来了（同学们看我神情严肃，在一阵不安中，面面相觑不敢言语），这时我说："同学们，请你们闭上眼睛屏住呼吸 5 分钟，需要不发出一点声响，感受一下'安静'。"我的话音落了，教室里一点点骚动过后孩子们静了下来，几乎是越来越静了。5 分钟过后，我请孩子们睁开眼睛，写下自己刚才的感受，有些同学写道："老师让我们闭上眼睛不许出声的时候，我心里正想着老师会怎么批评我们，教室里突然静了下来。起初还有桌椅的响动声，后来教室里越来越静，静得只听见同学们的呼吸声，静得有些让人不敢喘气，眼前黑乎乎的，我又想到盲人所能看到的永远是这么黑暗的一片，该有多痛苦啊！……正想着，老师让我们睁开了眼睛……"多么生动细腻的刻画，多么丰富的联想！我大大表扬了几个写得好的同学，并受其启发，给孩子当天布置了作文《那五分钟……》《我也做了一次盲人》，同学们因为有体验，欣然完成了作文。与此同时，课堂上有意识地创设情境或设计游戏活动，均可以丰富学生的习作素材，比如“成语竞猜”活动、“吹泡泡”游戏等。

同时，有些教师很重视习作指导，却常常忽略习作的讲评。长此以往，孩子们会丧失习作的积极性甚至产生倦怠感。在小学时，自己的作文被老师当作范文去欣赏是同学们喜欢作文课的重要原因，因此切莫等到习作过去了很久才去讲评，这完全等同于将新鲜的菜放凉了重新回锅，失去新鲜感也会失去兴奋感，作文讲评的效果会降低很多。

三、留心生活中的变化，养成善于观察的习惯

《语文课程标准》指出：“为学生自主习作提供有利的条件和广阔的空间，丰富多彩的生活是自由表达、创意表达的土壤；观察与积累是学生的根。”这为我们指导学生积累写作素材指明了方向。很多时候，学生解决了写作素材的问题却往往苦于无从表达，这跟学生不善于观察或观察不细致有关。在上学期第三单元教学一篇关于“花”的习作，此时正是春暖时节，自然界的花千姿百态，学生都能说出自己喜欢什么花，但具体到写作文，就变成了千篇一律，花的颜色姿态笼统的一句“美极了”“五颜六色”，怎么美怎样的色彩却写不出来。因此在指导本次习作之前先在班里教给学生们怎样观察花，花的形状、色彩、姿态、气味，之后利用清明小假给学生留了一份作业：和家人出去踏青春游，给花拍照片，仔细观察一种自己喜欢的花：闻一闻，舔一舔，看一看，并通过各种途径了解这种花的习性。收假后看到孩子们拍的各种姿态的花的照片，美不胜收，于是在班里进行了一次“花展”，我要求根据他们自己的了解，抓住花的特点介绍自己喜欢的花，并评选出“花王”。相互的介绍丰富了学生的习作素材，同时使他们学会了生动的描述，习作时这类较难写的状物类文章也变得简单了许多。第五单元要求写“手”的作文，冉钰晶写到妈妈的手很巧，会绣十字绣，可是怎么绣、绣出来的怎么美却没有描写出来，于是我让她回家仔细观察妈妈绣十字绣的样子，然后再修改作文，后来就有了一段生动的描写：“妈妈的手可巧了，闲暇时她总是绣十字绣。我们家里挂了好几幅妈妈绣的十字绣呢，有雍容富贵的牡丹，有大气磅礴的中国山水画，每一幅都绘声绘色。今天我写完作业便凑到妈妈跟前去看，只见妈妈左手拿起针，右手捻捻线，小心翼翼地穿过去，然后在末尾打个结开始绣了起来。只见妈妈沿着布上的小格子用针扎过去又扎过来，一个小‘十’字就绣好了！原来绣好一朵花就要那么多的小‘十’字啊，妈妈绣好一幅十字绣得花多少功夫啊！这么想着想着，不一会工夫只见妈妈已经绣好了一朵漂亮的梅花。妈妈的手真巧啊！”

处处留心皆学问。孩子们养成了勤于观察、细致观察的习惯，作文才可以写得生动真实。这正如苏联著名教育家苏霍姆林斯基所说：“语文能力培养是和观察能力、思维能力的培养熔为一炉的，观察是作文的基础，能使学生产生鲜明的思想，活生生的语言和创造精神。”

四、鼓励个性化的创作，不拘囿于形式

孩子有孩子的世界。大人们最大的失误便是总用成人的眼光要求孩子，因而总看到孩子的很多缺点和毛病。尤其表现在习作上，教师总喜欢给学生一个套路、一个固定的模式，致使一些有灵性的创作也许会因为教师的不喜欢而遭“封杀”。如此久而久之，可能会使学生丧失对习作的兴趣，或者写作文形成一种固有的模式而失去真实情感的流露。

记得开学初要求学生写一篇作文《难忘的一句话》，令我诧异的是几乎近一半的孩子在习作中写到了千篇一律的一句话："失败乃成功之母。"我问同学们，难道所有的家长都是在你们失败的时候说过这样让你们难忘的话吗？难道所有的家长都说一样的话吗？孩子们听后大笑。笑后再想想，这怪孩子吗？我们的教育使然。我们总用严肃的刻板的框架来限制孩子的思维火花，平实的朴素的生活语言被视为登不了"大雅之堂"，所以孩子理所当然地认为只有这样的话才"应该难忘"，因而习作才会陷于这样的"怪圈"！记得当时班里有一个成绩有点吃力的学生写的作文却很让我感动，他这次写了妈妈批评他时说的一句话："每天给你吃好的穿好的，你却不好好学，你不配拥有这些！"令他难忘，原因是他作业没有完成，听写成绩差被老师批评了，所以回家后妈妈批评了他。乍一看，妈妈怎么能这样说孩子呢？但再想想，孩子的妈妈，一个没有多少文化的家庭妇女，在教育孩子时愤怒之下说的话，的确很符合她的身份。读完这篇作文，我大大鼓励这名同学作文语言真实，符合生活实际。这名同学因此备受鼓舞，其他同学也深受启发。

五、阅读经典，汲取习作的养分

书籍是人类的精神食粮，经典的书籍更是全人类的宝贵财富。从书中可以了解自然，认识世界，学习表达，获取宝贵的间接经验。因而需要教师重视学生阅读兴趣的培养，尤其应重视课外阅读的指导，使学生养成自觉阅读课外书的习惯，并从中汲取精华，丰富语言积累，为写作打下坚实基础。可以通过创办班级图书角，让学生交换看不同的书，并经常举行一次读书交流活动，让学生介绍自己喜欢的一本书，谈读书的收获、心得体会，兴起读书的热潮，还可以让家长参与到学生的阅读中来，共同提升。同时需要明确，读书是一项长期的乃至终身的学习，要有选择地读书，但不要急功近利，让孩子在书籍的浸润下思想逐渐丰富起来，语言逐渐鲜活起来。

早在20世纪，陶行知先生就在他的生活教育理论中提出“社会即学校”的观点，他指出：“学校要与社会统一，把社会办成一个大学校，形成家庭教育、社会教育在内的大教育体系。”要求学校与社会建立密切的联系，打破学校在时间和空间与社会隔绝的状况。“社会即学校”可以大大地增加教育素材、教育的方法、教育的工具、教育的环境和教育的场所，学生可以获得更多有用的知识。习作教学的确是语文教学的一个难点，作家读万卷书用尽心血才会有经典的产生。作为小学生初学习作，最重要的是在广阔的社会生活天地里培养孩子习作的兴趣，明确社会既是学校，作文既是生活，孩子的习作才会接地气、有灵气，成为情感表达的需要。与此同时，也需要明白习作是需要动脑筋的事情，需要教师在习作方法指导上多动脑筋，遵循教育规律，保留孩子的童心、童趣，也许可以化难为易，为语文教学锦上添花。

找准课堂角色，还学生自主权利

新课程改革以来，要求我们将学习的主动权交给学生。但实际教学中，怎样才能体现学生的主体地位，老师怎样“导”出一堂完全由学生作主的好课来，是值得我们深思的问题。

语文课程标准指出，语文课程应致力于学生语文素养的形成与发展，在语文学习的过程中倡导自主、合作、探究的学习方式。因此在语文学习过程中，我们应尽可能把学习的主动权交给学生，让学生积极学习，主动探究，鼓励学生带着自己的知识、经验、思考、灵感和兴致参与到其中，充分发挥学生的主观能动性和创造力。作为教师怎样将这一思想真正落实到课堂上，使语文教学释放出无限的活力呢？下面就这一观点谈谈具体做法。

一、展现教师“主导”的精彩

新课程给师生双方提出了新的挑战，一方面，它要求学生由被动接受、记忆、模仿变为主动探究，自主发现，合作交流；另一方面，要求教师不再告诉，不再包办代替，要成为学生学习的组织者、促进者。那么，在课堂中，教师究竟应该怎么做？

（一）鼓励学生质疑

古人云：“学贵知疑，小疑则小进，大疑则大进。”《语文课程标准（2022年版）》（以下简称《语文课程标准》）也要求学生：“对课文的内容和表达有自己的心得，能提出自己的看法，并能运用合作的方式，共同探讨、分析、解决疑难问题。”课堂上应是怀疑与思辨的地方。

学生的大脑不是一个盛知识的容器，而是一个应点燃的火种。教师应该点火，而不是灌水。在课堂上，教师要引导学生学去思考，去分析，要有自己独立的见解，要说出自己的看法，亮出自己的态度。如在教学《詹天佑》一课时，我尝试激发学生的“反事实”思维。以往我总是满足于让学生理解“人”字形线路的设计原理，从中体会詹天佑杰出的创造才能。这一次我先引导学生考虑“人”字形线路的不足之处。学生指出这样不但上下山的路程变长、费时，而且也多花了许多钱。接着让学生来当设计师，想办法克服这些不足。学生提出的方案有：重新勘测线路，避开这处斜坡；架设两段引桥，减缓坡度等。随后我引导学生读课文自己的设计是否可行，学生通过仔细阅读后认为，绕道势必会遇上新的陡坡，青龙桥附近地势较为复杂，况且架引桥会花费更多的人力财力。最后学生得出结论：“人”字形线路虽非十全十美，但在当时当地，却是一个最佳的方案。他们也深深体会到詹天佑的杰出的创造才能。虽然是殊途同归，但我认为这种依托教材，逆其道而思，更能激发学生大胆思考，主动探索。

（二）激发学生情感

《语文课程标准》强调：“阅读是学生的个性化行为……应该让学生在主动积极的思维和情感活动中，加强理解和体验。”不过，学生积极的情感活动并不是可以自发而深刻地进行的，必须经过有效的强化才能得以充分开启。语文教师作为学生学习活动的主导者，在教学中应积极发挥语言魅力，在推波助澜中点燃学生的情感之花，进行文本和心灵的碰撞。例如教学《一夜的工作》时，我们通常都是抓住“一叠”“一尺来高”“一整夜”等词语的分析来体会总理工作的劳苦。而王菘舟老师在执教时，用语言创设了四个具体的细节：夜幕降临，华灯初上，敬爱的周总理坐在他那张不大的写字台前，打开了今天晚上要审阅的第一份文件，只见他——夜很安静了，只听到时钟嘀嗒、嘀嗒的声音，我们敬爱的总理坐在那张不大的写字台前，认真审阅文件，只见他——夜越来越深了，人们早已进入了甜美的梦乡，而我们敬爱的总理依然坐在不大的写字台前，只见他——东方发白，天色迷茫，总理坐在不大的写字台前，拿出了今天晚上要审阅的最后一份文件，只见他——学生反复读：“他一句一句地审阅，看完一句就用钢笔在它后面画上小圆圈……有时还问我一两句。”几次强化，层层感悟，让学生细致地感受漫长的一夜中总理始终如一的认真审阅的工作态度。促使学生形成最佳情绪状态，情不自禁地走入文本，进行理解与感悟。

（三）引导学生关注生活

语文即生活，生活即语文。这一理念在新课程中得到了充分的发挥。教师要引领学生走进文本，又要走出文本，把从文本的感悟和生活体验结合起来，使静态的语言文字在学生的心中跳荡起来，变成充满生命活力的画。如语文课学了《鸟的天堂》，让学生根据我们中队的绿色环保内容，开展一个综合实践活动。分组，拟订课题，选举组长，分配任务；去图书馆借书，上网找资料，调查鸟的种类，生存现状……通过活动，他们很吃惊，告诉我说，现在在城市的早晨几乎听不到鸟叫了。他们真切地为我们的生存环境感到悲哀。在作文课上，描写你最敬佩的人时，我引导学生用相机、摄像机拍下正在备课的教师、值勤的交警、扫垃圾的清洁工、盖房子的工人、纺织厂的女工，再现了他们工作的情景，使学生受到感染，心中激情勃发，化作文字流淌。

课堂是学生学习的主阵地，学生对课堂需要是不断变化的，教师要时时研究学生的学习需求，树立为学生的发展服务的意识，把学习的主动权交给学生，使课堂成为学生思维碰撞的场所，成为学生享受学习快乐的乐园，成为心灵放飞的天空，真正使学生在课堂上展现个性、自主创新，为获取更大的提升空间迈出坚实的一步。

二、落实学生“自主”的权力

叶圣陶先生说：“学语文主要靠学生自己读书，自己领悟。”他强调的是“自读自悟”。《语文课程标准》也指出，在学生读书思考的基础上，通过教师指点，围绕重点展开讨论和交流，鼓励学生发表独立见解，让学生在阅读实践中逐步学会独立思考，学会读书。自主学习体现的正是这种精神。那么如何在课堂教学的实践中落实这一精神呢?

（一）顺学而导，将课堂还给学生

在语文教学中，教师必须弘扬人文精神，充分尊重学生个体，让学生根据兴趣需要自主选择学习内容、学习方式、学习场所等，还学生自由的空间。

例如我在教学《小音乐家扬科》一课时，学生对扬科的眼睛发生了兴趣。于是我就顺着学生的兴趣放弃原先的教学方案，改学这部分内容。《小音乐家扬科》这篇课文四次重点写了扬科的眼睛，课文一开头就写了“淡黄色的头发直披到扬科闪闪发光的眼睛上”；在到食具间的第二天，可怜的扬科被带到管家面前，他“睁大了惊恐的眼睛”；后来，更夫像夹小猫似的，夹起扬科，扬科“只是瞪着眼睛，像一只被抓住的小鸟”；扬科惨遭毒打后死了，他“睁着眼睛，眼珠已经不再动了”。学生带着浓烈的兴趣从扬科的眼睛入手，领略到扬科是个十分聪明、可爱的孩子；知道了扬科生命无保障，命运悲惨；还体会到扬科死得冤枉，他留恋这充满音乐的大自然。由眼睛中，学生懂得了刻画眼睛可以表现人物的性格、处境和内心。虽然学生只选择了眼睛这一个细小的内容来深入研究，但通过相互交流展示，得到了情感参与、内心体验、精神启迪……同样是《小音乐家扬科》，在学习大自然美妙的音乐时，就把课堂搬到大自然中去，不再把学生禁锢在课堂这一小小的活动空间，让学生也像扬科一样听听大自然的声音，通过自己的亲身感受与扬科进行比较，体会到扬科对音乐的热爱。在学到扬科含冤而死时，我们不妨让学生演演群众，评评扬科的死；当当画家，画画死时的扬科，伤心的母亲；扮扮扬科的好伙伴，去墓前祭拜；做做小说家，写写吃人的资本主义社会……这样每个学生自主选择不同方法进行学习，满足了自己的兴趣、爱好、符合了自己的个性、特长。

（二）重视实践，给学生展现自主的机会

语文教学的重要途径就是语文实践。教师要鼓励学生大胆实践，尽情舒展生命活力，给学生充分展示自己的舞台。我曾尝试让学生自己设计作业和自己备课授课，均受到了良好的效果。

作业能使学生在练习中掌握技巧，在练中形成能力，在练中发展思维。以往对学生的学习评价都是教师给题，学生完全处于被动状态，他们的聪明才智得不到充分发挥。为了活跃学习的思维，不埋没学生的潜能，教师应让学生也当当小老师，自行拟定练习题，促进学生去自主学习，成为学习的真正主人。

有一次，在给五年级学生上思想品德课时，我发现学生积极性不高，而所学内容又相对简单，为了有效调动孩子的学习积极性，我想出了一个办法，何不尝试让个别优秀的孩子尝试当一次“实习老师”？课前辅导他备课，之后要求该生回家再仔细查找相关资料进行认真准备，并告诉他：“明天老师做你的学生。”该生听后自信心大增，回家精心做了准备之后第二天上台试讲了一节课，虽然学生的讲课还显稚嫩，但是给他提供了锻炼的机会，激发了他学习的积极性，也使他对师生角色进行了换位思考，从而对课堂教与学有了较为深刻的理解。

固原市原州区彭堡镇曹洼小学
殷彩玲

第九辑
沐教育芳华，育时代新人

用心培育耕耘农村教育，践行“培根铸魂育新人”时代担当。坚守初心，关爱童心，欣赏童趣，当有情怀的教师，做有温度的教育，一起实现和孩子的共生共长。

充分利用“互联网 + 教育”资源 丰富农村语文教学

推动城乡义务教育一体化发展，提高农村义务教育水平是习近平总书记主持中央全面深化改革领导小组会议上提出的。会议审议了《关于统筹推进县域内城乡义务教育一体化改革发展的若干意见》，明确指出统筹推进县域内城乡义务教育一体化发展，对缩小城乡教育差距、促进教育公平具有重要意义。李克强同志多次对提高农村义务教育水平及促进教育公平提出要求，强调教育投入要继续向困难地区和薄弱环节倾斜，不断缩小城乡、区域和校际办学差距。

2019 年 3 月，宁夏小学语文界精英在燕鸽湖畔的小聚教研引发了我对农村小学语文教学的深思。而“互联网 +”的注入，为农村语文教学更增添了生机。

一、“互联网 + 教育”整合了学科资源

《义务教育语文课程标准（2022 年版）》（以下简称《语文课程标准》）中提出了“努力建设开放而有活力的语文课程”的基本理念，要求教师不仅需要严谨的治学精神，还需要有渊博的学识、广阔的视野、与时俱进的教育观念和灵活的教学方法。而“互联网 + 教育”恰

好弥补了农村教育资源匮乏的这一缺点，为农村年轻教师的成长搭建了更广阔的平台。作为我们年轻的乡村教师更要加强学习，提高专业水平，注重灵活地运用现代化教学媒体，从而使学生能够开阔视野，激发兴趣，激活思维，提高学生学习语文的兴趣，从而使“互联网 + 教育”拉近城乡教育的距离。

二、“互联网 + 教育”丰富了教学过程

在农村普遍教学中，学生对待学习的积极性普遍不高，家庭因素占主要方面。大多数学生的父母外出务工，学生的生活由爷爷奶奶照顾。学生学习习惯差，对待学习比较敷衍。无论是枯燥的讲解，或者是煽情的演说，都无法激起他们的兴趣，也不能充分发挥他们学习的主动性。面对全新的教育形势，而“互联网 + 教育”恰好弥补了这一短板，“互联网 + 教育”为教育提供的丰富的教学资源，如一些优秀的“教案实例”“媒体展示”“习题精选”“扩展资料”“作文指导”等等，为学生创造了浓厚的学习氛围，也为我们农村教师提供了方便的资源。希望在以后的教学中，我们农村的一线教师们能够积极充分利用这一宝贵的资源自觉学习，积极实践，转变观念，丰富教学。

“互联网 + 教育”让我们可以通过远教时迅直通车资源，及时了解国内、国外的发展变化，时事与政策，不断提高自己的知识素养水平，坚定教育信念。特别是一些有关教育的专题报道，让我们及时地了解我国教育发展的动态和教育的政策与法规，这样便于自己及时调整教育行为。

三、“互联网 + 教育”激发了学习兴趣

在新形势下，我们还要把各种有效资源整合到教学活动中，开放教学内容，对课程、教材、学习方式、互动方式进行重新组织，构建新的学习环境。充分用好“互联网 + 教育”资源，赢在课堂上。“互联网 + 教育”使得我们的备课更具有新颖性、趣味性。也影响了教师思维的发散和拓展空间，打破了教学参考书的局限性和时效性。利用“互联网 + 教育”资源，能帮助教师走出教学的陈旧圈子，大胆对教学方法、教学内容进行革新，教给学生实用的语文知识。同时，丰富了教学的辅助资料，减少了教师在备课中烦琐的资料查找过程。“互联网 + 教育”资源为我们提供了丰富多彩的网络资源，将空洞的文字叙述变为精彩的动画展示，将简单的图片变为连续的动作过程呈现给学生，使抽象、枯燥、静止的文字知识变得具本化、趣味化、生活化，利用这些丰富的图片和课件，使学生有“身临其境”之感，备感亲切，从而激发学生的求知欲，刺激学生的多重感官，充分调动学生的学习积极性和主动性。这些好的教育教学资源，使我们的学生享受到了高质量的教育，更使我们的学生开阔了眼界、提高了素质，真是帮了教师，活了课堂，丰富了教学。平台上的资源在使用的过程中又比其他资料快捷、方便、直观，真正做到了资源共享，所以它更具有参考价值和指导意义，因此，作为语文教学工作者应充分应用好这一得天独厚的资源，使交互性学习更有优势。

四、“互联网 + 教育”提升了教师素养

作为教师，我们要不断地学习，提高自身的业务素质和专业能力，筛选好资源，利用好资源，丰富知识储备，激发学生学习兴趣。

让学生享受优秀教师的课堂教学艺术，提高学习兴趣，让学生与远程伙伴们一起操作、学习新知、巩固练习，配合教师恰如其分的点拨和点评，完成语文课文的学习，使教师教得轻松，让学生学得开心。

总之，充分利用“互联网＋教育”资源如清风活水，使我们农村的语文教学异彩纷呈，让我们实现了同在一片蓝天下，共享优质教育资源，缩小了城乡教育的差距。

“三个课堂”助推农村基础教育质量提升

原州区彭堡镇曹洼小学为全面贯彻党的教育方针，扎实推进“互联网＋教育”应用，学校着力通过“三个课堂”、网络教研等途径，促进现代信息技术与课堂教学融合创新，推动乡村教育优质均衡发展，严格按照教育质量提升行动不断完善学校办学设施，努力优化教育环境，逐步实现农村基础教育质量提升，办好老百姓家门口的好学校，为实施乡村振兴贡献力量。

一、乡村教育教学存在的问题

在农村基础教育质量现状中，一直存在着专业教师发展水平不高、学科专业教师短缺、基础教育教学质量水平薄弱的问题，导致无法紧跟国家教育现代化的步伐，农村教育质量与城市教育质量差距较大。近年来，原州区在乡村基础教育质量提升方面下了很大功夫，乡村学校的基础教育质量有了很大提升。但是乡村学校仍然在专业教师短缺和专业发展水平等方面依旧与城里学校存在较大差距，“三个课堂”的搭建为乡村学校发展、教育质量的提升注入了强劲的动力。

二、“三个课堂”应用工作实践

（一）“三个课堂”的建设与实施

以习近平新时代中国特色社会主义思想为指导，全面贯彻党的教育方针，落实立德树人的根本任务，发展素质教育，促进信息技术与教育教学实践深度融合，推动课堂革命，创新教育教学模式，促进育人方式转变，支撑构建“互联网＋教育”新生态，发展更加公平更有质量的教育，加快推进教育现代化。为全面贯彻落实教育工作大会精神，加快推进基础教育质量提升行动。根据原州区教体局《关于印发〈原州区推进‘三个课堂’建设与应用的实施方案（2020—2022)〉的通知》（原教体发〔2020〕336号）要求，为进一步促进信息技术与教育教学实践深度融合，推动课堂革命，促进“专递课堂、名师课堂和名校网络课堂”（以下简称“三个课堂”）的常态化应用，特制订实施方案。我校积极推进“三个课堂”应用工作，逐步提高我校教育教学质量。按照彭堡镇关于推荐“三个课堂”的实施方案，制定了三个课堂的实施进度，分为三个阶段。

（二）“三个课堂”常态化运用

一是名师课堂促进教师专业发展。按照原州区教育体育局的安排，曹洼小学积极发挥名师名课的示范效应，探索网络环境下教育教学新形态，落实“双培双带”工作，以优秀教师带动普通教师提升专业素质水平，使名师资源得到更大范围的共享，促进教师专业发展水平的提高。教师在云平台学习名师优质视频课，学习名师的教学策略和教学模式，从而促进教师教学技能和专业发展。随时随处灵活调用名师课堂，实现了优质的教育资源更广的共享、共建，弥补了学校教师教学业务能力和教师专业化发展水平整体不高、不平衡的问题。从而提高学校教师教学专业水平。

二是专递课堂助力镇内教育均衡发展。努力为使乡村孩子享受优质教育资源，均衡镇内音体美教师的短缺。以网络为媒，以学校为主课堂，助力镇内教育均衡发展，联合石碑小学六年级搭建了“一拖一”的互联网在线音乐课堂，与清水湾小学五年级搭建了“一拖一”的互联网在线英语课堂，切实弥补专业教师短缺的短板。开齐、开足、开好国家规定课程，助力乡村教育公平、均衡发展。

三是名校网络课堂推动学校优质高效发展。借助城乡帮扶的契机，全面实施乡村振兴，推动基础教育质量提升。原州区第十八小学与曹洼小学建立城乡帮扶机制，根据学校学科的需求，以原州区第十八小学为主课堂，曹洼小学为辅课堂，积极构建“名校网络课堂”，开设“音乐、美术、科学、英语”四门学科的互联网“在线互动课”8节，课堂上两校师生积极互动、双向教学，充分发挥名校名师的示范效应，为学校教育教学改革注入强劲动力。同时，组织学校教师与原州区十八小学开展“互联网＋教研”网络教研活动，积极搭建网络教研共同体，开展同一主题、同一时段、同步教研，既突破了时空的限制，又共享了优质的教育资源。

（三）“三个课堂”运用实践成效

学校“三个课堂”在运用过程中建立健全利用信息化手段扩大优质教育资源覆盖面的有效机制，促进教育公平，不断提升教育质量，使教师教学能力和信息化素养持续优化，使学校办学水平普遍提高，推动教育优质均衡发展。“三个课堂”应用让农村孩子拓宽了视野，启迪了智慧，顺应新时代教育发展之势。互联网在线课堂创新了教学形式，通过体验式的教学，让学生真切地感受到了信息技术给人们的生活带来的方便与快捷。“三个课堂”让乡村孩子和城里孩子一样，共享一片教育蓝天。近几年，学校在互联网教学应用方面总结了经验，教师的专业能力也有了很大的提升，同时也提升了曹洼镇农村义务教育的均衡发展。取得了突出的成效。学生的获得感越来越多，幸福感越来越足，学校于2020年被教育部评为“全国第一批乡村温馨校园”。也多次获得各级教育主管部门的肯定和嘉奖，突出了农村小规模学校的办学特色。曾多次代表原州区教体局迎接了上级主管部门对义务教育基础质量提升、乡村脱贫攻坚多方面的检查。曹洼小学声誉鹊起，多次荣登固原市广播电视台、《固原日报》、宁夏教育电视台、《宁夏日报》、新华网、中国新闻网等各个媒体。

（四）运用过程中存在问题

在“三个课堂”运用工作中，始终坚持边实践探究、边查找问题、边改进提升原则，征求意见，梳理问题，分析原因，强化措施，运用提升。目前，仍存在一些困难和问题需进一步强化解决：

一是网络因素影响，课堂互动过程中，双向课堂声音延缓，影响授课的流畅性。二是在信息化设施设备管理上学校无专业人员，双向互动时影响课堂在线即时交流，需要专业人员提升对教师技术应用管理的指导培训。

三、“三个课堂”运用工作实践反思

三个课堂的常态化应用，使学校课堂效果明显提高，办学水平不断提升，教师专业发展逐步提高。学校的教育教学质量稳步提高。通过全校师生的不断努力，学校的办学水平得到了老百姓的认可，尤其是近几年，学校的人数也在逐年增加。

在以后的工作中，学校将继续努力开拓创新，刻苦钻研，与时俱进。不忘初心、牢记使命，以党史学习教育为契机，借助“互联网+教育”这朵云，严格按照原州区基础教育质量提升行动方案，不断稳步提升学校办学水平。让曹洼小学的教育更智能，教师更出彩，让学生更快乐，让校园更温馨，让家乡建设更美丽。让我们一起携手共绘曹洼小学新的明天！

浅谈小学语文低年级识字兴趣的培养

识字教学的根本目的是培养学生的识字能力，但对于低年级的小学生来说，我认为更应该培养他们的识字兴趣。俗语说："兴趣是学习的动力。"有了这种动力，学习自然会取得事半功倍的效果。现在的教材安排了多种形式识字，如：在韵文中识字，查字典字，看图识字，读名言警句识字……目的无非是通过丰富多彩的内容，激发学生的学习兴趣，提高学生的识字能力。那么，如何培养学生的识字兴趣呢？我从自身的教学经验中得出以下几点浅见。

一、精心设计导语，激发兴趣

良好的开端是成功的一半。在导入新课时，教师要善于根据学生的年龄和学习兴趣设置悬念，激发学生强烈的求知欲和学习兴趣。例如，在教学《小壁虎借尾巴》一课时，我是这样导入的："同学们，老师这里有一个谜语，你们想猜猜吗？这个谜语是：'一口吃掉牛尾巴。'（打一字）"同学们听了，脸上都闪烁着兴奋而好奇的光彩，情绪高涨，个个跃跃欲试。这时候我抓住时机问："同学们想不想知道，到底谁说得对？"孩子们齐声回答："想。""那么，请你们翻开书本，读一读《小壁虎借尾巴》一课的生字，从里边找出正确的答案。”这样充满激趣的导语，很容易就能激发学生的求知欲望，并能使学生积极参与识字活动。

二、创设情景，激发兴趣

创设良好的语文教学情境，有时可以达到“随风潜入夜，润物细无声”的效果。低年级的学生注意力不稳定、不持久，易被新鲜的事物吸引，常受兴趣和情绪的支配。但他们平均每天都要认识十几个字，而识字教学本身又很枯燥无味及抽象。这就要求教师在讲授新课时要根据学生的心理特点，精心设计教学创设一定的情境，把理性的传授与声、色、形等融为一体，使机械、呆板的教学内容变得妙趣横生、赏心悦目。这样，既可以增强教师的语言感染力，又可以唤起学生的情感和想象，形成生动活泼的课堂教学环境，激发学生的学习兴趣。例如，在教学小学语文第四册《识字学词学句（一）1》时，我参考了其他老师的课例，设计了这样的教学思路：整节课，我设计了一个旅游的大情境，在愉快的“旅游”中分成六个环节，让学生识字。

一是“买票”：认识新字朋友。

二是浏览景点：认识景点名称（即山东泰山、安徽黄山、杭州西湖、贵州黄果树瀑布、西安兵马俑、洛阳龙门石窟、四川乐山大佛、南京中山陵）。

三是扫除拦路虎：认识“徽、杭、瀑、俑、洛、窟、陵”等字。

四是请小导游介绍景点特色。

五是奖励优秀小导游。

六是请优秀小导游再带大家浏览景点，再认读景点名称，巩固生字词。

整节课，我精心设计了一个个生动有趣的情景，使学生如亲临其境，学得津津有味，效果极佳。

三、启发学生思维，激发兴趣

心理学研究表明，小学生正处在身心发展的初级阶段，各方面发展都缺乏持久性、连续性和稳定性。因此，在课堂教学中，教师要想方设法让学生保持最佳的学习状态，需要时时保持教学内容丰富且有新意。所以对于教学中反复重复的东西如生字的巩固，同一生字的对比练习等，教师应采用灵活多样的方法，以保持其新颖性。在引导学生自主探究生字识字时，教师要采用具体生动的教学策略，不断激发学生思维的积极性，培养学生的创新思维，使学生乐于学习、主动学习。例如，在教学形声字“晴”时，我首先指导学生仔细观察字形，由学生自己辨别声旁和形旁，再启发学生讲出字义，然后问学生：“你还认识‘晴’字的好朋友吗？请你快写出来，让同学们猜猜它的意思，好吗？”这样安排顿时激活了学生的探索兴趣，课堂教学也一下子活跃起来了。连平时对识字不大感兴趣的学生也在积极想办法，动手比画。孩子们一会儿皱眉头，一会儿喜笑颜开，似乎恍然大悟的样子，一会儿又在低声讨论着什么，一会儿在本子上写写画画。不久，孩子们开始纷纷举手，我逐个儿让他们上黑板前书写，有的写出“情”字，有的写出“清”字，有的写出“睛”字，还有的写出了“请”“蜻”字，我趁机因势利导：“同学们都很会动脑筋，帮‘晴’字找到了很多好朋友。那么你们谁能说出它的意思呢？谁说得好老师就送给他一颗聪明星。”孩子们兴致勃勃，争着举手发言。通过动手动脑，孩子们体会了收获知识的乐趣，识字的劲头更足了。识记字形的方法也别具一格。如“买”和“卖”的对比学习中，有个学生是这样理解的：“买”是因为买东西的人想便宜些就少了个“十”，“卖”是因为卖东西的人想卖贵些就加了个“十”。多么形象、多么真实的理解！孩子们之所以会有如此奇思妙想，正是由于他们对识字产生了兴趣。因为真正的兴趣能够满足学生的创造欲和表现欲，成功地唤起他们的学习热情，并能激发他们生命中的潜能。所以，作为教育工作者，我们应该在教学中多想办法培养学生的学习兴趣。

四、丰富方法，激发兴趣

让课堂充满情趣，不仅是低年级孩子的心理需求，也是语文教学、识字教学本身内在的需求。低年级要注意“培养学生主动识字的愿望”，旨在培养学生识字的兴趣，让学生愿意识字、喜欢识字，逐步形成识字能力，为自主识字，大量阅读打好基础。识字是小学低年级语文教学的重点，是提高阅读能力的基础。《语文课程标准》指出：“识字教学要将儿童熟识的语言因素作为主要材料，同时充分利用儿童的生活经验，注重教给识字方法，力求识用结合。”那么该如何将识字教学有声有色地进行呢?

（一）玩一玩，在轻松中识字

教育学家卡罗琳说：“孩子们的工作就是游戏，在游戏中激发他们的思维，是他们最愿意接受的。”低年级的学生平均每天要认识几个甚至十几个字，因此教师要根据儿童的心理特点和年龄特点，创设一定的教学情境，开展各种活动和游戏，让学生在学中玩，在玩中学，激发学生的识字兴趣。

1.做动作，猜词语。低年级的课文中，有大量的生字词可以通过人的肢体语言表达出来，并且经过做动作，学生已经将字放在自己的脑海里进行了内化，这样一来会记得更牢。如在教学《操场上》的生字，上课前，我把要学习的“打球、拔河、拍皮球、跳高、跑步、踢足球”这六个词语写在纸条上，让学生读熟。做游戏时，让学生看了纸条后，通过自己的理解把文字转化为动作让其他的小朋友来猜，猜对了得分，猜错了则要扣分。通过动作，为什么“打、拔、拍”是提手旁，“跳、跑、踢”是足字旁，答案都明明白白地写在了孩子们的脸上。学生在玩中学、学中玩，兴趣盎然地识字，学习就不再是一种负担，而成为一种乐趣、一种享受。

2.开火车的游戏法。这是一种有着“悠久历史”的游戏方法。但是这种游戏可以较大范围地检查学生的识字效果，对于调动学生的学习积极性也很有好处。通常，在识字一开始，我会运用开火车的形式，了解一下学生对这些生字的熟悉程度，这样教学时就可以侧重地进行教学，可以提高学习效果。在巩固环节，我也会使用开火车的方法，对学生的学习效果进行巩固和提升。在游戏方法上我也进行了“改良”，一开始，我先用掌声和学生进行互动：“火车火车往哪儿开?”“火车火车往这儿开!”而且形式也多样了，有单轨火车、双轨火车，还有环城火车、翻山火车等等。形式多样、操作简单的开火车游戏法，给识字过程带来了调剂，对于调动学生的学习积极性有很大的益处。

在识字过程中，我还引进多种游戏，如摘苹果、采蘑菇、吹泡泡等，不仅可以增强学习的趣味性，还可以激发学生的学习积极性，从而使学生在一种轻松愉快的氛围中学习汉字，提高识字的效果，增强识字的乐趣。

（二）编一编，在想象中识字

1.编谜语、故事。低年级学生对谜语、故事有浓厚的兴趣，诱发学生将一个个生字编成谜语和故事，在他们的脑海里留下深刻的印象，这比老师磨破嘴皮子强多了。学生在主动识字兴趣的支配下，有的用猜谜语识字，有的用讲故事识字……课堂气氛活跃了，这样既增强了学生的学习乐趣，也帮助学生提高了识字的能力。如“闪”字，学生编出了“人很快走进了门”，不仅记住了字形，还懂得了字义，真是一举两得。如“蚓”字，识记的秘诀是：一张弓，一支箭，射到一条虫。”“蝴蝶”这个词语笔画多，难记，编成故事：“有两条虫子，一条虫子在湖边喝了三口水，另一条虫子站在木头上看世界。”这样就很容易记住了。学生的奇思妙想，动态生成给课堂带来了无限的精彩，使课堂焕发光彩。

2.编儿歌。读儿歌是低年级学生比较感兴趣的活动。教师可以根据汉字的特点，引导学生编一些适合儿童情趣和理解水平的歌诀，让他们反复诵读，使学生对字形产生直观印象，从而提高记忆字形的准确性。如：“一个王姑娘，一个白姑娘，坐在石头上——碧”，“没头就是早，早上长青草，牛羊见它乐，禾苗见它恼——草”，“一点一横长，一撇到左方，一对孪生树，长在石头上——磨”，“鱼在水中游，羊在草中行，二者并排走，这是真稀奇——鲜。”

3.编生字歌。为了让学生能轻松愉快地学习生字，根据儿童的心理特点，把生字集合起来，编成生字歌，让小学生一边拍手一边诵读。在教学《动物过冬》时，我编了一首儿歌：“冬天到，冬天到，四周一片静悄悄。树林里的啄木鸟，消灭害虫工作忙。青蛙挖洞来冬眠，蚂蚁备粮过冬天，快快乐乐过新年。”学生边拍手边读儿歌，在不知不觉中记住了生字，又培养了朗读能力，让识字教学变得妙趣横生，使学生“要我学”转变为“我要学”真正感受到识字的快乐。

（三）认一认，在生活中识字

著名教育家苏霍姆林斯基说过：“只有当识字对儿童来说变成一种鲜明的激动人心的生活情景，里面充满了活生生的形象、声音、旋律的时候，读写结合过程才能变得比较轻松。”新《语文课程标准》指出：“识字教学要将儿童熟识的语言因素作为主要材料，同时充分利用儿童的生活经验。”其实生活就是识字的背景和舞台。生活是语文的内容，语文是生活的工具。

1.在学习活动中识字。刚入学的一年级儿童，对学校里的一切充满了新鲜感和好奇心。他们认识了新的老师和同学，来到了新的学习环境，开始了新的学习生活。此时，教师要善于捕捉这一大好时机，引导学生认识这些与自己学习生活密切相关的汉字，如老师、同学的姓名，课程表上的科目，校园内的门牌等，还可以引导他们认识学校内的设备设施名称，如“操场、篮球场、沙坑、跑道”等。学生在这些识字活动中感受到汉字像朋友一样无处不在，也激发了他们浓厚的学习兴趣。

2.在生活环境中识字。汉字的创造来源于生活，识字教学也应从生活中来，到生活中去，生活就是一本百科全书，有生活的地方就有汉字，教育小学生识字应注重重复记忆，让所学的字无数次地重现于学生眼前，只有留心生活的每一个细节，这样才能处处把字识。日积月累、天长日久，识字的数量就会与日俱增。如坐公交车时，认识站牌名，认识车内的各种告示；逛街时，认识店铺名；到饭馆吃饭时，认识菜单的菜名；旅游时，认识景点和门票上的汉字……汉字无处不在，就在我们的身边，我们要做生活的有心人，让识字的乐趣遍布孩子生活的乐土。

（四）写一写，在笔尖下识字

1.注重书写的指导。字是阅读写作的载体，《语文课程标准》明确指出："识字写字是阅读和写作的基础。"写是知识的内化，既在写中识，又以写固识。在指导书写时，让学生心中有格，提醒学生熟悉对照田字格中的字，培养书写的独立性，使学生形成较为规范的写字技能，提醒学生注意把握字的结构特点，在书写中提高写字的质量，在书写中快乐识字。

2.注重积累。引导积累，让学生进行相互交流识字过程，在交流中获得学习汉字的成就感。引导学生制作"识字本"，让学生把日常生活中认识到的汉字进行剪剪、画画、贴贴，制作成图文并茂的"识字本"，进行展示，激发孩子的识字兴趣。还可以建立"识字储蓄罐"，让学生将自己收集认识的汉字，放入自己制作的"识字储蓄罐"内，互相交流，使学生尝到识字的乐趣，产生主动识字的动力和愿望。

总之，识字是小学阶段语文的重要任务之一，是学生阅读、写作、口语交际的基础。同时，识字也是语文教学中最枯燥无味的内容之一，我们要不断地在教学中丰富识字方法，为学生创建一种愉悦有趣的识字环境，培养学生的学习兴趣。因为兴趣是学生自觉性学习的起点，是智慧、灵感的源泉，是调动学生积极思维、探求知识的内在动力。有了兴趣，学习就是一种享受。因此，在课堂上，教师要创设丰富多彩、生动有趣的教学情境，运用多种形象直观的教学手段，帮助学生识字、写字，了解字词的意思。在课堂外，教师要引导学生在日常生活中做识字的有心人，见到什么字，就认什么字，并自觉地和同学交流识字成果。教师在教给学生识字方法的同时，要注重引导发现，使儿童渐渐学会用自己喜欢的方式或合适的方法识字，逐步培养学生识字的兴趣。

“互联网 +”助乡村教学展新枝结硕果

——彭堡镇曹洼小学“互联网 +”实践纪实

为全面贯彻党的教育方针，扎实推进“互联网 + 教育”应用，原州区曹洼小学着力通过平板教学、在线课堂、网络教研等途径，促进现代信息技术与课堂教学融合创新，推动教育优质均衡发展，办好老百姓家门口的学校。

一、平板教学开启智慧课堂

曹洼小学是彭堡镇一所乡村小学，截至 2022 年，有专任教师 9 人，学生 73 名。为了让农村小学更好地享受优质的教育资源，学校配有在线课堂设备 6 套、计算机教室 1 个、平板教学班 1 个。学校借助平板电脑进行课堂教学时，教师运用游戏、视频、动画、绘图等教学功能，直观展示一定的教学情景，充分调动学生学习的积极性与主动性。在平板电脑的课堂，教师随时都可发布一个问题，学生在平板电脑抢答或在练习本上完成，通过拍照的功能上传给教师，教师可以通过大数据统计看到每一位同学的完成情况，及时做出教学评价。教师也可以通过这些数据来调整自己的教学，不断掌握学情的变化。利用平板电脑教学，大大提高了课堂效率，缩短了教师与学生的距离感，提高了学生的学习兴趣，营造出更高效、更便捷的课堂学习氛围。

在宋婕老师的课堂上，原本安静的四年级学生变成了活泼的小精灵，那一双双好奇的眼睛紧紧地盯着手中的平板。每当教师下发任务之后，他们都会争先恐后地在平板上作答，唯恐落在了别人的后面。因为有了平板教学，整个课堂的气氛活跃了起来，整节课引人入胜，同学们的脸上绽放出了天真的笑容。平板教学拓宽了农村学生的视野，为他们开启了新的世界。

二、在线课堂畅享教育未来

名师课堂促进了教师专业的发展。学校按照原州区教育体育局的安排联系原州区名师工作室为学校开设“名师课堂”，发挥名师名课示范效应，探索网络环境下教研活动的新形态，以优秀教师带动普通教师共同提升专业水平，使名师资源得到更大范围共享，促进教师专业成长以及个人发展水平的提高。教师在云平台名师优质视频课中，学习教学策略、教学模式，从而促进教师教学技能和专业发展。教师可随时随处灵活调用名师堂模式，在线“一托一”教授四年级英语、六年级音乐等学科，切实弥补专业教师短缺的短板，开齐开足开好国家规定课程，助力教育公平、均衡发展。

在农村小学，有些学科的教师是短缺的，而专递课堂的出现，正好弥补了专业教师的短缺，让资源得到了充分的利用。看着其他学校的学生跟着我们的专业教师认真听课的模样，真的很欣慰。主课堂和辅课堂的老师相互配合，整节课都趣意盎然。

名校网络课堂共享优质资源。以原州区第十八小学为主体，曹洼小学与之建立城乡帮扶机制，开展“名校网络互动课堂”，搭建“网络教研”共同体。根据学校学科的需求以第十八小学为主课堂，曹洼小学为辅课堂，各年级每周开设了音乐、美术、科学、英语 4 门学科“在线互动课” 8 节。课堂上师生积极互动、双向教学，补齐了曹洼小学学科专业教师的短缺、专业课开不好的短板。同时两校利用在线设备定期开展网络培训及教研活动，推动优质教育资源共享，促进了城乡学校的共同发展，有效发挥了名校效应。

三、互联网为教育教学的提升插上翅膀

教研活动助力教师专业成长。以“网络”为媒，组织曹洼小学教师积极参与原州区第十八小学的教研活动，引导教师互学、互鉴，分享教学经验、积累业务财富，提升教师专业素养，为彭堡镇教育教学改革注入强劲动力；组织彭堡镇各村学校教师开展线上“互联网 + 教学”“互联网 + 教研”活动，同一篇目、同一时段，校际同步授课、同步教研，实现线上教学、线下教研，突破时空，资源共享，助推教师共同进步、共同成长。

每一次的网络教研活动都让教师们体会颇深。原州区第十八小学的教师们对于教研活动非常重视，准备了大量的资料以供互相学习。教师们讨论学生的基本情况和在课堂上的表现，上课都有哪些好的方法，怎样才能让学生更好地吸收教师所教授的知识，怎样合理地布置作业，有哪些好的课后复习方法等。通过讨论，教师们各个收获满满，他们说，我们不仅要低头拉车，更要抬头看路，在实际教学中总结一些好的方法并运用，更重要的是借助网络丰富的资源充实自己的专业知识，提高教育教学能力。

计算机丰富人生体验。学校计算机室接入了互联网百兆带宽网络，从三年级开设信息技术课程，激发学生对信息技术学科的兴趣，传授信息技术知识及技能。

根据课程安排，三至六年级每周1节信息技术课，通过常态化开设信息技术课，提高学生信息技术应用能力。学生对信息技术课有非常高的热情，这为学习信息技术开了个好头，因为对一件事物感兴趣才能愿意去学习，也才能学得更好。

统一安装数位白板绘图软件，指导学生进行电子绘画、电子板报、创作三维动画，提升学生美育水平。孩子们发挥他们天马行空的想象力，在数位板上尽情地挥洒，想画什么就画什么，虽然画得不是很完美，但是把他们的童真表现得淋漓尽致。

计算机室实行全天开放制度，学生自主利用课间和中午时间，建设个人云平台，丰富个人网络空间。学生可以根据自己的喜好来装扮个人空间，还会把一些有趣的事分享到空间里，展现他们每个人不同的个性。通过体验式教学，让学生感知计算机给他们带来的成功和快乐，掌握一技之长。

互联网打造特色教育。曹洼小学积极打造校园特色，实现互联网信息与劳动教育的深度融合。在这块基地上探索投入智能测温、智能喷灌等人工智能系统，体现互联网信息技术与学生劳动教育的灵活融合。科学种田、科学培育，培养学生劳动意识，提高学生劳动技能。

曹洼小学把实践基地划分给每个班级管理。一年级管理草莓园，二年级管理豆角园，三年级管理水萝卜园，四年级管理菜葫芦园，五年级管理马铃薯园，六年级管理水果园。每个插牌上的二维码记录着各种植物简介。“菜园也是风景”这块插牌上记录着基地的原貌和师生创建劳动教育基地的全过程。在管理的过程中，虽然刚开始是困难的，劳动是辛苦的，但学生们体会到了劳动所带来的快乐，体会到了团结的力量，体会到了自己呵护的小苗一点点长大的欣慰，更体会到了丰收的喜悦。草莓园里的草莓虽然小，但个个都非常的甜；在一片绿油油的豆角地里去摘豆角，那种童年的快乐洋溢在了每个学生的脸上；红红的水萝卜成熟了，等着学生们去采摘；个头非常大的菜葫芦端上了餐桌，变成了美味。相信在几年之后能够看到水果树上挂满甜甜的水果。

“互联网 + 教育”示范区建设以来，教育部自治区教育厅、固原市、原州区等领导多次深入曹洼小学调研和指导工作，对学校所取得的成绩给予充分肯定。2020 年学校被教育部评为全国第一批“乡村温馨校园”，教师 3 人次在市级以上“信息化”大赛中取得佳绩。今后，学校将借助“互联网 + 教育”建设成果，让教育更智能教师更出彩、学生更快乐、校园更温馨、乡村更美丽！

彭堡镇曹洼小学推进“三个课堂”教学应用成效

彭堡镇曹洼小学根据原州区教体局《关于印发〈原州区推进‘三个课堂”建设与应用的实施方案（2020—2022）〉的通知》以及关于“三个课堂”的工作要求，结合学校教育现状努力建设“三个课堂”，在“三个课堂”开展之上，曹洼小学重点以“专递课堂”为主，开展常态在线课堂工作，现将学校“互联网 + 教育”方面取得的成效做如下汇报。

以前乡村学校的教育，基本上都是语文、数学教师包班上，音乐、体育、美术等学科专业教师短缺，孩子每节课都会见到同一张教师的面孔，教学模式也很枯燥乏味。音乐课都是合班上，学校没有一件音乐器材，校园中没有孩子的歌声、笑声，也会使这所学校没有了生机和活力，后来学生厌学、辍学，这样的问题学生也频频出现，学生数量是一年比一年少。

2019 年，教育信息化的春风缕缕飘来，将“互联网 + 教育”植根在了农村基础教育大地上。曹洼小学迎来了第一台一体机，同时也来了一位音乐教师。后来，每个班都会争先恐后地去排队上音乐课，虽然是合班上，但是同学们喜欢这种用多媒体的教学模式，校园中也响起了久违的一体机电子琴声和断断续续有失音准的歌声。后来，曹洼小学的音乐教师也承担起了镇内其他村级小学的音乐，开始从一个学校到另一个学校地奔波走教授课。然而一个音乐教师远远满足不了整个学校的音乐教学，这也成了学校发展的一个短板。

同年 8 月，在各级党委、政府，以及教育主管部门的关怀下，曹洼小学每个教室都安装了在线课堂设备。按照原州区教体局的安排和城乡帮扶的契机，我们与名校原州区十八小学建立城乡帮扶机制，积极创建“三个课堂”。曹洼小学主要以一托一的“专递课堂”模式为主。根据学校学科的需求，以原州区第十八小学为主课堂，曹洼小学为辅课堂开设了“一托一”音乐、美术、科学音乐在线互动课 8 节。我们也能够与名校进行同一课表、同一时间、同步内容、同时上课、同步作业，课堂上两校师生积极互动、交流。通过在线教学的 2 年时间，我的学生学会唱儿歌，学会认简单的谱子、识曲中音符、把控音乐的节奏、打简单的拍子。每当音乐课的时候，学生早早地开好设备，准备好课本等待老师的授课；当音乐响起的瞬间，学生的眼里绽放着光芒，小手拍打着拍子，创造了愉悦的学习氛围。每天都会从各个教室传出悦耳的歌声。

学校教师在和名校互动的同时，也学会了授课技巧和授课模式，促进学校教师专业发展水平，这样的授课方式学生喜欢。我在听课的过程中总会不经意间拿起手机拍张照片记录着幸福教育的瞬间。借助“互联网 + 教育”这扇窗，我们的学生还认识了多种管弦乐器，拓宽了他们的视野。2022 年 5 月，曹洼小学陈娟红老师执教的六年级音乐管弦乐欣赏课《羊肠小道》在固原市优质课大赛中荣获一等奖；宋婕老师执教的五年级英语课 *She is reading a book* 在市级优质课比赛中荣获二等奖；殷彩玲老师在自治区级“互联网 + 教育”应用大赛中荣获二等奖，在市级“四评一赛”活动中荣获一等奖。曹洼小学荣登各个媒体网络、报端。“互联网 +”让彭堡镇曹洼小学的孩子足不出户就能享受到优质的教育资源，教师可以灵活调取宁夏教育云平台优质资源助力课堂教学，将抽象事物具体化，而丰富的课件、工具、视频、音频、动画、微课、图片等恰好符合小学孩子的年龄特点和需求。尤其是近几年，学校整体办学水平逐步提升，教学质量不断提高，学生不断从城市回流，优质资源普惠农村教育，学校人数也逐年增加。我们办好了老百姓家门口的好学校。

随着学校“互联网 + 教育”的应用成熟，曹洼小学同时也承担起了彭堡镇内的教育教学工作。根据镇内学科专业教师下延模式，通过“一托一”的工作机制，联合彭堡镇清水湾小学开设了五年级英语在线互动课堂，从最初学生的胆怯不敢张口到后来常态课见面的一句“Hello Ms. Song”，开启了轻松的学习氛围，形象直观的动画情景教学替代了之前单一枯燥的磁带录音训练，给了学生听觉、视觉的冲击，让农村教育耳目一新，孩子们的音标也越来越准确，表达越来越流利，“互联网 +”见证了每个孩子的变化成长，帮助农村孩子实现梦想，实现了农村教育质的改变，也解决了镇内专业教师短缺的问题，助力镇内义务教育均衡发展。

学校还探索在“互联网 + 劳动教育”“互联网 + 美育”等方面为孩子积极创建条件、搭建平台。2021 年整合学校现有资源，安装了数字白板软件，指导学生进行电子板报、电子绘画等作品创意设计，不断提升学生的美育教育。创建“互联网 + 劳动教育”实践园，从小培养学生的动手实践能力、科学培育农作物的意识，实现了二维码记录孩子劳动过程。后期我们还探索投入智能测温、智能喷灌等智能数字化、节约型、一屏式、一机通等终端授课模式，实现“互联网＋劳动教育”的有效融合。

曹洼小学“互联网＋劳动教育”进阶式成长案例

曹洼小学全面贯彻党的教育方针，坚持立德树人的根本任务，培育和践行社会主义核心价值观，充分发挥劳动综合育人功能，把劳动教育纳入人才培养全过程，贯通中小学各学段，贯穿于家庭、学校、社会各方面，以劳树德，以劳增智，以劳强体，以劳育美，促进学生全面发展。引导学生开展各种形式的劳动教育，注重校内劳动和校外劳动结合、劳动实践和劳动感受结合、劳动意识和劳动习惯结合，让学生在劳动实践中感受劳动的乐趣，在劳动体验中养成劳动习惯，实现知行合一，促进学生形成正确的世界观、人生观、价值观。

一、劳动教育目标

家庭教育与学校教育结合，培养学生良好的劳动习惯。以培养学生全面发展、实施创新教育工程为核心，以培养学生的创新意识和动手实践能力为重点，认真开展劳动技术教育，促进学生动手与动脑相结合，形成初步的劳技意识和实践能力。学校要指导家庭教育，帮助家长克服来自思想上的障碍，端正家长的教育思想，不断增强其对孩子进行劳动教育的意识。引导家长严格要求自己，不断提高自身素质，改进家庭教育的方法，提高家校教育的水平。逐步培养学生良好的劳动习惯，提升学生劳动意识，提高学生的实践能力和创新能力，通过家庭和社会的共同努力教育，不断健全家校合一的评价体系，培养学生良好劳动习惯。让学校的学生能够在劳动实践中学会劳动，学会生活，学会创新，成为一个对社会有用的人。学校根据学生的年龄特点和认知水平，家校劳动教育分为低段和高端，形成曹洼小学家校联合劳动教育清单。

二、劳动教育活动要求

一是广泛动员，精心组织。各班一定要高度重视，认真做好宣传发动工作，广泛动员学生参与劳动实践活动。要精心设计实践活动的内容、方式等，认真落实，使劳动实践活动取得实效。

二是完善制度，规范管理。加强劳动实践活动的规范化和制度化建设，各班也可结合各自的实际情况，制定相应的规章制度，确保活动的顺利有序进行。

三是点面结合，注重实效。坚持点面结合、以点带面的原则，重点做好劳动实践活动，兼顾面上的工作，做到既突出重点，又全面参与。活动一定要围绕学校劳动教育安排细则，按照各段清单实际开展，努力解决一些实际问题，逐步培养学生劳动意识，提高劳动技能，提升学生的劳育教育。

四是加强教育，注意安全。在活动之前，要加强学生的技能培训和安全教育，使其充分了解劳动实践活动的注意事项；在活动过程中，要加强学生的管理和监督，促使其自觉遵守活动守则，确保人身和财产安全。

三、劳动教育实施措施

曹洼小学积极打造校园特色，借助“互联网＋劳动教育”创设彰显学校特色的劳动教育在线课堂，通过图片、文字简报、VCR 实录等方式创意设计本校的微劳动教育二维码，满足各位师生多角度、多方位、多形式的教育教学资源的整合和利用，丰富学校网络教育资源，提升学校劳动实践教育质量。

学校根据课程安排，一至六年级每周开设一节综合实践课，常态化开展。春季以室内学习和室外实践相结合，秋季因为天气多变原因，室外较冷，所以主要以室内动手实践为主。各班级教师根据学校安排制订实施计划，按照家校联合劳动教育清单，循序渐进，常态化开展劳动教育，指导学生落实在日常行动中，记录在纸质档案中，提升在行为规范中，确保劳动教育落到实处。

一是结合语文、综合实践、科学学科的教学，以劳动实践为主，以培养学生的劳动观念、养成良好的劳动习惯为目的，注重劳动技术教育与相关学科的整合。

二是开展“生活习惯五个一”活动。即每天做一次家务劳动，每周做一次整理、洗一次衣物、清理一次垃圾，每月在校做一次服务性劳动。

三是开展劳动实践活动，带领学生走出课堂，亲历劳动过程，在劳动中增长技能、学会劳动，并将学到的劳动技巧服务到家庭教育中去，家校联合，共同培育学生的劳动习惯。

四是每月根据学生劳动教育效果评选“劳动小能手”，在晨会上点名表扬，积极发挥榜样的示范效应。

五是每周开展“今天我当家”中队主题会等活动，让学生参与实践。

六是春季开展卫生、绿化美化校园师生活动月，秋季开展劳动基地收获月成果展评活动。

四、家校联合劳动教育理念

一是让学生动手实践。所有的事情只有经过自己亲身经历，才会有可能有所感受。让学生亲自动手操作，是一种实践中难得的体验，这比什么教育都要好。

二是让学生出力流汗。在日常生活中，让学生参与家务劳动，学校班级劳动，洗一洗自己的衣物，做一做家里的饭菜，与家长一起劳动，做一做苦力，学生在劳动中会有不同的体验，才会体会到劳动的艰辛，才会对未来的生活有所规划。

三是让学生接受磨炼。只有通过苦难的磨炼的人，才会珍惜一切，才会不断向上，学校适当安排一些活动，比如帮家长做一件事情，让学生在活动中得到磨炼。

四是让学生崇尚劳动。培养学生对劳动良好的感情，认识劳动的价值，要以劳动为荣、热爱劳动，学会在劳动中体会幸福、体会快乐。

五是让学生自觉参与劳动。通过一定的手段激发学生热爱劳动，有活抢着干、主动干，不怕苦、不怕累，主动投身到劳动中，开展劳动技能大赛，教育学生有一技之长。

六是让学生尊重劳动。 从尊重别人的劳动做起，比如珍惜粮食，坚持班级的保洁，不随便丢食物、丢垃圾等，做一名讲文明、懂礼貌的好学生。

五、制定家校联合劳动教育评价反馈表

重视家校劳动教育过程的监督和考核评价。在确定劳动教学目标、内容的同时，要建立必要的监督机制，曹洼小学制定“学校家庭劳动教育反馈表”，注重学生在学习技能的过程中，从不会到会的各项需求，踏踏实实，真正使劳动教育自始至终落到实处。

六、“互联网 + 劳动教育”打造校园特色

五一劳动节的时候，天气逐渐变暖，气温不断回升，曹洼小学将劳动教育实践活动常态化，充分利用校内资源，组织学生进行劳动教育实践活动。设立“春季劳动周”，组织师生平整土地，施肥种植等。植树节的时候，组织师生一起种植新的水果树种共计 25 棵，充分发挥师生的积极性、主动性、创造性，对学校劳动场地进行规划整理，为各班师生搭建自主创意平台，自主设计创意本班的“劳动实践园”名称和建园特色文化。

学校各个实践园的设计紧扣劳动教育主题开展“一班一品，一班一特色”的实践基地创意设计。促进学生身体力行，敢于创新，热爱劳动，构建了属于班级文化特色的主题教育活动。在后期的管理和照顾过程中，由本班实践任课教师组织学生照顾看管，组织学生记录植物成长的点滴，感受生命成长的规律，感受劳动创造美好生活的意义。

希望通过劳动教育，引导学生了解中国农耕文化、二十四节气；构建“互联网 + 劳动教育”实践模式，助推学生全面发展；传统播种、智慧培育，培养学生科学种田、智慧培育的科学意识；将劳动教育课堂与户外实践作业相结合，搭建实地取材、智能实验、环保收

集、直观呈现，一站式的“互联网＋劳动教育”智能管理平台。建立长效管理机制，完善多元评价体系，指导学生实践，动手利用植物藤干变废为宝的环创设计。设计彰显班级特色的创意艺术品，突出环保，低碳概念（减少焚烧造成的环境污染）。逐渐培养学生的节能意识，引导学生拥有一双善于发现美的眼睛，提升学生美育教育，争做新时代好少年。

后　记

书稿几经修改审定，即将付梓，心中感慨万千。从书名《幸福教育，从心出发》的确定到书稿的组稿及后期的审定、核稿经历了一年多的时间。做这部书稿的缘分，也是很巧。我是 2021 年经组织安排，调入现在的学校——原州区第十八小学，学校秉承“爱育幸福”的办学理念，在我来后的第二次校委会就向与会人员提出了一个问题：我们要做什么教育？最后，经过大家的激烈讨论，得出的结论是，做“幸福教育”，创“幸福教育”品牌。也许这就是我从事教育工作多年来一直追去并坚持做的一件事情，就是以爱育爱，助力学生幸福成长。1995 年，我在当时的固原县中河小学参加工作，后又调入固原县第二小学，一直担任班主任工作。2004 年，通过竞聘任原州区第七小学副校长。2009 年，经组织考察任命，先后担任原州区第九小学、第十小学、第十一小学、第十八小学校长职务。参加工作 28 年来，我的岗位尽管在不断地变化，但培养学生爱、善、智慧的初心永远没变。

“南燕名校长工作室”成立于 2022 年 4 月，到今天已有一年半的时间。工作室的成立是为了提升现任校长，培养未来校长，也承担着骨干教师的培养和提升，同时，带动年轻教师的发展和成长，着力培养一批学者型、研究型教师，整体提高基础教育质量。工作室有核心成员 9 人，骨干层和成长层成员 40 余人，分别来自固原市原州区不同的学校。工作室以“突出主体性，促进自我发展；突出合作性，促进共同提高；突出研究性，促进成果引领”为指导方针，以“学习创新促发展，模范辐射创特色”为工作理念，以“课程体系构建与实施、校本主题研修、‘大单元’教学”为研究方向，带动学校和区域更好地贯彻新课程理念，推进创新素质教育，创建特色学校，承担社会责任。

关于书稿中的内容和文字，都是工作室成员对教育的情怀和思考，也是书写了每个人成长的足迹。育人者先要育己。让自己行走在学习反思的路上，认真完成自己的作品，走好自己的人生，便是对生命的尊重和深层的思考。

最后，特别感谢这年来支持我的各级领导和教育同仁，感谢工作室成员马林喜、樊立武、常英杰、吴亮、辛耐帮、白晓斌、宗耀花、殷彩玲的通力配合，感谢本书的责任编辑陈浪对本书所做的工作。

南　燕

2023 年 11 月于固原市原州区